明远通识文库

通川至海，立一识大

四川大学通识教育读本
编委会

主　任

游劲松

委　员

（按姓氏笔画排序）

王　红　　王玉忠　　左卫民　　石　坚
石　碧　　叶　玲　　吕红亮　　吕建成
李　怡　　李为民　　李昌龙　　肖先勇
张　林　　张宏辉　　罗懋康　　庞国伟
侯宏虹　　姚乐野　　党跃武　　黄宗贤
曹　萍　　曹顺庆　　梁　斌　　詹石窗
　　　　　熊　林　　霍　巍

主　编：侯宏虹
副主编：张　杰　杨　恬

四海乘风

中　国　文　化　的
世　界　传　播　与　互　动

一

四川大学出版社
SICHUAN UNIVERSITY PRESS

通识教育的"川大方案"

◎ 李言荣

　　大学之道，学以成人。作为大学精神的重要体现，以培养"全人"为目标的通识教育是对"人的自由而全面的发展"的积极回应。自 19 世纪初被正式提出以来，通识教育便以其对人类历史、现实及未来的宏大视野和深切关怀，在现代教育体系中发挥着无可替代的作用。

　　如今，全球正经历新一轮大发展大变革大调整，通识教育自然而然被赋予了更多使命。放眼世界，面对社会分工的日益细碎、专业壁垒的日益高筑，通识教育能否成为砸破学院之"墙"的有力工具？面对经济社会飞速发展中的常与变、全球化背景下的危与机，通识教育能否成为对抗利己主义，挣脱偏见、迷信和教条主义束缚的有力武器？面对大数据算法用"知识碎片"织就的"信息茧房"、人工智能向人类智能发起的重重挑战，通识教育能否成为人类叩开真理之门、确证自我价值的有效法宝？凝望中国，我们正前所未有地靠近世界舞台中心，前所未有地接近实现中华民族伟大复兴，通识教育又该如何助力教育强国建设，培养出一批堪当民族复兴重任的时代新人？

　　这些问题都需要通识教育做出新的回答。为此，我们必须立足当下、面向未来，立足中国、面向世界，重新描绘通识教育的蓝图，给出具有针对性、系统性、实操性和前瞻性的方案。

　　一般而言，通识教育是超越各学科专业教育，针对人的共性、公民的共性、技能的共性和文化的共性知识和能力的教育，是对社会中不同人群的共同认识和价值观的培养。时代新人要成为面向未来的优秀公民和创新人才，就必须具有健全的人格，具有人文情怀和科学精神，具有独立生活、独立思考和独立研究的能力，具有社会责任感和使命担当，具有足以胜任未来挑战的全球竞争力。针对这"五个具有"的能力培养，理应贯穿通识教育始终。基于此，我认为新时代的通识教育应该面向五个维度展开。

第一，厚植家国情怀，强化使命担当。如何培养人是教育的根本问题。时代新人要肩负起中华民族伟大复兴的历史重任，首先要胸怀祖国，情系人民，在伟大民族精神和优秀传统文化的熏陶中潜沉情感、超拔意志、丰博趣味、豁朗胸襟，从而汇聚起实现中华民族伟大复兴的磅礴力量。因此，新时代的通识教育必须聚焦立德树人这一根本任务，为学生点亮领航人生之灯，使其深入领悟人类文明和中华优秀传统文化的精髓，增强民族认同与文化自信。

第二，打好人生底色，奠基全面发展。高品质的通识教育可转化为学生的思维能力、思想格局和精神境界，进而转化为学生直面飞速发展的世界、应对变幻莫测的未来的本领。因此，无论学生将来会读到何种学位、从事何种工作，通识教育都应该聚焦"三观"培养和视野拓展，为学生搭稳登高望远之梯，使其有机会多了解人类文明史，多探究人与自然的关系，这样才有可能培养出德才兼备、软硬实力兼具的人，培养出既有思维深度又不乏视野广度的人，培养出开放阳光又坚韧不拔的人。

第三，提倡独立思考，激发创新能力。当前中国正面临"两个大局"（中华民族伟大复兴的战略全局和世界百年未有之大变局），经济、社会等各领域的高质量发展都有赖于科技创新的支撑、引领、推动。而通识教育的力量正在于激活学生的创新基因，使其提出有益的质疑与反思，享受创新创造的快乐。因此，新时代的通识教育必须聚焦独立思考能力和底层思维方式的训练，为学生打造破冰拓土之船，使其从惯于模仿向敢于质疑再到勇于创新转变。同时，要使其多了解世界科技史，使其产生立于人类历史之巅鸟瞰人类文明演进的壮阔之感，进而生发创新创造的欲望、填补空白的冲动。

第四，打破学科局限，鼓励跨界融合。当今科学领域的专业划分越来越细，既碎片化了人们的创新思想和创造能力，又稀释了科技资源，既不利于创新人才的培养，也不利于"从 0 到 1"的重大原始创新成果的产生。而通识教育就是要跨越学科界限，实现不同学科间的互联互通，凝聚起高于各学科专业知识的科技共识、文化共识和人性共识，直抵事物内在本质。这对于在未来多学科交叉融通解决大问题非常重要。因此，新时代的通识教育应该聚焦学科交叉融合，为学生架起游弋穿梭之桥，引导学生更多地以"他山之石"攻"本山之玉"。其中，信息技术素养的培养是基础中的基础。

第五，构建全球视野，培育世界公民。未来，中国人将越来越频繁地走到世界舞台中央去展示甚至引领。他们既应该怀抱对本国历史的温情与敬意，深刻领悟中华优秀传统文化的精髓，同时又必须站在更高的位置打量世界，洞悉自身在人类文明和世界格局中的地位和价值。因此，新时代的通识教育必须聚焦全球视野的构建和全球胜任力的培养，为学生铺就通往国际舞台之路，使其真正了解世界，不孤陋寡闻，真正了解中国，不妄自菲薄，真正了解人类，不孤芳自赏；不仅关注自我、关注社会、关注国家，还关注世界、关注人类、关注未来。

我相信，以上五方面齐头并进，就能呈现出通识教育的理想图景。但从现实情况来看，我们目前所实施的通识教育还不能充分满足当下及未来对人才的需求，也不足以支撑起民族复兴的重任。其问题主要体现在两个方面：

其一，问题导向不突出，主要表现为当前的通识教育课程体系大多是按预设的知识结构来补充和完善的，其实质仍然是以院系为基础、以学科专业为中心的知识教育，而非以问题为导向、以提高学生综合素养及解决复杂问题的能力为目标的通识教育。换言之，这种通识教育课程体系仅对完善学生知识结构有一定帮助，而对完善学生能力结构和人格结构效果有限。这一问题归根结底是未能彻底回归教育本质。

其二，未来导向不明显，主要表现为没有充分考虑未来全球发展及我国建设社会主义现代化强国对人才的需求，难以培养出在未来具有国际竞争力的人才。其症结之一是对学生独立思考和深度思考能力的培养不够，尤其未能有效激活学生问问题，问好问题，层层剥离后问出有挑战性、有想象力的问题的能力。其症结之二是对学生引领全国乃至引领世界能力的培养不够。这一问题归根结底是未能完全顺应时代潮流。

时代是"出卷人"，我们都是"答卷人"。自百余年前四川省城高等学堂（四川大学前身之一）首任校长胡峻提出"仰副国家，造就通才"的办学宗旨以来，四川大学便始终以集思想之大成、育国家之栋梁、开学术之先河、促科技之进步、引社会之方向为己任，探索通识成人的大道，为国家民族输送人才。

正如社会所期望，川大英才应该是文科生才华横溢、仪表堂堂，医科生医术精湛、医者仁心，理科生学术深厚、术业专攻，工科生技术过硬、行业引领。但在我看来，川大的育人之道向来不只在于专精，更在于博通，因此从川大走出的大成之才不应仅是各专业领域的精英，而更应是真正"完整的、大写的人"。简而言之，川大英才除了精熟专业技能，还应该有川大人所共有的川大气质、川大味道、川大烙印。

关于这一点，或许可以打一不太恰当的比喻。到过四川的人，大多对四川泡菜赞不绝口。事实上，一坛泡菜的风味，不仅取决于食材，更取决于泡菜水的配方以及发酵的工艺和环境。以之类比，四川大学的通识教育正是要提供一坛既富含"复合维生素"又富含"丰富乳酸菌"的"泡菜水"，让浸润其中的川大学子有一股独特的"川大味道"。

为了配制这样一坛"泡菜水"，四川大学近年来紧紧围绕立德树人根本任务，充分发挥文理工医多学科优势，聚焦"厚通识、宽视野、多交叉"，制定实施了通识教育的"川大方案"。具体而言，就是坚持问题导向和未来导向，以"培育家国情怀、涵养人文底蕴、弘扬科学精神、促进融合创新"为目标，以"世界科技史"和"人类文明史"为四川大学通识教育体系的两大动脉，以"人类演进与社会文明""科学进步与技术革命"和"中华文化（文史哲艺）"为三大先导课程，按"人文与艺术""自然与科技""生命与健康""信息与交叉""责任与视野"五大模块打造 100 门通识"金课"，并邀请院士、杰出教授等名师大家担任课程模块首席专家，在实现知识传授和能力培养的同时，突出价值引领和品格塑造。

如今呈现在大家面前的这套"四川大学通识教育读本"，即按照通识教育"川大方案"打造的通识读本，也是百门通识"金课"的智慧结晶。按计划，丛书共 100 部，分属于五大模块。

——"人文与艺术"模块，突出对世界及中华优秀文化的学习，鼓励读者以更加开放的心态学习和借鉴其他文明的优秀成果，了解人类文明演进的过程和现实世界，着力提升自身的人文修养、文化自信和责任担当。

——"自然与科技"模块，突出对全球重大科学发现、科技发展脉络的梳理，以帮助读者更全面、更深入地了解自身所在领域，培养科学精神、科学思维和科学方法，以及创新引领的战略思维、深度思考和独立研究能力。

——"生命与健康"模块，突出对生命科学、医学、生命伦理等领域的学习探索，强化对大自然、对生命的尊重与敬畏，帮助读者保持身心健康、积极、阳光。

——"信息与交叉"模块，突出以"信息＋"推动实现"万物互联"和"万物智能"的新场景，使读者形成更宽的专业知识面和多学科的学术视野，进而成为探索科学前沿、创造未来技术的创新人才。

——"责任与视野"模块，着重探讨全球化时代多文明共存背景下人类面临的若干共同议题，鼓励读者不仅要有参与、融入国际事务的能力和胆识，更要有影响和引领全球事务的国际竞争力和领导力。

百部通识读本既相对独立又有机融通，共同构成了四川大学通识教育体系的重要一翼。它们体系精巧、知识丰博，皆出自名师大家之手，是大家著小书的生动范例。它们坚持思想性、知识性、系统性、可读性与趣味性的统一，力求将各学科的基本常识、思维方法以及价值观念简明扼要地呈现给读者，引领读者攀上知识树的顶端，一览人类知识的全景，并竭力揭示各知识之间交汇贯通的路径，以便读者自如穿梭于知识枝叶之间，兼收并蓄，掇菁撷华。

总之，通过这套书，我们不惟希望引领读者走进某一学科殿堂，更希望借此重申通识教育与终身学习的必要，并以具有强烈问题意识和未来意识的通识教育"川大方案"，使每位崇尚智识的读者都有机会获得心灵的满足，保持思想的活力，成就更开放通达的自我。

是为序。

（本文作于 2023 年 1 月，作者系中国工程院院士，时任四川大学校长）

目　录

绪论

Join us，embrace your boundless world：
让你的视界，与世界无界

　　"四海乘风：中国文化的世界传播与互动"是四川大学首批建设的通识教育核心课程之一，属于"责任与视野"模块。本课程从中国文化的视角出发，关注全球化时代多元文明共存的世界和人类面临的共同议题。

　　进入全球联系日益紧密的 21 世纪，全世界的人对国家和文化间的相互联系、世界不同国家之间相似的危机有了更多切身的感受。面对同样的问题，来自不同国家、不同文化背景的人书写着不同的答案。全球胜任力（Global Competence）日益成为个体和国家生存与发展所必需的核心能力之一。放眼国际，"全球胜任力"得到了广泛关注。

　　1988 年，美国国际教育交流协会在其报告《为全球胜任力而教》（*Educating for Global Competence*）中首先提出"全球胜任力"这一术语。2017 年，经济合作与发展组织（OECD）发布了阶段性工作报告《为了一个包容世界的全球胜任力》 （*Global Competence for an Inclusive World*），宣布从 2018 年起，国际学生评估项目（Programme for International Student Assessment，PISA）将测试"全球胜任力"，并设立了评估框架（图 0.1）。该报告将"全球胜任力"定义为：从多个角度批判地分析当地、全球议题及跨文化议题的能力；理解差异如何影响观念、判断以及对自我和他人的认知能力；在尊重人类尊严的基础上，与不同背景的人进行开放、适宜、有效互动的能力。

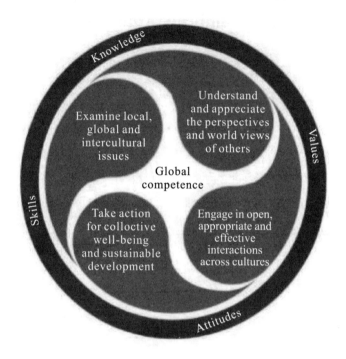

图 0.1　OECD "全球胜任力"的评估框架

全球胜任力协会（Global Competence Associates）将"全球胜任力"定义为："拥有灵活、尊重的态度，运用影响文化的历史、地理和社会相关知识，与全世界的人们建立联系、有效互动。"[①] 根据上述定义，全球胜任力协会建立了全球胜任力模型（Global Competence Model，图 0.2），该模型由内到外可分为四个层次，共包括八种能力：

———————————

① 详见全球胜任力协会官方网站：https://globallycompetent.com/.

第一个层次以自我认知能力（Self－Awareness）为核心，第二个层次包括冒险（Risk Taking）、开放心态（Open－Mindedness）和关注多样性（Attentiveness to Diversity）等 3 种能力，第三个层次主要包括全球眼光（Global Awareness）和历史视角（Historical Perspective）两种能力，第四个层次包括跨文化沟通能力（Intercultural Capability）和协作能力（Collaboration Across Culture）。

图 0.2　全球胜任力模型

在这一理论的指导下，许多国家的教育机构在人才培养方案中融入了全球胜任力元素。在中国，清华大学全面实施《全球战略》，率先将"全球胜任力"作为人才培养的核心目标之一，融入学校教育体系，将其基本要素划分为在全球背景下的国际视野、跨文化认知及对自我文化再认知、世界历史和现状知识、外语能力、社会情感能力及领导力等。

在德国，相关部门非常重视通过国际交流合作加强青年全球胜任力培养，截至 2016 年，德国 301 所高校已与 154 个国家近 5300 所高校签署32000 多项国际合作协议。[①]

上述关于全球胜任力教育的理论探索与实践，帮助我们形成了本课程建设的目标：首先，从当代中国文化的热点出发，通过历时性和共时性的考察，帮助学生建立以历史源流为纵坐标、世界互动为横坐标的文化坐标系，加深自我文化的认知和跨文化理解，探究中国文化在世界文明谱系中的定位。其次，鼓励中外学生通过多元文化课堂中的深度互动，扩大自身参照系，反思自身局限性，在实践中形成求同存异的跨文化沟通与适应能力，培养全球胜任力，为参与全球化的合作与竞争做好准备。再次，通过深入学习与互动讨论，形成辩证看待文化差异与共性的科学态度，树立以中国"和"文化理念为根基的文化共同体意识，进而构建价值塑造、能力培养和知识传授"三位一体"的培养模式。

关于全球化以及随之而来的文明之间冲突加剧的风险，美国学者塞缪尔·亨廷顿（Samuel Huntington）的著作《文明的冲突与世界秩序的重建》（*The Clash of Civilizations and the Remaking of World Order*）中有一段非常有名的论述：

> 由于现代化的激励，全球政治正沿着文化的界限重构，文化相似的民族和国家走到一起，文化不同的民族和国家则分道扬镳。以意识形态和超级大国关系确定的结盟让位于以文化和文明确定的结盟，重新划分的政治界限越来越与种族宗教文明等文化的界限趋于一致，文化共同体正在取代冷战阵营，文明间的断层线正在成为全

---

① 石岿然, 刘妍. 守正创新 行稳致远 [M]. 北京：中国金融出版社, 2023：32.

球政治冲突的中心界限。①

亨廷顿对全世界的文明进行了分类，认为在西方文明（基督教文明）之外，还存在中华文明（儒教文明）、日本文明、伊斯兰文明、印度文明、斯拉夫文明（东正教文明）、拉丁美洲文明以及可能的非洲文明，不同文明未来可能会因为文化的差异产生冲突。虽然文明冲突并不总是发生在不同文明之间，同一文明内部的激烈冲突也并不鲜见，但"文明冲突论"不仅在学术界引发了广泛而热烈的讨论，也引发了人们对国际事务的理解发生革命性的改变。亨廷顿在书中的预言今天也已部分成为现实，被历史所印证。

与此同时，中国学者费孝通关于"文化自觉"的论述让我们看到来自不同国家、具有不同文化思维的学者在面对问题时完全不一样的看法：

> 文化自觉，是一个艰巨的过程。首先要认识自己的文化，理解所接触到的多种文化，才有条件在这个已经形成中的多元文化的世界里确立自己的位置，经过自主的适应，和其他文化一起，取长补短，共同建立一个有共同认可的基本秩序和一套各种文化能和平共处，各舒所长，联手发展的共处守则。②

显然，两位学者对文化差异可能带来的结果有不同的预期。费孝通先生所说的"各美其美，美人之美，美美与共，天下大同"既是他提出"文化自觉"历程的概括，也是对世界秩序的一种愿景。

---

① 塞缪尔·亨廷顿. 文明的冲突与世界秩序的重建 [M]. 周琪，等译. 北京：新华出版社，2012：105.

② 费孝通. 反思·对话·文化自觉 [J]. 北京大学学报（哲学与社会科学版），1997（3）：22.

既然不同文化的冲突是确定存在的，那么，超越一切文化差异的共性是否存在呢？在我们对世界的信念中，最有把握的一条就是：其他人是和我们一样有意识的。如果其他人也是由同样的"材料"构成、与我们追求着同样的目标，那么，那些让我们感到痛苦和快乐的事情，是否也同样让其他人感到痛苦和快乐呢？那些因为各种因素——性别、种族、国家、民族、宗教等，与我们有许多差异的人，在最根本的层面和我们是一样的吗？

在莎士比亚最具人文主义思想的经典剧作《威尼斯商人》第三幕第一场中，夏洛克也曾有过类似的疑问：

> 难道犹太人没有眼睛吗？难道犹太人没有五官四肢、没有知觉、没有感情、没有血气吗？他不是吃着同样的食物，同样的武器可以伤害他，同样的医药可以疗治他，冬天同样会冷，夏天同样会热，就像一个基督徒一样吗？你们要是用刀剑刺我们，我们不是也会出血的吗？你们要是搔我们的痒，我们不是也会笑起来的吗？你们要是用毒药谋害我们，我们不是也会死的吗？那么要是你们欺侮了我们，我们难道不会复仇吗？要是在别的地方我们都跟你们一样，那么在这点上也是彼此相同的。①

其实，人类对待特定事物的基本反应是一致的，这种超越一切文化的共性具有深刻的含义。美国学者斯蒂芬·平克（Steven Pinker）认为这种共性中蕴含着两重含义：第一重含义即是存在普世的人性，它包括我们共同的快乐和痛苦，共同的推理方式，以及我们的一些共同弱点；第

---

① 戴丹妮. 莎士比亚戏剧精粹赏析 [M]. 武汉：武汉大学出版社，2022：51.

二重含义是，无论人和人之间有多大的差异，他们是可以达成共识的。①

　　下面的例子可以帮助我们更容易地理解这种文化的差异和共性共存的状况。

　　1963 年 3 月 2 日，毛泽东主席的题词"向雷锋同志学习"在《中国青年》发表后，3 月 5 日，《人民日报》《解放军报》《光明日报》《中国青年报》等都刊登了毛泽东主席的题词手迹。"雷锋精神"成为 20 世纪 60 年代中国较为鲜明的口号之一，激励了成千上万的中国人。此后，每年的 3 月 5 日被确定为学雷锋纪念日。"雷锋精神"的内核之一是"螺丝钉精神"，号召大家做一颗永不生锈的螺丝钉，每个人都作为庞大机器的一部分最大限度地发挥自己的作用，并为自我价值的实现而感到自豪。直到今天，我们仍然认为"雷锋精神"所代表的一些价值和道德，如无私奉献、为国为民等，既继承了中国传统文化的精华，也满足了中国特色社会主义建设的需要。

图 0.3　雷锋

---

① 斯蒂芬·平克. 人性中的善良天使 [M]. 安雯，译. 北京：中信出版社，2019：214.

几乎同时，在地球的另一端，一个年轻人也掀起了一场社会思潮。1964年12月2日，来自美国加州大学伯克利分校的学生马里奥·萨维奥（Mario Savio，图0.4）发表了著名的"斯波尔广场演讲"（*The Sproull Plaza Speech*，即《机器的运转》）。这场演讲引起了美国民众的共鸣，"不甘心做一个国家机器上的螺丝钉、轮子、杠杆或者任何一个部件"成为20世纪60年代美国各种群众运动的精神信念，从而对美国的社会变迁和发展产生了巨大的影响。[①]

图0.4　马里奥·萨维奥

为什么20世纪60年代中美两国的年轻人会不约而同地想到用"螺丝钉"这样的一个意象来表达人的命运选择，对螺丝钉的认识却又有如此大的差异呢？

要回答这个问题，我们需要进一步思考雷锋和马里奥这两颗"螺丝钉"之间的差异和共性。雷锋为做一颗"永不生锈的螺丝钉"而自豪的

---

①　彭凯平.吾心可鉴：跨文化沟通［M］.北京：清华大学出版社，2020：4.

心态，可能很多美国人完全不能理解；同样，马里奥想成为一颗"自由的螺丝钉"而不被机器所束缚也让很多中国人费解。这两颗"螺丝钉"虽然都符合当时当地需要的价值观，但是其核心的释义又不甚相同。那么，雷锋或马里奥崇尚的价值观里有没有一些是对方可以接受的呢？——当然有，如热心助人、崇尚自由等。这就是斯蒂芬·平克所说的"超越一切文化的人类的共性"。

正如鲁思·本尼迪克特（Ruth Benedict）在《菊与刀》（*The Chrysanthemum and the Sword*）中所谈到的："20世纪的障碍之一是，我们对一个重要问题的观念仍然极为朦胧和偏颇。我们仍然不知道，美国人何以成为美利坚民族，法国人何以成为法兰西民族，俄国人何以成为俄罗斯民族。由于缺乏这样的知识，各民族彼此误解。当麻烦仅仅是毫厘之差的分歧时，我们却害怕其是不可调和的冲突。由于其总体的经验和价值体系，一个民族心中想到的行为的路数与我们截然不同、大异其趣时，我们却奢谈共同的宗旨。我们不给自己机会去发现，他们的习惯和价值是什么。如果我们给自己机会去研究，我们就会发现，我们不熟悉的行为路数未必就是坏的。"[①]

学会发现文化间这些"同"与"不同"，知道不同文化是怎样被误解的，又该怎样被了解，为参与未来国际化的合作与竞争做好"跨文化能力"的准备，正是本课程希望实现的目标。

课程的副标题叫"中国文化的世界传播与互动"，其中，"文化"是跨文化交流和传播的一个核心概念，理解自己文化的内涵，就像解释鱼为什么在水里生活，只有遇到来自不同文化背景的人，将其作为参考，

---

① 鲁思·本尼迪克特. 菊与刀：日本文化模式论 ［M］. 何道宽，译. 北京：北京大学出版社，2013：12.

我们才能意识到自己的文化传承，建立自身的文化自信。人要吃饭、要睡觉，需要安全感，需要爱与被爱，这些人类共有的基本需求并不属于文化的范畴，来自不同文化背景的人满足这些需求的独特方式则是文化。

通常，我们通过与来自特定文化群体的人开展社交，缓慢地在潜意识中了解其文化。社交对象的身份，有的可以选择，有的则无法选择，但无论怎样，他们都会给我们带来持久的影响。而一旦习得了特定文化群体的观念与价值，它们就成为我们看世界的滤镜，而"人很难意识到自己在通过自己的眼睛看世界。任何国家都将自己的视角视为理所当然，每个民族都自有一套看生活的聚焦和透视技巧"①。

文化滤镜的存在如此难以察觉，如果没有参照，我们就很难了解中国在世界文明谱系中究竟是怎样一种存在。我们基于那些跨越数千年的文明成就所油然而生的自豪感，是在世界文明的谱系中、在与其他文明的"比较"中所获得的。进一步说，任何一种文明在关于自身历史和文化的讲述中，似乎都天然地存在"比较"的冲动与焦虑。

作为特定文化群体的一部分，"我们"这个共同体指代的是哪些人呢？是什么塑造了"我们"、改变了"我们"，让"我们"发展成现在的模样呢？"我们"以外的世界是怎样的呢？与"我们"对应的对象——"他们"又是怎样的呢？显然，"我们"的故事从来都不只是关于"我们"的。

这也是我们设计本课程的初衷：从多元化的视角，观察中国作为一个东方文明古国的文化特色以及她与世界的关系。

---

① 鲁思·本尼迪克特. 菊与刀：日本文化模式论［M］. 何道宽，译. 北京：北京大学出版社，2013：13.

这便说到了"世界传播与互动"，任何文化在世界上的传播和与其他文化的互动，都是不断突破障碍，相互更多地了解彼此，更好地与彼此沟通的过程。只有通过有效的跨文化沟通来减少传播的障碍，增进彼此的理解，更多地了解每一种文化所具有的多元性和丰富性，才能够避免刻板印象、偏见和歧视。这便涉及全球胜任力当中的重要一环，也是本课程想要重点培养的一种能力——跨文化沟通能力：能理解、欣赏、接受和恰当地处理不同文化差异，在跨文化环境下完成交际任务或实现交际目的的能力。值得注意的是，不是只有不同国家文化背景之间的交往存在"跨文化"的问题，不同地域、不同民族、不同性别甚至不同代际的交流沟通，都可能属于跨文化的范畴。

钱穆先生认为中国文化与西方文化相比，"若说它有长处，则显见有一个'完整性'"，"中国文化的完整性，正表露在我们中国人每一人的身上"，"中国人到哪里，便是中国文化到哪里".[①] 中国文化的世界传播与互动，最终的落脚点是其核心理念——"和"。"和"是中国文化的精髓，亦是被各家各派所认同的普遍原则。"和实生物，同则不继"，无论是天地万物的产生，人与自然、社会、人际关系，还是道德伦理、价值观念、心理结构、审美情感，都贯通着"和"的理念，这个理念也可以通过我们的一举一动向世界传达。

需要向大家说明的是，呈现在大家面前的这本书，是来自四川大学不同学院的老师精诚合作，共同为大家带来的"文化大餐"。他们是：侯宏虹（绪论，第二章，文学与新闻学院），陈侠（第一章，文学与新闻学院），陈岚（第三章，建筑与环境学院），任晗（第四章，商学院），王慧敏、周应君（第五章，公共管理学院），杨恬（第六章，文学与新

---

① 钱穆. 中国文化精神［M］. 北京：九州出版社，2012：86－91.

闻学院），张杰（第七章，海外教育学院），何婉（第八章、第九章，海外教育学院）。

最后，本书的顺利出版得益于许多老师和同学的帮助，请允许我们在此向他们表示衷心的感谢！感谢四川大学教务处和通识课程专家团队的指导和支持，感谢四川大学出版社编辑刘一畅等老师的努力与付出，感谢来自建筑与环境学院的郝又佳、陈治儒、李心月、江歆琪，来自国际关系学院的胡天益，来自文学与新闻学院的卢心怡、袁琪、魏雅涵等几位同学，他们都为本书的编撰付出了辛勤的劳动。

我们还要感谢选择本课程的各位同学以及对本书感兴趣的读者朋友，欢迎大家与我们一起，在世界文明的谱系中探索中国文化的价值，让你的视界，与世界无界！

第一章

The psychological basis of intercultural interaction：
文化互动的心理学基础

> 波洛茨克和世界其他地方之间的边界，并不如我想象的那样是一道
> 物理屏障，就如同把我们的花园和街道隔开的栅栏一般。[①]
>
> ——玛丽·安亭（Mary Antin）

玛丽·安亭（1881—1949）是 20 世纪初美国犹太文学发轫的标志性人物之一，她的代表作《应许之地》（*The Promised Land*）被誉为 20 世纪移民自传的经典之作。作为一位身在美国的俄裔犹太移民作家，玛丽·安亭笔下的个人生命体验已成为全球化大背景下日益广泛存在于不同国家和地区的普遍社会现实：来自不同文化传统的元素混合交汇于同一时空的多元文化情境已成为大多数人日常生活的一部分。

中国文化与他者文化之间的互动与交流在历史上延绵不绝[②]，而今天文化间的传播与互动则以一种更方便、快捷的方式渗透进人们的生活场

---

① Mary ANTIN. The Promised Land [M]. Boston & New York：Houghton Miffin Company，1912：3. 原文为：The boundary between Polotzk and the rest of the world was not，as l had supposed，a physical barrier，like the lence which divided our garden from the street.

② 参见曹顺庆，徐行言. 跨文明对话：视界融合与文化互动 [M]. 成都：巴蜀书社，2009.

景，贯穿了衣、食、住、行等社会生活的各个层面，以及教育、就业、婚恋、生死等人生的各个阶段。基于对既有研究的梳理，我们认为，理解上述现象中的心理学规律至少需要探讨以下三个最基本的议题。

其一，中国文化的世界传播并不意味着只有中国的文化元素单向地传播到世界各国；事实上，人们在生活中常常会看到中外文化元素之间以各种形式、在各类时空进行双向的互动与交汇。为了能更好地理解这一类文化间的双向交流与互动规律，人们在日常生活中需要培养一种能迅速准确调用的文化识别能力，以鉴别所处的场景是否有本土文化传统之外的异文化元素汇入，是否存在来自两种或更多种文化传统的元素通过互动与交流而建构的复杂情境，再由此决定是否遵循本土文化情境下所惯常运用的那一套熟悉的心智模式与行动规则。这就需要学习文化心理学领域一个极为基本的工具概念：文化符号。需要特别指出的是，这里的"文化符号"是在以实证研究为主流范式的文化社会心理学领域中的概念，对文科背景的初学者而言，需要与以阐释学为主导学科范式的符号学的核心学科概念"符号"加以必要的区隔，以避免产生混淆与误读。

其二，全球范围内不同文化之间不同形式的互动，可能会唤起人们或短暂或长期、或微弱或强烈的心理反应与行为倾向，这类社会心理反应通常出乎相关各方的意料，可能导向积极的文化创新与融合、催生奇思妙想和创意的火花，也可能导向消极的文化排斥乃至冲突，甚至造成无法挽回的社会经济损失。为深入理解、精准预判不同文化之间互动与交流的情境更有可能会触发上述哪一种社会心理反应模式，在文化与社会心理学领域内兴起了一个重要的研究课题：多元文化交流心理效应中的"冷－热"二元机制①。

以本章第二节所提及的美国星巴克公司（简称"星巴克"）为例，一方面，作为一家来自美国的跨国餐饮企业，星巴克在中国本土拥有广大的消费群体，提供了生动而正面的文化交流创意案例，诠释了多元文化交流中的"冷"机制——启动了跨文化传播中的本土受众乐于接受其创意设计中的外来文化、从中吸取新异的文化体验和创意启发；另一方面，这家外国餐饮企业在中国市场的成长中也遇到过挫折，在跨国经营中引发了文化冲突，其内在机制正是由中国本土与外来文化元素混合的文化互动交流情境触发本土受众文化交流中的"热"机制——在中国本土社会民众的认知心理层面唤起了对文化的"热"感知、激发了行为层面的"热"反应。

其三，一个国家或地区的社会主流群体会在长期的社会与文化生态环境中形塑一种共识性的文化信念，这种文化信念会影响甚至决定这个国家或地区的主流群体以特定方式看待本土与不同外来文化之间的关系，从而建构了一种在一定历史时期基于广泛的共识盛行于当地社群的主流文化意识形态②。决策者会基于当时当地的主流文化意识形态制定体现其理念的文化交往与管理政策，并在更大时空范畴内酝酿出文化交汇与政治经济因素相互交错所共同生成的社会风险。为准确理解这一类更为宏观的文化交流与传播社会心理机制，本章将简要介绍文化社会心理学领域内一个较为复杂和抽象的概念——文化意识形态，以帮助更深入地理解不同国家和地区的主流群体在其文化交流与传播实践中如何处

---

① 参见赵志裕，康萤仪. 文化社会心理学 [M]. 北京：中国人民大学出版社，2011：276－299.

② Morris M W，Chiu C Y，Liu Z．Polycultural psychology [J]．Annual review of psychology，2015（66）：631－59.

理不同文化之间的关系。

具体来说，跨文化交流的管理政策制定者通常会基于主流群体的共识，确定人们与外来文化交流与互动应遵循的立场和准则，并由此影响个体在日常的多元文化交流场景如何对待外来文化中的人、事、物。这会关涉三个基本的子议题：

一、本土文化与外来文化之间是否存在实质上的差异？

二、本土文化与外来文化之间的地位是否平等？

三、本土文化与外来文化之间的边界是否不可跨越？

管理政策制定者通常基于对这三个基本子议题的回答制定并推行跨文化交流的文化管理政策，最终塑造一个国家和地区的人们身处多元文化互动与交流的场景时将遵循的价值立场和行动准则。

本章将从上述三个基本的文化社会心理学理论视角切入，结合生活中丰富多样的经验素材，分析和总结中国本土文化与外来文化之间交流互动过程中的文化社会心理机制，帮助人们基于文化社会心理学的研究成果理解日常生活中日益频繁的主动或被动、有意识或无意识进入的多元文化互动场景，逐步建立起更具环境适应性的多元文化心智结构。

第一节　文化符号

文化社会心理学领域的"文化符号"是一个重要的工具性概念，适用于从最直观的层面研究文化互动心理机制中的基本规律，能帮助人们准确识别所处场景的文化特征、标识其中参与传播和互动的文化要素及其所属的文化传统。在全球化进程深入且广泛推进的前提下，人们在日常生活场景中越来越少见到只有单一文化存在的情形，无论人们是否意识到，他们都更经常地接触到多元文化共存于同一时空的场景。有时是相近或同源的文化（如中、日、韩文化）交流互动，有时是两种或更多种不同源的文化（如中、美文化）交流互动。

　　划分一种文化的参考系可以是更宏观的国家、民族，也可以是更微观的城市、地区乃至学科。例如，四川大学通识教育课程（简称"通识课"）的课堂正是多元文化元素在同一时空彼此交汇与互动的典型场景。选修通识课的同学来自不同城市、地区，具有不同的学科背景。即便是同一个国家，不同城市与地区也发展出在更细微层面有明确区分的文化传统与习俗。假设选修了同一门通识课的某一位同学来自中国北方的某个城市，而另一位同学来自中国南方的某个城市，两位同学所成长的环境都在中国，因而共有源远流长的中华文化大传统，但在更具体而微的层面却会遵循有区别的南北文化习俗并体现于各类日常生活场景之中。例如，每年端午节，两位同学都会吃粽子，却可能在面对"咸粽子还是甜粽子？"时做出截然不同的选择。再如，选修同一门通识课的同学来自不同的专业，如医学、建筑学、经济学、文学等，他们在同一个课堂交流学习，也就不可避免地带来自己专业的知识结构、基础概念、思维方式、行事风格乃至价值观。因此，无论本人是否意识到，同学们只要来到一门大学通识课的课堂，其实就带着自己的国家、民族、地区乃至学科、专业等所特有的文化要素，自觉或不自觉地参与不同文化之间的互动与交流过程了。

　　及时地观察、深入地理解乃至准确地遵循某一文化场景的规律，首先要求人们在身处某一种文化场景时，能迅速而准确地识别出该文化场景的基本特征，即该文化场景是由单一文化所构成的环境，还是由多元文化所构成的环境。为此，我们首先需要理解和掌握"文化符号"这个基础概念。"文化符号"的概念来源于文化社会心理学这一由实证研究范式主导的学科领域，对初学者而言，有必要与阐释学研究范式主导的符号学领域中的"符号"这一基本学术概念加以区分。从学科范式上而言，本章所介绍的文化社会心理学领域的"文化符号"，从概念提出到相关研究都需要严格遵循实证研究范式下的所有规范。

在文化社会心理学的学科定义中，"文化符号"是一个非常贴近日常生活的基本概念，可以在生活中找到大量实例。四川大学海外教育学院就是存在于我们身边的一个富含多种"文化符号"的例子。就读于海外教育学院的有来自不同国家和地区的留学生，他们携带着多样的文化传统，其学习与生活常伴随着由多种文化要素构成的"文化符号"互动与交流场景。此外，海外教育学院会定期举办丰富多彩的文化交流活动，其中，一年一度的"四川大学留学生美食文化节"较具代表性。

综上，文化符号是一个在日常生活中随处可见的工具性概念，有助于人们在任何关涉文化元素互动与交流的场景中迅速而准确地识别出所关联到的文化的类别特征：是由一种文化类别构成的单一本土文化场景或单一外来文化场景，或是由多种文化类别混杂构成的多元文化场景。

人们通常怎么识别一个文化场景中的文化符号？又会寻找什么样的线索来分析其中的文化元素及其类别？对此，我们认为，人们依循的线索很可能是植根于特定文化土壤的建筑风格，也可能是一个国家的国旗，或者语言、餐饮这类日常生活不可缺少、同时又代表着某一种文化的元素。人们在自己的日常生活中遇到一个文化场景，一般会从直觉上去识别其中有代表性的文化元素，但是当场景变得较为复杂，这样做有可能会导致误读。本章接下来将对文化符号概念进行系统介绍，以期帮助读者从概念层面精确、迅速地把握情况较为复杂、含义较为模糊的文化场景，分析其中的文化类别特征。

　　从概念层面对文化符号的定义可表述为：为特定文化群体所认同、代表或象征重要文化意义的符号、图像、人物或建筑等①。这个基础性的定义最早由文化社会心理学领域的学者提出，建基于中国香港杰出文化社会心理学者康萤仪（Hong Yingyi）、赵志裕（Chiu Chiyue）及其团队的开创性工作，日渐为国内外文化传播与交流相关领域的社会科学工作者不断发展并广泛应用。该定义包含了四个基本的概念元素，以下将结合例子加以介绍。

　　其一，"文化符号"必须关联清晰界定的特定文化群体。当指涉某个"文化符号"却未能明确其所指向的文化群体，严格说来这个"文化符号"就没有确定的意义，可能导致传播与交流实践中的错误解读。例如，中国的龙（Long）作为中华民族这一特定文化群体的传统文化符号，如果呈现在以西方文化群体为主体的文化交流情境（如一些中国企业的产品在国际市场投放的广告）中，可能会被错误解读。在中国，龙是象征传统文化、华夏精神传承等带有"祥瑞"的积极含义的中国"文化符号"，但在西方文化中，龙（dragon）通常带有"邪恶"等消极含义，这类文化符号被误读的场景极有可能触发文化冲突的心理与行为反应②。

　　其二，"文化符号"必须存在于特定的载体。人们在日常生活中容易接触的文化符号都以什么为载体呢？可以是建筑，如故宫、长城等，它们是中国传统文化符号的载体；可以是食品，如月饼是中国传统民间习俗与民俗文化符号的载体，咖啡则是西方现代生活模式与潮流文化的

---

　　①　Yingyi HONG, Morris M W, Chiyue CHIU, Benet-Martínez V. Multicultural Minds：A Dynamic Constructivist Approach to Culture and Cognition [J]. American Psychologist, 2000（55）：709-720.

　　②　葛岩，秦裕林. Dragon 能否表示龙——对民族象征物跨文化传播的试验性研究 [J]. 中国社会科学，2008（1）：14.

载体；也可以是人物，如孔子作为中国古代伟大的思想家、政治家、教育家与儒家学派创始人，是中国以儒家文化为代表的传统符号的载体；而马丁·路德·金（Martin Luther King）作为美国黑人民权运动领袖，则是美国政治文化符号的载体。文化符号的载体，除了可以是上述具体的人和事物，也可以是更为抽象的事物，甚至包括极其抽象或复杂的符号。例如，作为中国传统文化符号的八卦，其本身也是一套极为抽象、复杂的文化符号系统。

其三，无论作为文化符号的载体是具体事物还是抽象符号，其本身一定凝聚并象征了某一文化，即是说它们代表、象征或凝聚了某一文化传统中特别重要的意义或价值。例如，中国的龙自古以来就被视为中华民族的象征之一。据考证，中华民族被称为"龙的传人"起源于黄帝时代的传说。龙出现在"画龙点睛"等中国古代神话中，为鳞虫之长；相传能飞行，能变化，能呼风唤雨，与凤凰、麒麟等并列为祥瑞；在古代主要寓意皇权，今天则寓意中华民族的精神传统。

其四，"文化符号"必须为关联文化群体所认同，即该文化群体多数成员应该对该载体能代表或象征一定的文化意义或价值达成共识。如果未能取得大多数成员的认可，或者过去的共识已不能再适用于当前的文化社会情境，作为文化符号的属性就会引起争议或者质疑。

总的来说，在文化社会心理学的定义中，文化符号的概念必须具备四个不可或缺的要素：群体、载体、象征、认同。文化符号首先需要清晰界定的特定文化群体；其次需存在于特定的载体，可以是具体的人或事物，如历史名人、古代建筑、民族服饰、民俗饮食等，也可以是很抽象的事物，如语言、八卦等符号系统或象征物；使文化符号区别于其他事物的核心要素在于其凝聚或象征了重要的文化意义或价值，并在该文化群体中达成了最大程度的共识。

第二节　多元文化交流心理效应中的
"冷－热"二元机制

要深入地理解跨文化传播实践中的文化互动，还需要深入分析多元文化交流心理效应中的"冷－热"二元机制。相关领域的研究揭示了一个广泛存在的文化交流心理效应：当人们意识到不同文化在同一个时空处于共存的状态，其对相关文化之间所存在差异的知觉会被显著放大。① 研究进一步发现，在可能增强人们文化差异知觉的多元文化交汇情境中，不同条件下能唤起两类截然相反的心理反应及行为模式：一类为文化冲突反应模式，启动该模式的人们倾向于积极拥抱外来文化及相关的人、事、物，充分吸收融合外来文化中的新异元素，这类反应即文化交流心理效应的整合机制，又被称为"热"机制；另一类模式为文化融合反应模式，启动该模式的人们则会倾向于消极看待外来文化，对外来文化相关的人、事、物都采取一种拒绝、排斥的态度，这类反应即文化交流心理效应的拒斥机制，也被称作"冷"机制。

文化交流究竟会启动人们心理层面的文化冲突反应模式（"热"机制），还是文化融合反应模式（"冷"机制），分别会受哪些因素或条件的影响呢？下文将结合实例对其中的文化心理机制加以系统的阐明。

国际贸易与跨文化营销领域的研究者长期以来多以星巴克在全球范

---

① Chiyue CHIU, Lee Ann MALLORIE, Hean Tat KEH , Wilbert LAW. Perceptions of Culture in Multicultural Space：Joint Presentation of Images from Two Cultures Increases In－group Attribution of Culture－typical Characteristics ［J］. Journal of Cross－Cultural Psychology，2009（40）：282－300.

围内的经营实践作为分析跨国企业如何取得全球性商业成功的案例。截至 2020 年年底，星巴克在全球共有 32600 家门店①，其在境外开设的门店数量远远超过在美国本土的门店数量，在境外的业绩也远远超过在美国本土的业绩。研究者们从跨文化经营与管理的学科视角总结得出：星巴克在跨国经营方面所取得的成功，根源在于该企业充分重视并推行了不断加以改进的跨文化交流与传播的文化管理策略。

事实上，星巴克并非从一开始就掌握了正确的跨文化交流准则，在其开展跨国经营之初，也经历过不少挫折。例如，在刚进入中国市场时，星巴克未深入理解中国文化而导致的选址不当、广告文案设计不当等问题，引发了一些争议，部分门店被迫关闭。十余年来，通过不断总结经验，星巴克最终摸索出了一套融入中国文化的经验，并付诸实践取得了一些优秀成果。例如，星巴克在中国提出"第三空间"的概念，依托中国传统建筑多次规划开设一些带有中式风格的店面。其中比较突出的有星巴克成都宽窄店、福州三坊七巷店、北京臻选前门大街店等。

星巴克在中国的跨文化交流与传播实践为我们提供了如下启示：

首先，应当在更为安全的文化领域推进跨文化交流与互动。

相关研究显示②：餐饮、服饰等涉及日常生活的领域是跨文化交流的安全领域，相对来说，传统、宗教等承载了神圣象征意义的领域是跨文化交流的高风险领域。需要指出的是，在多元文化共存的特定场景中，科技应用也并非完全去除了文化含义的安全领域，需要具体情境具体分析。例如，面孔识别类的科技应用就可能引起不同国家和地区的民

① 腾讯网. 星巴克专题研究报告：星巴克如何成长为连锁咖啡巨头 [EB/OL]. （2021-05-25）[2022-07-30]. https://new.qq.com/rain/a/20210525A05K9J00.
② 彭璐珞，郑晓莹，彭泗清. 文化混搭：研究现状与发展方向 [J]. 心理科学进展，2017（7）：11.

众关于个人隐私的不同解读，从而在跨文化传播的场景可能引发文化心理层面的认知分歧，导致群体心理与行为层面的冲突。

其次，应当以一种尊重本土文化的方式进行跨文化交流与互动。

星巴克吸取了之前的教训，在计划开设成都宽窄店之初，不仅十分慎重地选址，更是在包括店面设计在内的细节中非常谨慎地处理不同文化元素之间的关系。例如，该门店的外装修保留了完整的中式传统建筑风格与要素，其内部墙面甚至用中国书法来绘制英文的星巴克品牌标识，对中国本土文化的尊重可见一斑。

事实上，星巴克跨国经营的成功，正有赖于这种对其他国家和地区文化的尊重。每到一个国家、每接触一种新的文化传统，星巴克都在实践这种跨文化交流策略，即将星巴克自身的文化元素放到相对于所在国家或地区的文化元素而言更为附属、不引人注意的次要位置，从而最大限度保护本土消费者的文化身份不受威胁，避免触发本土消费者的文化拒斥心理与行为反应模式。这种尊重本土文化的跨文化交流策略已经被证明非常有效，星巴克在全球市场也因此取得了广泛而持久的商业成功。

有学者对可能导致文化冲突的多元文化场景设置进行了实验研究，进一步揭示了其中的文化社会心理机制。该项研究以图 1.1 为实验材料，作为在实验任务中呈现给受试者的平面广告。图 1.1（a）用于实验组，图 1.1（b）用于参照组。两幅图的文案内容都一致，即广而告之"麦当劳近期将在中国长城开设分店"。两幅图的设计仅有细微的区别：图 1.1（a）中麦当劳的品牌标识被叠放在长城上（在该实验中将其设定为威胁条件），图 1.1（b）中麦当劳的品牌标识并列在长城边（实验中将其设定为中性的控制条件）。该研究的实验结果揭示，相对于参照组，如果实验组的受试者将麦当劳看作美国文化的象征符号，当看到实验中威胁条件下的图片材料图 1.1（a）时更有可能唤起其心理层面关于本土文化受到美国文化威胁的感知，从而启动其文化拒斥的心理与行为反应模式（在该实验中表现为创意水平受损）[①]。

（a）实验组用图　　　　　　　（b）参照组用图

图 1.1　可能导致文化冲突的多元文化场景实验用图

需要注意的是，文化冲突的反应具有不同的层次类别。在最浅层的文化冲突中，所唤起的文化冲突反应通常局限在审美层面。人们可能认为广告设计太过商业化、品牌标识与周围环境不和谐、缺乏美感等，这可能在一定程度上影响消费者的消费意愿或满意度，但通常不会造成更大的危机。而如果触发了严重的文化冲突反应，导致身处其中的民众感知到自己的文化被侵犯、信仰被践踏，在强烈的情感驱动下"群起而攻之"的行动便会顺理成章地发生。

类似地，文化交流中的融合反应也有着不同的层次。如星巴克成都宽窄店，其设计创意在很大程度上达成了较为深度的文化融合体验，让消费者不断产生惊喜与可玩味的审美体验；而星巴克在中秋节推出的创意月饼，相较而言则是简单的文化元素拼贴，在消费者心理层面唤起的可能仅限于较为浅层次的"新奇感"体验。这类积极正面的跨文化互

---

① Chen X，Leung K Y，Yang Y J，et al. Cultural Threats in Culturally Mixed Encounters Hamper Creative Performance for Individuals With Lower Openness to Experience [J]. Journal of Cross-Cultural Psychology，2016（10）：1321-1334.

动，层次或深或浅，但都推动了星巴克在中国市场的发展。

本章以星巴克为例，介绍了跨文化交流与传播实践中可能存在的"冷"与"热"两种文化心理反应机制。其中的"冷"机制是指本土民众对外来文化抱持一种积极拥抱的心态，从外来文化中吸取新异元素，提升文化或个体的创意；"热"机制则是指本土民众感知到外来文化威胁本土文化的存续或发展，因而对外来文化相关的人、事、物一概采取拒斥的态度，以维护本土文化传统。为了促进文化间的交流与互动产生更积极的效果，唤起民众在面对外来文化时开启有益的"冷"机制，相关方面需要遵循的一项重要原则——也是在跨文化传播中的一项基本守则——被概括为"文化礼貌"（Culture Politeness）原则。

概而言之，"文化礼貌"是指在多元文化互动与交流的场景中，必然关涉不同的文化领域、以不同的方式进行交互，相关方面需要重视保护民众的文化传统与族群身份，选择在相对安全的文化领域（如涉及日常生活的餐饮、服饰等领域）而非高风险的传统或宗教领域，高度重视采用最大限度地尊重本土文化传统和习俗的方式展开文化交流与互动。

尽最大的努力严格遵守"文化礼貌"的跨文化传播守则，不仅是星巴克在充分吸取教训后不断完善并努力践行的方向指引，也是其在全球市场取得巨大成功的秘诀。星巴克的跨国经营实践深具启发意味。

案例 1

杜嘉班纳事件

杜嘉班纳（Dolce & Gabbana）是一个曾经在中国有着极大市场潜力的欧洲奢侈品牌。2018 年 11 月，杜嘉班纳原本预定于上海举办大型时装秀。为了给活动"预热"，杜嘉班纳将中国的传统饮食文化与意大利的经典饮食文化相结合，拍摄了一部名为《起筷吃饭》的广告宣传片，却引发了极大的争议。

这部广告宣传片展示了一位华裔模特面对一份意大利比萨，在一段古怪念白构成的背景音下，以戏谑的方式使用中国餐饮文化中的文化符号"筷子"。该片一经发布，便被网友质疑存在歧视中国传统文化的嫌疑，直接导致时装秀被取消，该品牌在中国市场的商业贸易合作也遭遇巨大的危机，经济损失极为严重。

从跨文化交流的角度分析，该广告宣传片的模特因为不明原因而做出一些怪异的动作，以极其轻慢的态度嘲弄在吃西餐时仍笨拙地使用"筷子"的中国人，恶意地迎合了西方世界对中国人及中国文化的负面刻板印象。杜嘉班纳的这次跨国经营行为无疑是失败的。[①]

思考

请尝试运用本章所学知识，分析杜嘉班纳事件中的文化互动心理机制。

第三节　文化意识形态

全球化带来了多元文化交汇的日常语境，我们应该怎么看待不同文化之间的关系？这个问题的重要性日益凸显。而对这个问题的回答则关涉一个更为宏观、抽象的学术概念：文化意识形态。对这一概念的学习有助于我们理解：为何在同一个地球上的不同国家和地区会推行截然不

---

① 国际品牌辱华事件发酵 多家电商平台下架"杜嘉班纳"[N]. 株洲晚报，2018—11—23（A12）.

同的文化政策，这些政策在解决当下的问题之后潜藏着哪些在未来可能爆发的社会风险。

一个国家、社会或族群所持有的主流文化意识形态，包含了以下三个维度①：文化之间是否具有差异、文化之间是否存在地位高低之分、文化之间是否存在不可改变的边界？在这三个维度上的不同立场，组合起来就构成了不同的文化意识形态类别。在当前的世界范围内（曾）作为主流的文化意识形态主要有三类：文化多元主义、文化归化主义、文化普遍主义。文化意识形态的学术概念十分抽象，为了便于初学者理解，本章借用三个国家（英国、美国、法国）在特定的历史时期推行的文化意识形态为示例加以介绍。

首先，我们以英国为例来理解文化多元主义。英国在很长一段历史时期所奉行的主流文化意识形态三个维度上的立场可概括为：文化之间存在实质上的差异；不同文化在地位上都平等而不分高下；不同文化之间的边界不应该被破坏，以保护不同文化本身的纯洁性。英国长时期盛行的这种文化意识形态被称为"文化多元主义"，又被戏称为"文化沙拉碗"，以描述其看待不同文化关系的模式就像沙拉的制作方式：一碗制作完成的沙拉，其中每一种食材都缺一不可、地位平等；每一种食材都保留了原汁原味，不会通过精细的烹制使食材发生化学反应从而改变其原有成分。在奉行文化多元主义的欧盟，近年来时有发生的难民危机揭示，文化多元主义可能引发的潜在社会危机是不同族群间的文化隔阂、对立乃至社群撕裂；而英国的脱欧被批评者认为是对文化多元主义

---

① Chiyue CHIU，Lee Ann MALLORIE，Hean Tat KEH ，Wilbert LAW. Perceptions of Culture in Multicultural Space：Joint Presentation of Images from Two Cultures Increases In-group Attribution of Culture-typical Characteristics ［J］. Journal of Cross-Cultural Psychology，2009（40）：282－300.

的背离。

其次，我们以美国为例来理解文化归化主义。美国在历史上的"西进时期"推行的主流文化意识形态是文化归化主义，被喻为"文化大熔炉"①。文化归化主义在文化意识形态三个维度上的立场可概括为：文化之间存在实质性的差异且不同文化并不具有平等地位，少数族裔的"劣势"文化边界应当被打破而融入作为"优势"文化的美国主流文化。与曾经长期殖民他国的英国有所不同，美国是一个依靠移民政策而发展的国家。美国的主流群体相信：不同族裔来到美国，就应当努力融入美国主流文化、共有美国人的身份（American Identity），这是能够将美国这样一个由不同族裔的移民构成的社会凝聚为一体、构建起国家认同的核心机制。美国在其西进运动的历史阶段对原住民的掠夺、驱逐乃至杀戮，则是其奉行文化归化主义的最极端体现。

最后，法国是推行文化普遍主义的代表。法国盛产口红与香水，是世界闻名的浪漫与自由之都，也酝酿诞生了文化普遍主义的主流文化意识形态。在文化普遍主义者看来，世界上所有的文化其实并不存在本质的差异，都只是建立在共同的普遍本质之上的不同文化表达。基于这个起点不失浪漫的理念，法国主流群体认为法国各族裔的文化之间没有（或不应该有）本质上的差异，因此也就不需要考虑不同文化间的边界。但这一理念在现实中不加限制的推行却有可能埋下社会危机的种子。在大力推行文化普遍主义理念与政策的法国本土，近年来爆发了数次惨烈的恐怖袭击。

总的来说，一个国家在不同时期可能推行不同的主流文化意识形

---

① 这里的"文化大熔炉"系西方学术体系的概念，在本质上区别于近年中国语境下常用来描述国内多民族共融共生文化政策的"文化熔炉"一词。

态，这取决于当时的社会历史文化语境下，该国主流群体持有何种文化观念并如何看待不同文化之间的关系。文化之间是否存在差异？文化之间是否存在优劣？文化之间的边界是否可突破？一个国家或社会的主流群体对这几个基本问题的回答，就构成了不同的文化意识形态，主要有文化多元主义、文化归化主义与文化普遍主义三类。奉行不同的主流文化意识形态会催生特定的文化政策，可能导致相应的社会风险与危机。

案例 2

上海彩虹室内合唱团

上海彩虹室内合唱团（Rainbow Chamber Singers）是成立于 2010 年的室内混声合唱团，于 2014 年获得海峡两岸合唱音乐节优秀指挥、优秀合唱团的荣誉。2016 年发行歌曲《感觉身体被掏空》并获得亚洲新歌榜年度盛典"年度最佳传播歌曲奖"；同年获评第 6 届阿比鹿音乐奖最受欢迎古典/原声音乐人。2018 年发行音乐专辑《白马村游记》并提名第 3 届唱工委音乐奖最佳古典原创专辑奖。2019 年发行音乐专辑《落霞集》，凭该专辑提名第 20 届南方音乐盛典最佳组合奖；同年提名唱工委音乐奖年度组合/团体。2021 年创作合唱套曲《星河旅馆》。2022 年 9 月 10 日参加东方卫视《朤月东方——月光露营会》。

思考

请运用本章所学相关知识，分析在社交媒体上大"火"的上海彩虹室内合唱团所体现的文化意识形态类别。

第二章

From China to Chinatown：
一双筷子吃遍天

因为要取得世界和平，还有比围坐一桌享用鲜美菜肴更好的方法吗？即便我们没有吃过，但我们注定会享受并喜爱那些菜肴的。还有什么比这更好的促进友谊的方法吗？[①]

——赛珍珠（Pearl S. Buck）

1994 年，一个意气风发的英国女孩满怀期待地踏上中国的土地，来到了当时少有外国人到访的四川成都。此前，她已获得剑桥大学的文学学士学位和伦敦大学亚非学院的汉学硕士学位，而她选择申请英国文化委员会的奖学金，来到成都，很大程度上正是因为四川的美食。在成都生活的日子里，她一边在四川大学学习，完成她的中国西部少数民族研究计划，一边在四川烹饪高等专科学校学做川菜。时至今日，她已经成为西方世界广受认可的中餐厨师、专家和评论家之一。

这个女孩叫扶霞·邓洛普（Fuchsia Dunlop），曾四次获得有烹饪

---

① 杨步伟. 中国食谱 [M]. 北京：九州出版社，2016：23.

餐饮界奥斯卡之称的烹饪写作大奖——詹姆斯·比尔德奖（The James Beard Award）。她写作的《鱼翅与花椒》（*Shark's Fin and Sichuan Pepper*）被看作一本关于食物的民族志。这本书的英文版于 2009 年出版，在英美两国屡次获奖，好评者甚多，大幅提高了英语世界对中餐尤其是对川菜的了解。2018 年，《鱼翅与花椒》中译本一经出版就受到了中国读者的热烈欢迎，短短三个月内便重印四次。此后，她又陆续出版了《川菜》（*The Food of Sichuan*）、《鱼米之乡》（*Land of Fish and Rice*）、《寻味东西》（*Collected Essays*）等几部关于中餐的著作。2024 年 5 月，扶霞带着她最新出版的《君幸食》（*Invitation to a Banquet*）再一次来到中国，"回到了自己的精神故乡"。

对扶霞来说，她写作的最高目标是促进不同文化之间的理解，她希望让中国读者了解外国人是如何看待中国人引以为傲的饮食文化的，进而推动有关文化交流和东西方差异的讨论。在接受媒体采访时，她谈道，饮食在中国社会和历史中有着超然的中心地位，也许比其他任何国家都甚，因此对扶霞来说，这也成了一扇观察中国历史、哲学、思想和生活的绝佳窗口[①]，通过食物来探讨中国社会的其他方面是非常自然的。

事实确实如此，"吃"不仅在中国文化中拥有着非常独特的地位，放眼全世界，"吃"无疑是展现人类文明共通性和文化多样性的最佳舞台。饮食，作为人类生活的基本需求，无论在哪个文明中都备受重视。虽然世界上的食材种类盈千累百，人与人的口味喜好千差万别，不同国家间的饮食习惯更是大相径庭，但在文化与文化交流时，饮食无疑是最

---

① 林子人. 吃得过瘾 写得安逸：英国作家扶霞·邓洛普从食物看中国［EB/OL］. (2018—07—26)［2024—10—08］. http://m.jiemian.com/article2332828.html.

活跃的元素之一，这也是我们在第二章对饮食文化进行深入探讨的重要原因。

第一节　食在中国：礼文肇兴　五味调和

饮食在华夏文明中的独特地位不言而喻。无论是塑造历史轨迹的帝王治国之道，还是个人社会生活中的日常人际往来，中华文化在许多方面都与饮食有着千丝万缕的联系。我们从饮食中借用词汇与概念，获得无尽的灵感，犹如品尝中华佳肴一般品味中华文化的丰富多彩。

中华传统文化所追求的最高审美理想是"中和之美"。《礼记·中庸》中讲道："中和者，天下之大本也；和也者，天下之达道也。至中和，天地位焉，万物育焉。"这种审美理想构建在个体与社会、个人与自然的和谐统一基础上，天地万物都在"中和"状态下找到自己的位置以繁衍化育。而这种通过协调实现的"中和之美"，正是在上古烹饪理论的影响下产生的。反过来，这种"中和之美"又影响了人们的饮食生活乃至日常生活，对追求艺术生活化、生活艺术化的人来说尤其如此。[①] 以常见的成都人民休闲品茶的画面为例，在水声潺潺的锦江河畔，木桌竹椅，红炉铜壶，盖碗瓷杯里，茶叶如小舟轻荡。这种朴素的生活，平凡的享受，就达到了中国传统哲学中阴阳平衡、五行调和的理想状态。

林语堂曾说："中国的全部烹调艺术即依仗调和的手法。"[②] 饮食的

---

① 张欣，黄有为. 先秦饮食"和"观念之审美意蕴 [J]. 郑州大学学报（哲学社会科学版），2019（1）：28—32.

② 林语堂. 吾国与吾民 [M]. 南京：江苏文艺出版社，2010：324.

制作过程通常被称为"烹调"。《集韵》说："烹，煮也。""烹"就是将食物做熟，为美食的诞生奠定基础；而"调"，则如同那画龙点睛的一笔，使得食物色香味俱全，晋升"美食"的行列。食材原料，各有各的形状、质地与味道，所谓"调"，要通过人工巧妙的调形、调色与调味，使菜肴达到"美"的要求。其中，调味无疑是最为关键的一环。通过调味来使饮食原料与佐料相辅相成、和谐共处，共同营造出"美味"的至境。这种调和五味的习惯，就是"和"在饮食文化中的具体表现，如同那悠扬的旋律，令人陶醉。①

饮食文化中的"和"，还表现在美食与美器的完美融合、美食与天时的精准契合，以及情感和社会人际关系的和合敦睦上。更进一步讲，我们会发现中国哲学观念在饮食文化的审美中，尤其凸显了"味"与"和"的密切关联，特别是在"和"这一核心上，正符合《礼记·中庸》"和也者，天下之达道也"的思想，是中国饮食文化最重要的哲学内涵与审美特征。

如果用一幅画卷来描述饮食文化中的"和"，那么美食便是画中的色彩，美器是画中的线条，天时是画中的光影，而情感与社会人际关系则是画中的灵魂。所有的元素在"和"的指挥下，共同组成一幅饮食文化的美妙画卷。这正是中国饮食文化的魅力所在，每一个细节都充满了哲学的智慧与审美的韵味。

一、礼食一如：特重饮食的中国文化

中国自古以来就有"礼仪之邦"的美称。"礼"是一个内涵极为丰

---

① 陈兰.中国饮食文化与美学［J］.食品界，2020（9）：126－127.

富的概念，它是关于社会各方面的典章制度和行为规范，涉及政治、法律、宗教、伦理、道德、文化习俗等。孔子重视"礼"，《论语》中讲："不学礼，无以立"，以及"礼之用，和为贵；先王之道，斯为美"。礼，是儒家思想体系的核心观念。

与世界其他国家相比，中国饮食文化起源较早。这一点可以我国农业、冶铜业等行业发展为依据，因为上述行业的发展与饮食文化息息相关。

我国的农业起源地，一处在长江中下游地区，那里流水潺潺、稻田翠绿，孕育了繁荣的稻作农业；另一处在黄河中游半干旱地区，那里旱地金黄、黍粟飘香，铸就了坚实的旱作农业。这两处地方各自孕育出一套独立的农业体系，共同构筑了我国农业的坚实基础。大约在9000年前，中国长江流域的沃土便已播下稻谷的种子，比国外现存最早的稻作遗存早了3000多年。黄河流域在7000年以前开始栽培粟作，5000年前小麦和高粱业已出现。马、牛、羊、鸡、犬、豕等常见家畜在新石器时代已经畜养成功，成为主要饲养和食用动物。而《礼记·礼运》中讲"礼之初，始诸饮食"。有饮食才能孕育生命，有生命才能长大成人，遂有冠有婚有丧；有个人而后才有群体，群体间才需要祭射御朝聘等礼以"协于分艺"，才能形成一个彬彬有礼的社会。①

中国是世界上较早掌握冶铜技术的国家之一，铜器的铸造规模之大、造型艺术之精、种类用途之广，都使同时期其他国家望尘莫及。这些青铜器种类繁多，可分为礼器、兵器、乐器、车马器、农工器、杂器等。据统计，目前考古发掘的万余件青铜器中，礼乐器最重，兵车器最多，农工器最少。但有趣的是，所谓礼器，大抵就是食器，这与其他文

---

① 龚鹏程. 中国传统文化十五讲 [M]. 北京：北京大学出版社，2015：25.

明大为不同。①

礼器中的鼎、彝、爵、尊、盘、觚等，在中国古代不仅是主要的饮食器具，更是礼仪活动中的重要元素。从"礼"字的篆书字形（图2.1）中可看出，它代表着酒醴之豊，表达敬仰神灵或尊贵人物的真情厚意。《说文解字》中记载："礼，履也，所以事神致福也。从示从豊，豊亦声。"可见，一个民族只有高度重视饮食，才会从饮食的角度去理解礼的内涵。中国文化中饮食是核心，而祭祀则是"礼"的核心。食器演变为礼器，这一变化，绝非偶然，由此可称为"礼食一如"。

图2.1　"礼"字篆书

正因我国古人对饮食的重视，使得食器、酒器等用于饮食的青铜器种类之繁，令人叹为观止。食器有烹煮或盛放鱼肉的鼎、盛饭用的簋、相当于现代蒸锅的甗等；而酒器则有罍、尊、爵、角、卣、斝、升、觯、觚，以至盂、卮、杯、觞等，琳琅满目，数不胜数。其中，爵又用为爵位之爵、尊用为尊卑之尊，孔子以"觚不觚，觚哉"来表达政治抱负，庄子则以"卮言日出"形容自己说话的方式，这无疑体现了饮食事

---

① 龚鹏程. 中国传统文化十五讲［M］. 北京：北京大学出版社，2015：24.

物在礼法制度、思维活动中的深远影响。①

而中国文化特重饮食的一大证明，是中国古代统治者对"吃"的态度。《周礼》中记载了周代的行政机构设置和官员人数，其中大宰作为统御众官的六官之长，肩负着掌管饮食的重要职责。在天官这个六官之首的机构中，食官们分工明确，包括庖人、内饔、外饔、鱼人、腊人、酒正、酒人、浆人、醢人、醯人、盐人等二十种职位，更有其他与饮食相关的官员在其他五官中，饮食机构人数多达数千。食官制度也相当完善，从执掌饮食政令到制造饮食器皿，众多食官各居其位，形成了周代庞大严密的食官制度。② 周朝设食官如此之多，制度如此完善，足见当时统治者对吃之一事的重视。这对后世的统治者也产生了深远的影响。

此外，汉语中与"吃"相关的词汇极其丰富，亦是中国文化特重饮食的又一有力佐证。比如，当中国人询问职业时，可以说："靠什么吃饭"，在传统观念中，老师是"吃粉笔灰的"，工匠是"吃手艺饭的"。还有"吃软饭""吃豆腐""吃耳光""吃官司"等，似乎天下的一切都可以拿来"吃"。这既体现了汉语词汇与文化的博大精深，也侧面反映出中国文化中的一种"泛食主义"倾向。

二、沟通人神：中国文化的饮食思维

学者龚鹏程曾说："饮食是本能，如何吃却是文化；把吃视为文化中的大事、要事，更是文化。"③ 在中国，饮食不局限于满足基本的口腹之欲，而是一项几乎可以延伸到一切事物上去的活动。中国古代文化

① 龚鹏程. 中国传统文化十五讲 [M]. 北京：北京大学出版社，2015：25.
② 王雪萍.《周礼》食官制度及其影响 [J]. 社会科学家，2006（6）：37—42.
③ 龚鹏程. 中国传统文化十五讲 [M]. 北京：北京大学出版社，2015：25.

认为"阴阳五行"是塑造并维系世界运行的规律，而唯有饮食与自然界的阴阳达到和谐，方能实现"交于神明""天人合一"的至高境界。直至今日，我国的中医食疗依然秉持这一理念。

钱锺书先生在《吃饭》中说："伊尹是中国第一个哲学家厨师，在他眼里，整个人世间好比是做菜的厨房。《吕氏春秋·本味篇》记伊尹以至味说汤，把最伟大的统治哲学讲成惹人垂涎的食谱。这个观念渗透了中国古代的政治意识，所以自从《尚书·顾命》起，做宰相总比为'和羹调鼎'，老子也说'治大国若烹小鲜'……伊尹倒当得起'和'字——这个'和'字，当然还带些下厨上灶、调和五味的涵义。"① 这便是中国文化饮食思维的生动体现。

饮食思维更体现在中国人看待人生的态度上。中国人有一种贵生的、此岸的、现世的宗教性格，即本于一种特殊的人生态度。② 人们深信，人生的欢愉，甚至达到"极乐"的境地，答案并不在遥远的彼岸，而是蕴藏在我们生活的人间。所以，在中国传统的丧葬文化中，生者在祭奠亡者时，要给其"送"去钱财，如房舍、车马和美食等，为亡者建构"极乐"的世界。在《楚辞·招魂》中，先描绘了魂魄在外游荡的危险和困苦，再用美酒佳肴召唤他们回到家中，享受人间的欢乐。

> 室家遂宗，食多方些。
>
> 稻粢穱麦，挐黄粱些。
>
> 大苦醎酸，辛甘行些。
>
> 肥牛之腱，臑若芳些。

---

① 钱锺书. 吃饭 [M]. //范用. 文人饮食谭. 北京：生活·读书·新知三联书店，2012：32.

② 龚鹏程. 中国传统文化十五讲 [M]. 北京：北京大学出版社，2015：33.

和酸若苦，陈吴羹些。

胹鳖炮羔，有柘浆些。

鹄酸臇凫，煎鸿鸧些。

露鸡臛蠵，厉而不爽些。

粔籹蜜饵，有餦餭些。

瑶浆蜜勺，实羽觞些。

挫糟冻饮，酎清凉些。

华酌既陈，有琼浆些。

归来反故室，敬而无妨些。

　　上面这段文言文，翻译成现代汉语，大意如下：亡者回到家中，美食盛宴在等待他/她，有香喷喷的稻米、粢稷、穄麦，混着黄粱煮成的饭。豆豉、咸盐、酸醋、椒姜、饴蜜等众味并呈。鲜嫩的肥牛筋肉，烹煮得烂熟，散发出诱人的芳香。吴国道地的羹汤，以酸醋和苦汁调味，呈现出别样的风味。鳖肉炖煮得鲜美，羊肉烧烤得香气四溢，还有甘蔗汁的甜蜜和鸽子汁的鲜美。土鸡炖煮得滋味浓郁，海龟炖煮得滋味芳烈，不败的美味。粔籹、蜜饵，令人陶醉。瑶白色的酒浆、蜜制的甜酒，斟满华美的羽觞。清酒掺入冰中，醇酒的滋味既清凉又舒爽。华美的酒器熠熠生辉，琼玉色的酒浆流淌。所以说：回来吧！重回到故乡！

　　这样的描绘，无疑揭示了饮食之乐的美妙，它可以成为生活的动力，让人舍不得离去，甚至让逝去之人的灵魂留恋人间的美好，再次回归。换言之，古人认为，饮食不仅仅是现世生活的必需品，更是沟通人神的重要媒介，寄托着人们的哀思和祈求。在祭祀中，我们献上牲畜和美酒，因为我们深信饮食的沟通力量。神明也钟爱饮食，他们和人类一样享受美食的乐趣，供奉得满意，自然会带来福祉。人们喜欢的美食，也正是神明所钟爱的。祭祀结束后，人们可以分享神明享用的美食，人神同食，故亦同乐。

三、甘苦共尝：围桌合餐的饮食习惯

合餐与分餐被认为是现代中餐与西餐饮食习惯中的显著差异之一，但其实分餐制才是我国饮食方式的雏形。从史料记载和壁画遗迹中我们能看出，早在商周秦汉时期，古代君臣宴饮之时就是分桌而坐，按照不同的身份等级享受不同的餐具餐食。①

《史记·孟尝君列传》中记载了这样一个故事：

> 孟尝君曾待客夜食，有一人蔽火光。客怒，以饭不等，辍食辞去。孟尝君起，自持其饭比之。客惭，自刭。
>
> 译文：孟尝君在晚上宴请一位新投奔的侠士时，一位侍从不小心挡住了烛光，使得这位侠士认为孟尝君的食物与自己的食物不一样，感觉受到冷遇，心生愤怒，欲拂袖而去。而孟尝君起身叫住他并将自己的食物与他的食物相比较，侠士才明白吃的东西都一样。侠士感到非常惭愧，于是自刎而死。

由此不难看出，春秋战国时期的宴席就实行分餐制，每人使用自己的餐具，吃属于自己的那份食物，身份的差异可能会使餐食有所不同。此外，秦汉时期的人吃饭时，多席地而坐，或凭俎案而食。古时的座席下面都铺垫着一层竹编，叫作"筵"。② 今现代汉语中的"筵席"一词，

---

① 彭薇. 分餐与合餐，饮食文化这样演变 [N]. 解放日报，2020-03-09（12）.
② 刘海永. 宋：吃货的黄金时代 [M]. 郑州：河南文艺出版社，2020：212.

便是由此而来。

到了唐代，人们逐渐习惯坐在长凳上，围着一张桌子一起用餐，这种饮食习惯就是延续至今的"合餐制"。我国之所以基本上在唐朝开始由分餐制逐渐演变为合餐制，有一个重要前提就是高桌大椅的出现。当时，少数民族的椅凳（胡床、胡椅）传入了中原地区，餐桌和椅子的腿都变高了，人坐在椅子上面，能够轻松舒适地用餐。而宽大的桌子上放着供大家一同享用的菜肴，也极大地丰富了可选择的食物种类。所有人围坐在一起，品尝桌上的菜肴，营造出一种亲近、和谐、团聚、共享的氛围，真情在这样的氛围中交融激荡，人与人的距离更近了。然而，这种合餐制的风俗仅限于普通人家，条件比较好的家庭，或者王公贵族，依然实行分餐制。直到宋朝，合餐制真正发展起来并延续至今。[①]

显然，合餐制与中国饮食文化和生活习惯的许多特点相吻合。首先，中国人喜欢吃热食。"趁热吃"是很多人吃饭时的口头禅。与分餐制相比，合餐制由于菜品分量一般较大，更利于保持食物温度。其次，合餐制能更好地帮助凸显菜品的"色、香、味、意、形"。在中国，很多菜肴的"意"和"形"需要整体的表达，如果分餐就会影响意象的构建和造型的形成，比如分切成小块的鱼肉，就很难表现"鲤鱼跳龙门"的意象。最后也是最为重要的是，合餐制的内涵与中国人对家庭的重视相契合。一家人围坐在桌前，共享佳肴，桌上的食物就不仅用于饱腹与品尝，更成了感情交流的媒介。这是热闹，是温暖，是慰藉，更是中国人骨子里最向往的团圆。围桌合餐意味着全家人一起共享快乐，分担忧愁，这仿佛全家人坐在客厅里一起观看电视节目，其氛围自然与同在客厅却各自沉浸于手机世界截然不同——因为大家在享受同样的东西。合

---

① 彭薇. 分餐与合餐，饮食文化这样演变 [N]. 解放日报，2020-03-09 (12).

餐制给中国人带来了融洽、温暖与幸福，这也是合餐制延续至今的重要原因。

此外，合餐制还让筷子的灵活性这一优势尽显——就餐者只需坐在自己的位置上就能方便地品尝到桌上的每一道菜肴。作为最重要的传统用餐工具，筷子在亚洲许多地区也长久地受到人们的青睐。日本学者一色八郎、美国学者林恩·怀特（Lynn White）都认为，世界上存在着三大饮食习惯：手指取食、刀叉取食和筷子取食[①]。这与哈佛大学政治学教授塞缪尔·亨廷顿在《文明的冲突与世界秩序的重建》中提出的世界历史形成的三大文明对应：筷子取食圈与儒家文化的影响范围较一致，手指取食圈的地区主要受伊斯兰文明的影响，而刀叉取食圈基本也都受到了基督教的影响。[②] 这些文明的独特性不只在于独特的宗教传统、政治体制和文化理想，也在于独特的烹饪方法和饮食文化。

著名法国作家、思想家、社会学家罗兰·巴尔特（Roland Barthes）在《符号帝国》中说，"东方人的食物与筷子之间的那种和谐性不仅仅具有功能性、工具性；食物被切碎，是为了能够被这两根细木棍夹住，而筷子的出现则是因为食物被切成细小的碎块"[③]，"由于使用筷子，食物不再成为人们暴力之下的猎物（人们需要与肉食搏斗一番），而是成为和谐地被传输的物质"[④]。值得注意的是，中国的餐桌上很少出现餐刀，食材要么切成可以入口的大小，要么软嫩到可以用筷子分开，所有涉及动物的杀戮、切割等工作都在厨房里完成，而餐厅和餐桌是和谐优雅的地方，所以孟子说"君子远庖厨"。

[①]　王辉. 秦汉的飨宴 中华美食的雄浑时代 [M]. 北京：北京日报出版社，2022：325.

[②]　王晴佳. 筷子：饮食与文化 [M]. 汪精玲，译. 北京：生活·读书·新知三联书店，2019：13.

[③]　罗兰·巴尔特. 符号帝国 [M]. 孙乃修，译. 北京：商务印书馆，1994：21.

[④]　罗兰·巴尔特. 符号帝国 [M]. 孙乃修，译. 北京：商务印书馆，1994：24.

第二节 东食西渐：中餐与世界的相遇

16 世纪中叶，欧洲人的舰队跨过大西洋、太平洋与印度洋，终于来到了中国沿海。这时的"中西关系"，主要落脚于"中欧关系"，当葡萄牙的商人与传教士纷纷到达中国，他们带着对东方世界的好奇和向往，仔细观察并记录下了中国人民的饮食习惯。传教士加斯帕·达克路士（Gaspa Da Cruz，1520－1570）记录道：

> 吃了水果之后就上了食物，都放在精致的瓷盘上，切割得利落干净，摆放得整整齐齐。……然后就有两根精致和细细的小棍，拿在手指上，用来吃饭。他们像用夹子那样来取食，所以手指就不接触食物了。而且，即使他们吃一碗饭，他们也用这两根棍子，米粒不会掉下来。

显然，这些经过印度洋来到中国的葡萄牙人首先关注到了进餐时使用"筷子"和"手指"的不同，这也拉开了西方世界认识中餐的大幕。

18 世纪时，大部分外国人对中国知之甚少，几乎所有信息都来自欧洲人写的游记类书籍。其中最有名的是耶稣会法国籍神父杜赫德（Jean－Baptiste Du Halde，1674－1743）所著的《中华帝国志》（*The General History of China*，图 2.2），杜赫德本人尽管并未踏足过中国，但从其他长期居住在中国的耶稣会神父们那里收集有关中国的资料，创作了这本书。在他的笔下，18 世纪中国的政府体系、法律和哲学都被描绘为值得世人效仿的典范。

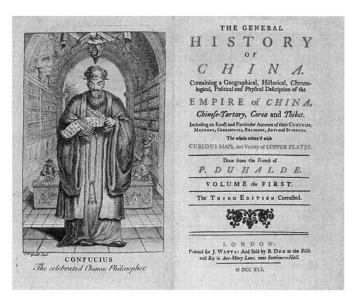

图 2.2　《中华帝国志》1735 年首刊封面

另一本匿名出版的著作——《中国旅行家》 （*The Chinese Traveller*，1775），在民间流传更广。与杜赫德谨慎克制的记述风格不同，这本书更多地记载了在西方传教士看来关于中国的奇闻轶事，如：

> 起初，在广州的菜市场看见有人卖狗肉、猫肉、鼠肉和青蛙肉等，我相当吃惊。但不久我就发现，中国人无论对吃哪种肉都毫无顾忌……菜市场内的大部分猫狗都很肥嫩，通常情况还是活的，被擦洗得干干净净装在篮子里。老鼠则肥硕无比，有一些身形庞大，通常还没有剥皮，就钉在摊位的杆子上了。[①]

类似的记述给当时的西方读者留下了这样的刻板印象：中国人喜好的食物千奇百怪。在上述刻板印象的驱使下，越来越多的西方人开始对

---

① 王宏杰. 舌尖上的异邦：晚清来华美国人的中餐印象 [M]. //马佳，李楠. 文本的旅行：近现代文学的翻译、传播和书写. 上海：复旦大学出版社，2021：134.

中国产生兴趣，也试图远赴中国，深入了解中国的风土人情。

思考

什么是"刻板印象"？谈一谈你所了解的饮食文化方面的"刻板印象"，想一想有哪些方式可以增进不同饮食文化间的相互了解。

一、"旧毯子上放烂蒜"和斯蒂尔顿"气死"

1830 年，一批美国传教士来到中国广州与澳门地区，成为中西文化交流的重要媒介。1832 年 5 月，裨治文（Elijah Coleman Bridgman）创办发行英文月刊《中国丛报》（*The Chinese Repository*）。为了支持该月刊的发行工作，美国海员之友会不仅为报社送来印刷机和英文活字，还派卫三畏（Samuel Wells Williams）赴华主持印刷事务。在实际工作中，卫三畏还帮助裨治文编辑该报，并亲自撰写文章，直到停刊。[①] 该刊物发表的文章之结集，就是当时西方人看待中国百态的具体态度。

1835 年，卫三畏在《中国丛报》上发表了一篇长文章《中国人的饮食》（*Diet of the Chinese*），详细介绍了当时美国人对中国菜肴的真实看法：

> 中国人的烹饪及用餐方式十分奇特……菜里放了很多油，但又并非总是用最甜最纯的油，还喜欢在菜里放很多葱，再加上他们疏

[①] 梁碧莹. 美国人在广州（1784—1912）[M]. 广州：广东人民出版社，2014：103-104.

于打理自身，这一切就形成了欧洲人简直无法忍受的臭味，如艾里斯（Ellis）所言，"好比旧毯子上放烂蒜的味道"。①

那么，当时的中国人，对西方菜肴的印象又是怎样的呢？

根据美国学者安德鲁·科伊（Andrew Coe）的说法，我们很难得知当时中国人对西方菜肴的看法，因为"绝大部分关于与外商交际的早期中国文献都礼貌性地避谈西方食物"②。被誉为"中国通"的美国人威廉·亨特（William C. Hunter），在他的回忆录《旧中国杂记》（*Bits of Old China*）中，记录了一位曾赴美国工厂就餐的中国青年所写的信。尽管这封信的真实性存疑，但信中的内容仍然为我们提供了一些可供参考的线索：

> 端上桌的是一道绿白相间的东西，味道很刺鼻。有人告诉我，这是酸水牛乳的混合物，名为"气死"（奶酪，cheese 的谐音），先将水牛乳晒在阳光下，直到牛乳内长满了虫子。牛乳的颜色越绿就越有生气，吃起来的口感就越好。吃的时候，还要配上一种暗红色的水喝。它会冒出泡沫，弄脏人的衣服，其名为"碧儿"（啤酒，beer 的谐音）——简直不可思议！③

"旧毯子上的烂蒜气味"和"长满蛆虫的气死"可以算是中美食物第一次相互交流后给彼此留下的"第一印象"。显然，两种陌生的饮食文化初次相遇并不美好。

---

① 王宏杰. 舌尖上的异邦：晚清来华美国人的中餐印象 [M]. //马佳，李楠. 文本的旅行：近现代文学的翻译、传播和书写. 上海：复旦大学出版社，2021：142.
② 安德鲁·科伊. 来份杂碎 中餐在美国的文化史 [M]. 严华容，译. 北京：时代华文书局，2016：49.
③ 安德鲁·科伊. 来份杂碎 中餐在美国的文化史 [M]. 严华容，译. 北京：时代华文书局，2016：50—51.

二、马克·吐温笔下阿新先生的杂货食品店

大约在 1863 年或 1864 年，年轻的马克·吐温（Mark Twain）在《领土企业报》（*Territorial Enterprise*）上发表了一篇文章，罕见地记载了在美国西部地区品尝中餐的感受：

阿新先生（Mr. Ah Sing，音译）在旺街（Wang Street）13号有一家杂货食品店。对于我们的来访，他显得非常友好热情。他的店铺里有各种各样的葡萄酒和白兰地，有颜色的，没颜色的，名字很难拼读。所有酒都是中国进口，用陶制的小酒壶盛装着。他把酒倒在像小脸盆一样的瓷杯子里拿给我们喝，还准备了燕窝来招待我们。此外还有一些小巧的香肠，这种东西本来我们可以一口气吞下一大串的，但因为担心每一节都可能有死老鼠肉，就克制住了这样尝试的欲望。阿新先生的商店里有上千种商品，令人十分好奇，但却弄不清它们的用处所在，我们也根本没法对其描述一二。但这里面的鸭子和蛋我们还算了解一些，鸭子肚腹开裂，扁扁的，就像鳕鱼一样。从中国进来的时候就是这个样子，蛋壳上则裹着一种糊浆，以便在漫长的运输过程中能够保持新鲜和美味。①

从上述文字中，我们能看出马克·吐温对中餐有明显的偏见。其实，这也是当时大部分外国人看待中餐的态度。他们对中餐充满好奇，跃跃欲试，仿佛在探寻一个神秘的新世界，期待着日后能与他人分享这

---

① 安德鲁·科伊. 来份杂碎 中餐在美国的文化史 [M]. 严华容，译. 北京：时代华文书局，2016：149.

份独特的冒险经历。

　　后来，中华美食在美国开始了它缓慢但势不可挡的旅途，逐渐俘获了美国人的味蕾与心灵。1896年8月28日，李鸿章访美。由于李鸿章在美国期间的衣、食、住、行都受到了当地媒体的极大关注，中华美食在美国的关注度也得到了提高。李鸿章访美期间，《纽约晨报》专门派了记者驻守李鸿章下榻的华尔道夫酒店的厨房，全程报道四位随行厨师的工作。《时代周刊》的记者写道，在华尔道夫的晚宴上，他几乎没怎么吃那些经典的法国名菜，但当仆人端上中餐时，他立刻就饶有兴致地吃了起来。"这场中餐一共有三道菜，即一份切成方块的煮鸡肉，一碗米饭和一碗青菜汤。"①《华盛顿邮报》也注意到总督大人对西餐兴趣寥寥，"当主人注意到这一点后，就让人将杂碎和筷子放在他的桌前。这时，他便尽兴地吃起来了"②。虽然从《纽约晨报》更为细致的报道来看，李鸿章在纽约从未吃过杂碎，从常理判断，这位朝廷重臣也不大会放低身段吃珠三角地区的农家菜，但美国的许多报社和新闻社却一遍又一遍声称他确实吃过。李鸿章的到访使得"纽约城内掀起了一股中国热，人们纷纷涌入唐人街淘古玩、吃杂碎"③。这种由猪肉片或鸡肉片，混合豆芽、洋葱、芹菜、竹笋、荸荠，再加入酱油炒制而成的杂烩菜，因为李鸿章的大名，一下子成了美国人心目中的"中国国菜"，受到了民众的热烈追捧。中华美食之风吹遍了曼哈顿华埠的每一个角落，也传播到了更远的地方。

_____

　　① 安德鲁·科伊. 来份杂碎 中餐在美国的文化史［M］. 严华容，译. 北京：时代华文书局，2016：180.
　　② 安德鲁·科伊. 来份杂碎 中餐在美国的文化史［M］. 严华容，译. 北京：时代华文书局，2016：180.
　　③ 安德鲁·科伊. 来份杂碎 中餐在美国的文化史［M］. 严华容，译. 北京：时代华文书局，2016：181.

三、艺术家围绕中餐而展开的创作

对中国美食的偏见一经打破，一场味蕾沦陷之旅就此拉开了序幕。杂碎经由餐桌走进了美国人更广阔的生活，给艺术家们带来了灵感。1900 年，杂碎成为一部短片《在一家中餐馆》（*In a Chinese Restaurant*）中的主要道具。因年代久远，该短片的画面虽然不太清晰，但我们可以看到一位西方面孔的人和两位华人同坐桌前，他们一边兴致勃勃地聊着天，一边熟练地用筷子吃杂碎。考虑到美国国会 1882 年通过的《排华法案》，直到 1943 年才废止，这种跨越文化阻隔的和谐画面在当时应该震惊了不少观众。

视觉艺术家们也开始将中餐厅作为描绘的对象，中餐厅成为其画作中一种常见的城市背景。其中最负盛名的，当属爱德华·霍珀（Edward Hopper）① 1929 年的画作《杂碎》（*Chop Suey*，图 2.3），该画作于 2018 年在纽约佳士得拍卖行拍出了 91875000 美元的高价，刷新了霍珀画作的交易纪录。

---

① 爱德华·霍珀被认为是 20 世纪美国最重要的现实主义画家之一，被称为"沉默的目击者"，以"冻结美国日常生活场景"而著称。深夜里灯光通明但寂静无声的餐馆、铁道边孤零零的阁楼房屋、冷冰冰的房间，熟悉又陌生，孤独而寂寥。美国美术史上甚至产生了"霍珀式的风格"（Hoppersque）一词，用于形容孤独或心理紧张得让人难以忍受的情景。

图 2.3 《杂碎》（1929）

很快，歌曲中也有了与中餐有关的题材。早期这些歌曲多少与种族主义有关，后来渐渐把中餐与乐趣、浪漫等主题联系在一起，譬如1934 年的音乐剧《不遗余力》（*Shoot the Works*）中就有一首名为《一碗杂碎，有你相陪》的歌曲。部分歌词中译如下：

> 一家普通的中餐店，远非高档一流的场所，
>
> 我不会点米饭和茶水，因为我喜欢的是另一样东西。
>
> 我想点的只是一碗杂碎，就一碗杂碎，和你，
>
> 两人围坐一张温馨的小桌，一碗杂碎，有你相陪。

直到 20 世纪 50 年代末，许多歌手都会将这道大杂烩与浪漫联系在一起创作，如著名爵士乐手路易斯·普瑞玛（Louis Prima）和琪丽·史密斯（Keely Smith）共同演唱了一首名为《杂碎，炒面》（*Chop Suey, Chow Mein*）的歌曲（图 2.4），这首歌用摇摆和大乐队的声音给

爵士乐注入勇气、优雅和浪漫，充满了中国风情，歌词不仅提及杂碎、炒面、豆腐和意中人，甚至还制造了一句孔子的"名言"，描绘了一对恋人在中餐厅约会的轻松愉悦的场景。

Chop suey, Chow mein, tofu and you, I've got craziest Yum……Remember what the great Confucius say, girl and boy who have wedding day. （译文：杂碎，炒面，豆腐和你，让我入迷……记得孔子曾说，有情人终成眷属）

在当地媒体及艺术家的宣传下，中餐因物美价廉逐渐获得美国民众的认可，他们对中国人和中餐的排斥情绪也随着时间的推移逐渐改善。

图 2.4　收录歌曲《杂碎，炒面》的唱片封面

第三节　中和之美：中餐的"变"与"化"

一、《中国食谱》：中国饮食文化的全面阐释

20 世纪 40 年代以后，美国的中餐厅通过不断适应外部环境的变化，迅速发展起来。它们从繁华的中心城市扩展到新兴的郊区，为了迎合那些忙碌又饥饿的美国人的口味，中餐厅发挥自己的优势，以低廉的价格给客人提供丰富的菜式。中餐既美味又能饱腹，而且价格优惠，被越来越多的美国人接受和喜爱。

语言学家赵元任先生的夫人杨步伟移居美国后成为一名"美食博主"。1945 年，她在美国出版了一本小书——《中国食谱》（*How to Cook and Eat in Chinese*，图 2.5），希望借此将真正的中国饮食文化带到美国的土地上。

图 2.5　《中国食谱》1945 年版封面

她在书中细致地描述了中国人如何安排一桌饭菜，从家庭早餐到饭馆酒席，无一遗漏。许多美国人在阅读此书后，才恍然大悟，原来中国集体用餐方式有着如此复杂的细节，酒席晚宴的正确礼节也是如此的精细。此外杨步伟还描绘了中国大量的地方特色菜系——这几乎是第一次有人用英文来阐述这个话题。她还在书中分享了如何在美国的中餐店吃到正宗的中餐的秘诀：

> 在中国以外的中餐店能够吃到真正的中餐吗？答案是，只要你想，就能吃到……只要你说，你想吃中国菜，并想按照地道的中餐方式来，几盘普通的小菜，并配上筷子，这样店家就知道你懂中餐了。①

杨步伟不仅系统地阐述了中餐的原料、调味、餐具和烹饪方式，还敏锐地观察到一种新的中餐形式——美式中餐，同时以委婉的笔触表达她并不认为炒杂碎和炒面能算作中国菜肴。

> 很多时候问题是，客人不知道在中国食物中什么好吃，他们经常点一些中国人不常吃的东西。餐馆的人，从他们的角度来讲，会迎合公众的喜好。所以经过一段时间，美国中餐的食物和吃法逐渐自成传统，与中国不同，与广东或是其他地方也不同。这个传统颇具有趣之处，也不无品位，只是并不是地道的中餐。正如各省餐馆在北京变得全国化了，如今我们看到全国化的餐馆在纽约变得国际化了。或者更准确地说，是在纽约中城（mid-town）国际化了。②

① 安德鲁·科伊. 来份杂碎 中餐在美国的文化史 [M]. 严华容，译. 北京：时代华文书局，2016：245.
② 杨步伟. 中国食谱 [M]. 柳建树、秦甦，译. 北京：九州出版社，2017：39.

　　曾获得美国历史上第三个诺贝尔文学奖的作家赛珍珠在序言里对这本书不吝赞美，可以看出当时美国人热情拥抱中餐、欢迎中国的态度：

　　　　至于赵太太，我想要提名她获得诺贝尔和平奖。因为要取得世界和平，还有比围坐一桌享用鲜美菜肴更好的方法吗？即便我们没有吃过但我们注定会享受并喜爱那些菜肴的。还有什么比这更好的促进友谊的方法吗？和平只能建立在友谊之上啊。我认定这本食谱对促进各国相互理解做出了贡献。从前我们大体上知道中国人是世界上最古老最文明的民族之一，如今这本书证明了这点。只有高度文明的人们才会这样享用食物。①

　　这本书出版后，在美国多次重印，还曾在英国出版，成为众多外国中餐爱好者的美食宝典。它像是一把钥匙，打开了正确认识中餐的大门，引领着他们去探索中餐背后丰富的文化底蕴，开启了一段全新的美食探索之旅。

　　1972 年 2 月，时任美国总统的尼克松（Richard Milhous Nixon）访问中国，让中餐再一次走到美国媒体的聚光灯下。尼克松访华是中美关系的一个重要转折点，美国各大电视台对此的报道从尼克松夫妇乘坐一辆中国产红旗轿车到达人民大会堂，在周恩来总理的陪同下步入宴会厅开始。与此同时，在美国境内，数百万美国民众一边享用早餐，一边收看电视报道：他们的总统正在用筷子品尝中国菜肴。尼克松夫人拿起筷子的举动引起了电视节目主持人的一声惊呼："尼克松夫人拿着筷子！"这时，周恩来总理替尼克松夫人夹了一块菜肴，尼克松夫人小心翼翼地在盘里拨动着它，大概一两分钟后终于送入口中，而尼克松本人

① 杨步伟. 中国食谱 [M]. 柳建树、秦甦，译. 北京：九州出版社，2017：23.

拿着筷子的照片则登上了次日各大报纸的头版。①

此后，中餐厅纷纷抓住这股热潮，在美国各地蓬勃发展。各菜系的厨师们，纷纷使出浑身解数，迫不及待地证明自己才是正宗中餐的真正传人。同时，他们也敏感地发现并巧妙地迎合美国人对辣、甜、脆的喜好，创造出风靡美国的"美式中餐"。左宗棠鸡（General Tso's chicken）和签语小饼（fortune cookie，又称幸运饼干），便是其中的杰出代表。尽管大部分中国人对这些菜名可能闻所未闻，但在许多美国人眼中，它们却是最亲切、最熟悉的"中餐"。

二、签语小饼与左宗棠鸡：中式融合料理的风靡

在唐代韦绚的《刘宾客嘉话录》中，有一则关于"钟响磬鸣"的故事，说洛阳一寺院里的磬常常自鸣，寺里僧人为此又惊又怕，忧患成疾。后来友人发现不过是因为寺里敲钟引起的共鸣，用锉刀将磬锉了几处后，这只磬便不再自鸣了。它巧妙地揭示了世间万物看似无关的现象背后，往往存在千丝万缕的联系。历史的发展与文化的传播往往也是这样，"草蛇灰线，伏脉千里"，有时候乍看上去联系断了，无处找寻，却在某个不经意的时刻，又能重新浮出水面，通过隐约的痕迹与过去相勾连。饮食的变化也是这样，战争、贸易、宗教，使世界各地的美食穿过文化的障碍，随着军队、商人或传教士的足迹，从东传到西，从西传到东，互相交流，并不断融合。

中国人眼里的外国中餐，是一道奇妙的风景，而在外国人眼里，它

---

① 安德鲁·科伊. 来份杂碎 中餐在美国的文化史 [M]. 严华容，译. 北京：时代华文书局，2016：264-266.

们也一样新奇有趣。随着中国国际化程度不断提高，中餐和各国饮食擦出的火花越来越多，激发出各地大厨的无限创意，产生了意想不到的美妙结果——既受中餐影响又保留了本土菜系特色的菜肴，它们被叫作"中式融合料理"。

在 emoji 推出的表情图中，有下面 4 个美国人眼中最具代表性的中餐元素（图 2.6），从左到右依次为：饺子、签语小饼、牡蛎桶（oyster pail）和筷子。其中，签语小饼几乎从未在中国人的餐桌上出现过。

图 2.6　emoji 中餐元素

签语小饼是风靡美国的中式融合料理之一。它是由面粉、糖、香草及奶油做成的小饼干，拥有元宝状的金黄外表，脆脆甜甜，掰开之后，里面会有一张半寸宽、一寸长的签语条，纸条印着生命箴言、心灵鸡汤，还会有翻译过的中国成语、祝福语、简单的中文教学，甚至无厘头的玩笑等。绝大部分的签语小饼产自美国食品工厂。由于深受美国人的喜爱，这些包裹着签语的酥脆饼干很快流行到了全球，此外还有那些被装在牡蛎桶里的炒面、杂碎与左宗棠鸡，也常常出现在影视作品中（图 2.7）。

图 2.7   美国哥伦比亚广播公司出品电视剧《生活大爆炸》

（*The Big Bang Theory*）吃中餐剧照

左宗棠鸡属于湖南菜系，最早由著名湘菜厨师彭长贵创造，在美国被认为是中餐的代表。美国中餐厅的左宗棠鸡口味偏酸甜，与最初的左宗棠鸡大为不同。

时至今日，中菜西做、中西融合的观念已被大多数中国厨师接受，无论是西方的食材搭配中式的做法，还是中国的菜肴添上西式的调料，厨师们纷纷挥洒创意，让中西合璧的融合料理在世界各地的餐厅里越来越常见，甚至形成了不同的风格和流派，为世界饮食文化增添了靓丽色彩。

思考

1. 根据你的兴趣，选择一个历史事件（如移民、战争、旅行、贸易等）并绘制一幅中国美食的世界互动思维导图。

2. 除了签语小饼、左宗棠鸡，你还知道哪些中式融合料理？你认为饮食文化传播融合的哪些经验可以为自己开展跨文化交流提供借鉴？

第三章

Building things，building ourselves：
理想的诗意栖居

无论哪一个巍峨的古城楼，或一角倾颓的殿基的灵魂里，无形中都在诉说，乃至于歌唱，时间漫不可信的变迁。[①]

——林徽因

宫院、园林的发展融合了传统文学、书画和工艺等艺术，承载着历史的发展与变迁。直至现世，我们在紫禁城宏伟的红墙下，细看墙柱的每一道痕迹，感受皇朝变迁的沧桑岁月；在塞纳河旁的卢浮宫里，欣赏华丽走廊的每一处装饰，感受金碧辉煌的西方殿堂；在天坛之中，仰望北斗星移的夜空，感受古人对神秘自然的敬畏；在帕特农神庙中，仰望高耸的永恒石柱，感受希腊人对众神力量的崇拜；在拙政园里漫步水中折廊，侧看窗中漏景，品读园中题诗，感受园主的闲情逸致；穿梭于凡尔赛宫园林里的林荫大道，俯瞰几何式园林，感受西方人秩序与理性的魅力……这些宫院园林的奇妙构造来源于东西方不同思想的碰撞，共同

[①]　林徽因. 林徽因讲建筑 ［M］. 北京：九州出版社，2005：280.

记载着世界发展的记忆，连接了历史文化的深邃。接下来让我们一起穿越历史，结合东西文化，在宫殿里、庙宇中、园林间感受古人的巧妙设计和流传至今的故事传说，体会这背后承载的意蕴内涵……

第一节 宫殿：宏伟叙事

巍巍宫殿，矗立于文化与历史交织的长河之中。它们见证了王朝更迭的沧桑，也珍藏着艺术的万千瑰宝。在本章的探讨中，我们将穿梭于恢宏雄伟的紫禁城与华美璀璨的西方殿堂，共同探索这些宏伟建筑背后的魅力，感受宫殿建筑的独特韵味，同时领略中西方不同宇宙观下的宫殿建筑之美，探知西方宫殿建筑中蕴含的东方智慧与基因。

一、皇权至上的明清北京紫禁城

我国明清宫殿的布局遵循"前朝后寝"制度，帝王朝会在前，生活起居在后，体现出中国古代宫殿建筑规划中的基本格局。

北京紫禁城宫殿始建于明永乐四年（1406年），完成于永乐十八年（1420年），是我国现存规模最大、总体布局保存最完整的一座古建筑群。紫禁城宫殿可分为宫前区、宫城区和宫后区，其中宫城区又被称为"紫禁城"，东西宽760米，南北深960米。紫禁城正前方，从大清门开始，经过深远而狭长的御街千步廊，在天安门前转换为东西横向展开的广场，进入天安门后，是与天安门建筑形制相类似的端门，两者之间形成近似方形的庭院，这个方形庭院既是过渡空间，也为烘托午门（图3.1）气势做了铺垫。过了端门，又是一个狭长深远的空间，巍峨壮丽的午门就呈现在视线尽端。午门是紫禁城的正门，采用阙门形制，呈三面围合的威严格局，在高台上座落着九开间重檐庑殿顶大殿，两翼伸出雁翅楼，展现出极其壮观的门楼形象。根据紫禁城宫殿总平面图（图3.2），宫前区的布局通过运用各种不同形制、规格的门，划分出形状不一、错落有致、有收有放的空间。用重重城门将宫城前的空间分隔，加强了宫殿建筑的纵深感和神秘感，从而突出宫殿的壮观和庄严①。

紫禁城四面都有城墙：南面正门为午门，北面为神武门，东西分别为东华门和西华门②。紫禁城城墙外环绕着52米宽的护城河，城墙的四角各有一座角楼（图3.3）。角楼的平面呈十字形，屋顶为三重檐十字歇山顶，檐下有绚丽的青绿彩画，四面是雕饰精美的门窗隔扇，整体造型丰富而独特。在古朴的城墙衬托下，角楼愈发引人注目。隔着护城河（图3.4）观赏角楼，如遥对天上宫阙，美不胜收。

图3.1 午门（资料来源：故宫博物院官网）

---

① 郑连章. 紫禁城宫殿的总体布局 [J]. 故宫博物院院刊，1996（3）：52-58.
② 潘谷西. 中国建筑史 [M]. 北京：中国建筑工业出版社，2014：121.

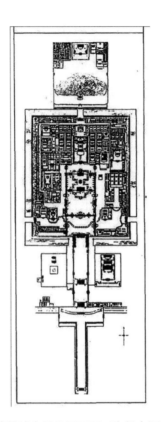

图 3.2　紫禁城宫殿总平面图（资料来源：郑连章）

图 3.3　故宫角楼（资料来源：故宫博物院官网）

图 3.4 故宫外护城河图（资料来源：故宫博物院官网）

紫禁城的布局可简化为由五条平行轴线引导的空间格局，即中路（中轴线）、内东路、内西路、外东路和外西路（图 3.5）。其中，以中路为主体，分布着前三殿和后三宫。紫禁城大体上区划为外朝和内廷两部分。外朝以前三殿为核心，即太和殿（图 3.6）、中和殿和保和殿，是皇帝和官员们举行各种典礼和政治性活动的场所。东西两侧分别有文华殿和武英殿两组建筑。内廷部分的中路从乾清门开始，以乾清宫、交泰殿、坤宁宫为主体。东侧有斋宫、东六宫和东五所，外东路是宁寿宫建筑群。西侧有养心殿、西六宫和西五所，外西路则是慈宁宫、寿安宫等。内廷是皇帝日常处理公务以及家眷生活的区域。

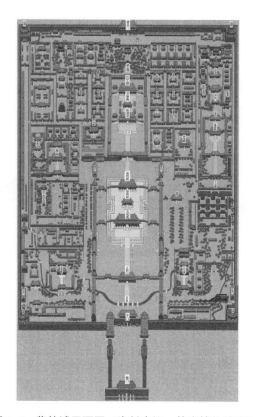

图 3.5 紫禁城平面图（资料来源：故宫博物院官网）

图 3.6 太和殿（资料来源：故宫博物院官网）

图 3.7　紫禁城鸟瞰图（资料来源：故宫博物院官网）

紫禁城的外朝和内廷在空间尺度和空间意境上有着显著的区别。外朝部分建筑形制庄严，空间尺度开阔宏大，空间氛围端肃严谨，极具纪念性。而内廷部分庭院重重、门庭深邃，在体现防卫感和私密性的同时，也有着适合日常起居的宜人尺度和亲切宁静的空间环境。

在紫禁城总体布局规划中，同样十分注重周围自然环境的选择与布局①。永乐十七年（1419 年），新修建的皇城、宫城同旧朝元大都的宫殿位置相比更为偏南。紫禁城南移之后，元代后宫延春阁的故址处于紫禁城的北墙之外。出于风水方面的考虑，将挖掘护城河与南海产生的泥土运到紫禁城北并堆积成东西长约 400 米、主峰高约 52 米的土山，形成南北较狭长、两端向南环抱的山势，从而形成北京城内的制高点，命名为"万岁山"（清初改称"景山"）。万岁山中峰所在之处正是延春阁旧址。在这个故址之上堆筑土山，意在镇压前朝的"风水"，因此这座

_____

① 郑连章. 紫禁城宫殿的总体布局 [J]. 故宫博物院院刊，1996（3）：52—58.

土山又被称为"镇山"。万岁山在北京城的整体平面设计上，还有更为重要的一项现实意义，即它的中峰取代了旧朝宫城的"中心台"，从而成为北京皇城新的几何中心。万岁山的中峰，既在全城的中轴线上，又位于内城南北两墙的正中。这个人为的制高点，不仅承担着紫禁城立体大背景的景观装饰作用，同时增加了宫殿的稳定性和安全性。万岁山与护城河（内外金水河）的组合布局使紫禁城处于坐北朝南、依山面水的理想环境之中（图3.8）。从紫禁城中轴线的立体向度看万岁山，它意图在紫禁城那类似几何图形的、严正而又对称的平面设计上，依托一个巍然矗立的实体，在立体空间上烘托出宫城的威严气势，进而彰显统治者至高无上的尊严。

图 3.8　从景山俯瞰紫禁城（资料来源：视觉中国）

从紫禁城保留至今的近千座单体建筑和由此组成的 90 多座庭院来看，它是基于"君权神授"思想和古代礼制秩序的结合进行规划的。皇帝既然贵为"天子"，因而宫殿布局中也就相应产生了"象天立宫"的基本格局。"夫礼，国之纪也"（《国语·晋语》），故明代紫禁城以儒家核心思想的仁、礼、中庸等礼序思想指导其规划设计，用象征的手法使紫禁城的建筑和布局反映出封建社会的天命观和等级森严的礼制秩序。

紫禁城的布局，较为重要的特征就是其中的轴线设计。紫禁城宫殿的中轴线采用了从窄到宽、从小到大、从低到高、从简到繁的空间序列，其间穿插层次过渡、对比重复等手段，从宫前区庄重压抑的导引开始，逐步转变为宏伟辉煌、气势磅礴的高潮，最后又略加收敛转向收束（图3.9）。中轴线的设计体现了指导中国建筑艺术的传统思想，即强调整体统一、和谐中庸的哲学理论和严格的礼制等级尊卑观念。[①] 被中轴序列贯穿的各个建筑空间的韵律和节奏张弛有度、收放有序。在纵向空间的营造上，仿佛一篇气势恢宏的乐章：正阳门、大清门以及御街千步廊仿佛是序曲，天安门、午门、神武门等高耸的门楼仿佛是乐曲中的强音，而前朝三大殿则是乐曲中的高潮部分。整个紫禁城中轴线上建筑体型的高下起伏构成了节奏分明、激荡人心的交响乐章。

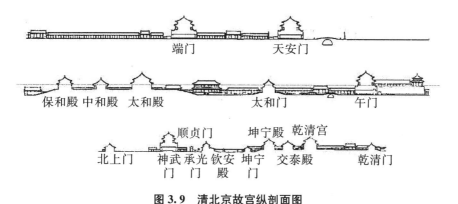

图3.9 清北京故宫纵剖面图

[资料来源：刘敦桢. 中国古代建筑史［M］. 北京：中国建筑工业出版社，1980：293]

---

① 中国紫禁城学会. 中国紫禁城学会论文集（第3辑）［M］. 北京：紫禁城出版社，2004：179.

二、精美富丽的西方殿堂

相较于紫禁城所体现出的皇权至上与等级森严，西方宫殿建筑则更强调富丽堂皇、精美典雅的特点。在此，以法国卢浮宫与凡尔赛宫为代表进行介绍。

卢浮宫是法国较大的王宫建筑之一，坐落在首都巴黎的塞纳河畔，毗邻巴黎歌剧院广场南侧。1546年，法国国王弗朗索瓦一世决定在原城堡的基础上建造一座新的王宫，历经九位君主的不断扩建，历时三百余年，最终形成了一座呈"U"形的宫殿建筑群，气势恢宏。

卢浮宫包括庭院在内占地约190000平方米，自东向西横卧在塞纳河的右岸，两侧的长度均为690米，整座建筑壮丽雄伟（图3.10）。卢浮宫不论室外精美的立面还是室内精致的装饰，都呈现了富丽堂皇的视觉效果。

图3.10　卢浮宫外景图（资料来源：卢浮宫博物馆官网）

卢浮宫的东立面是法国古典主义建筑的代表作，立面在水平向分成三段，底层是坚实的基座，中段采用双巨柱式柱廊，挺拔刚劲，顶部由厚重的檐口和女儿墙收束。在垂直向划分为五段，中央部分和两端均为凸出的体量，中央部分的顶部还有三角形的山花强调出整体构图的中心性（图 3.11）。卢浮宫的西侧建筑立面处理与东立面有所不同，总体上属于文艺复兴时期的建筑风格并带有巴洛克建筑色彩，在构图上增加了垂直向的分划，装饰细节也更为丰富，使宫殿前区外部空间具有更亲切的尺度感和令人愉悦的视觉效果（图 3.12）。

图 3.11　卢浮宫东立面图（资料来源：视觉中国）

卢浮宫的外立面采用暖色石材，使建筑的整体外观形象在庄严华贵中透显出亲切温和的气息。坚实的石质墙面与深凹的柱廊、拱廊构成强烈的虚实对比和富于节奏感的光影变化，而精美的雕饰又增添了让人驻足赏玩的建筑细节（图 3.13）。

图3.12　卢浮宫前玻璃金字塔及广场（资料来源：杨佳琳）

图3.13　卢浮宫拱廊空间（资料来源：杨佳琳）

　　凡尔赛宫建于17世纪中叶，由宫殿建筑和皇家园林组成，是法国绝对君权时代的象征。其宫殿建筑主要分布在场地的东侧，功能上集国王起居、办公、集会和政治活动于一体（图 3.14、3.15）。凡尔赛宫是法国古典主义建筑代表之一，其建筑对称严谨，秩序井然，有条不紊，强调中轴线。整体风格平和均衡、恬静安详且庄严典雅[①]。

图 3.14　凡尔赛皇宫东侧（资料来源：视觉中国）

图 3.15　凡尔赛皇宫俯瞰图（资料来源：凡尔赛皇宫官网）

与稳重而有节制的建筑外观形成对比的是，凡尔赛宫的内部装修和陈设极为富丽奢华。从 17 世纪末到 18 世纪初，由于法国专政体制逐渐

---

① 于奇，莫昱. 法国凡尔赛宫和中国北京故宫的建筑美学比较 [J]. 吉林建筑工程学院学报，2011（3）：57-60.

显露出危机，没落的贵族们为了寻求心理的平衡，开始追求纸醉金迷、安逸享乐的生活。凡尔赛宫内部增添了许多金漆彩绘，可谓镶金绕银。墙上的壁画百彩竞艳，拱顶镶嵌着大幅油画，地面铺砌着彩色大理石，给人以五彩斑斓、目眩神迷之感。

其中，凡尔赛宫镜厅（图 3.16）是凡尔赛宫最奢华、最辉煌的部分。这间长 76 米、高 13.1 米、宽 9.7 米的厅室，是凡尔赛宫中最主要的大厅，常常用于举行重大活动。与西侧的窗子相对的东墙以镜面为主要装饰，因此得名镜厅。① 厅内长廊的一侧设有 17 扇面朝花园的巨大拱形窗门。另一侧则是由 483 块镜片镶嵌而成的 17 面落地镜，它们与拱形窗门一一对称，将门窗外的景色尽数映照。整条长廊的拱形天顶，均以精心布置的各种大理石及镶金浮雕（图 3.17）来装饰。在镜厅顶部天花板上，宫廷画师绘制了 9 幅大画和 18 幅小画，将君主的部分历史展现了出来（图 3.18、3.19）。这些精美绝伦的壁画让整个镜厅更加精致奢华、富丽堂皇。

图 3.16　凡尔赛宫镜厅（资料来源：李宛真）

---

① 于奇，莫畏. 法国凡尔赛宫和中国北京故宫的建筑美学比较 [J]. 吉林建筑工程学院学报，2011（3）：57—60.

图 3. 17　镜厅浮雕图（资料来源：李宛真）

图 3. 18　镜厅油画（资料来源：李宛真）

图 3. 19　凡尔赛镜厅顶部天花板图画（资料来源：李宛真）

三、中西方宫殿建筑的宇宙观

通过上面的介绍，我们已对中西方宫殿建筑的特点有了较为详细的了解。不难发现，中西方在宫殿建筑的建造上，不约而同地体现了统治者通过建筑物来宣扬绝对君权，以震慑四方、巩固统治的目的。然而，由于中西方在文化思想以及发展历程上的差异，宫殿建筑也反映了中西方不同的宇宙观。以下主要从建筑材料、建筑方位与布局、建筑思想等方面进行对比。

（一）建筑材料

建筑的特征总是在一定自然环境和社会条件的影响和支配下形成的。[①] 材料是构成建筑的物质载体，也是表现建筑形式的重要因素。对不同建筑材料的选择，可以体现中西方在自然环境、文化心理、审美习惯上的差异。自古以来中国传统建筑以土木为主，创造了独具特色的木构架承重体系，既表现了对大地的亲和，也体现出对自然的顺应与尊重，与以石结构承重体系为主的西方建筑形成鲜明的对比。

数千年来，帝王的宫殿、坛庙、陵墓以及官署、佛寺、道观、祠庙等普遍采用木构架作为承重结构，这种建筑是中国古代使用面积最广、数量最多的一种建筑类型[②]。紫禁城中所有的建筑都是以木构架作为房屋的主要承重部分，同时房屋中的斗拱、梁、榫卯构件等也均为木质材料（图 3.20、3.21）。木构架建筑之所以成为主流建筑类型，并被长期

---

① 潘谷西. 中国建筑史 [M]. 北京：中国建筑工业出版社，2014：2.
② 潘谷西. 中国建筑史 [M]. 北京：中国建筑工业出版社，2014：2.

广泛使用，是因为它具有取材方便、适应性强、抗震性能好以及施工速度较快等特性①。从审美角度来说，土和木象征着大地和植物，对大地和植物的执着和偏爱反映了中华民族独特的文化心理和源远流长的农业文明。

图 3.20　木质斗拱（资料来源：视觉中国）

图 3.21　房屋木构架（资料来源：视觉中国）

然而在西方建筑观中，建筑形态深受宗教的影响。宗教追求超越时间的永恒，石材千古不磨的坚实质地恰恰与这种永恒性相符合。卢浮宫

---

① 潘谷西. 中国建筑史［M］. 北京：中国建筑工业出版社，2014：2.

与凡尔赛宫的建筑主体中，无论是林立的石柱、高耸的石拱，还是精美的石雕，均展示出石材在西方建筑中的重要性（图3.22、图3.23）。

图3.22　卢浮宫石质装饰（资料来源：视觉中国）

图3.23　凡尔赛宫内部（资料来源：视觉中国）

（二）建筑方位与布局

在中国传统的营造活动中，对辨方正位，即建筑方位的选择和确定是十分注重的。无论是民居、衙署、祠庙，还是作为帝王之居的宫殿，皆以坐北朝南为理想的建筑朝向，紫禁城的中轴线也正是纵贯南北的"子午向"。同时，这条中轴线与北京城的城市中轴线完全重合。而西方的宫殿，如卢浮宫，虽然也是沿着中轴线组织建筑空间序列，但其中轴线为东西向，与紫禁城的布局方位和朝向形成鲜明的对比。

在布局上，紫禁城体现了组群性的空间组织理念，即由多个庭院组合成主从有序、层次分明、分布广阔的宏大布局。而凡尔赛宫和卢浮宫则是众多房间集结在一座规模巨大的单体建筑之中，形成场地中雕塑般的建筑体量。

（三）建筑思想

紫禁城在选址上凸显了"天子择中而处"的理念，这是封建帝制时期对天子正统思想的集中反映。紫禁城内，重重宫墙环绕，形成一组组环套的宫殿院落，以此达到拱卫宫城、拱卫帝星、烘托帝王至高无上之威严气势的目的。[①] 紫禁城在布局上强调整体统一、和谐中庸的哲学观和严格的等级制，中轴对称，轴线空间上有收有放，同时形体亦有高低大小变化，形成富有层次的艺术效果。卢浮宫的总体布局沿东西向主轴线展开，其东部是一个封闭的合院，而西部则是三面围合、一面开敞的半开放空间，与城市空间交融渗透。卢浮宫的建筑外观丰富而隆重，有着鲜明的个性，体现了西方哲学中注重个体、开放外向的思想特征。中国的宫殿由重重设防的高大围墙所包围，而凡尔赛宫是以凸显的姿态占据着中心位置，既控制城镇，又统领自然。紫禁城中以围合院落串联而成"暗轴"，而凡尔赛宫的长轴呈现为无阻挡和无限延展的"视轴"。凡

---

① 郭华瑜，张彤. 紫禁城与凡尔赛——东西方绝对君权体制下的宫殿建筑比较 [J]. 华中建筑，2001（1）：41-45.

尔赛宫和卢浮宫的规划设计体现出向心性与轴向发展的空间布局图式，展现出当地宗教文化的控制性与扩张性。①

四、西方宫殿建筑中的东方基因

（一）西方对中国建筑的广泛关注

中西方之间的交往可以追溯到远古时代。早在春秋战国时期，中西关系就已经揭开序幕。汉代是中西关系的开拓时期，张骞出使西域后，中国人开始注视西方，西域各国也得知了中国的情况。汉代开辟的"丝绸之路"促进了中西方文化交流的发展。②

早期中西文化交流对建筑的关注度不高，但随着茶叶、瓷器和漆器贸易的开展，西方人较为直观地了解到了中国的建筑。15世纪末，葡萄牙航海家达·伽马（Vasco da Gama）开辟了欧洲经好望角到印度的海上航线，来自中国的丝绸、漆器、瓷器等商品成为17世纪欧洲上流社会热衷追逐的奢侈品。在这样的契机下，自17世纪末至18世纪末，欧洲出现了一股前所未有的"中国热"：从贵族到平民百姓，在衣着、器具乃至建筑艺术形式方面，都纷纷效仿中国，中式风格（Chinoise）俨然成了当时最时髦的风潮。③

18世纪下半叶，中国建筑，尤其是皇家园林被大量介绍到欧洲，随即欧洲掀起了一场模仿中国园林的造园热潮。不少传教士在其关于中

---

① 郭华瑜，张彤. 紫禁城与凡尔赛——东西方绝对君权体制下的宫殿建筑比较 [J]. 华中建筑，2001（1）：41-45.

② 黎跃进. 比较文学讲稿 [M]. 天津：南开大学出版社，2021：338-339.

③ 朱建宁，张文甫. 中国园林在18世纪欧洲的影响 [J]. 中国园林，2011（3）：90-95.

国的游记与信件中提及中国园林和建筑。传教士王致诚（Jean Denis
Attiret）在一封信件中，对北京圆明园做出如下的评价："此地各物，
无论在设计还是施工方面，都浑伟和真正美丽。"[1]　与此同时，威廉·
坦普尔（Sir William Temple）、威廉·钱伯斯（William Chambers）等
人从理论和实践上表达了他们对中国建筑的热情。

英国政治家、散文家威廉·坦普尔作为欧洲"中国热"的重要倡导
者，对中国建筑进行了广泛的关注与研究。他把自己对中国建筑与园林
的观点撰写在《论伊壁鸠鲁的花园及其他》（*Upon the Gardens of
Epicurus，with other XVIIth Century Garden Essays*，1685）一文中。
他认为中国园林的美在于不规则的布置与不对称的安排，整体上体现出
一种灵秀之神韵。[2]

威廉·钱伯斯是英国建筑师、造园家，曾经多次前往中国旅行，研
究中国建筑和中国园林艺术。他于 1757 年出版《中国建筑、家具、服
装机械和器皿的设计》（*Design of Chinese Buildings，Furniture，
Dresses，Machines and Utensils*），1772 年又出版了《东方造园艺术
论》（*A Dissertation on Oriental Gardening*）。[3]　这些有关中国建筑的著
作的出版，表明当时中国建筑在欧洲已经受到广泛关注。

（二）中国建筑风格在欧洲建筑中的表达

中国的建筑风格经传教士、商人、使节介绍，再通过西方一些学
者、艺术家和建筑家的宣传，逐渐风靡欧洲，成为时尚。

中国建筑在欧洲的表达方式之一就是建筑的仿建。自诩为"太阳

①　南炳文. 明清文化通史（清前期卷）[M]. 南京：江苏人民出版社，2023：474.
②　李莉，周禧琳. 中外园林史教程 [M]. 武汉：武汉理工大学出版社，2022：75.
③　陈教斌. 中外园林史 [M]. 北京：中国农业大学出版社，2018：152.

王"的路易十四曾于 1670 年在凡尔赛建造了一座"中国宫"，该宫殿只有一层，四周围着一间大屋和四间小屋，中间是一座中式庭院。檐口墙角用艳丽的瓷砖装饰，室内色调模仿中国的青花瓷器。这座别致且充满异域情调的建筑吸引了欧洲上流社会的注意，并开创了欧洲仿建中国建筑风潮之先河。

位于德国柏林附近的波茨坦皇宫无忧宫里的"中国茶亭"（图 3.24）是当时较为著名的中国风格建筑之一。该建筑由六根装饰复杂的镀金柱支撑，柱角以十八个中国人物雕像为装饰，屋顶上有一个撑着遮阳伞的中国人物雕像。该建筑的形式、雕像、装饰色彩呈现出十足的东方韵味。

从 17 世纪直至 20 世纪初，中国建筑仿建风潮席卷了欧洲大陆，甚至蔓延到美洲。在这近两个世纪的时间里，中国风格的建筑和器物一度成为当时欧洲贵族热烈追求的风尚，并成为其重要生活组成部分①。

图 3.24　"中国茶亭"（资料来源：《光明日报》2023 年 12 月 29 日第 13 版）

---

①　陈正勇，杨眉，朱晨. 中国建筑园林艺术对西方的影响［M］. 北京：人民出版社，2012：105.

拓展阅读

　　紫禁城与卢浮宫均是东西方的宫殿博物馆代表之作，是建筑史上璀璨的明珠。通过横向对比紫禁城与卢浮宫的空间布局与艺术要素，我们得以更直观地感受到东西方宫殿建筑的差异以及孕育其形态的历史文化背景：

　　纵观整个卢浮宫，占地面积 24 万平方米，相当于紫禁城占地面积的 1/3；建筑底层占地面积 4.8 万平方米，相当于紫禁城建筑面积的 1/4。用现在的房屋容积率来看，卢浮宫像是一个低密度高容积率的大花园，而紫禁城更像是一个高密度低容积率的庭院。"花园"与"庭院"体现了东西方两种不同的建筑文化。

　　从整体平面布局来看，卢浮宫与紫禁城的前朝部分十分相似，正方形的内院与太和门、太和殿组成的围合空间相似，只不过卢浮宫更像是个大尺度的"四合楼"造型，而太和殿与太和门围合的庭院还是中国传统四合院的空间模式。卢浮宫前面的两翼建筑像人的两个臂膀一样伸展开拥抱着内广场，这与紫禁城午门的五凤楼造型颇有几许神似。

　　作为宫殿建筑艺术集大成者，卢浮宫融文艺复兴、巴洛克以及法国地方建筑形式于一体，清晰地述说了西方建筑潮流的一种变化。紫禁城的建筑都是明清两代的产物，中国建筑艺术发展到这段历史时期，建筑风格已经趋于稳定。不过立面风格上的一致并不能减弱空间组合上的丰富，紫禁城大院套小院的流线设计更易于人们漫步其中。①

---

　　① 郭小林. 大学生自然科学通识课研究项目结题报告选 [M]. 北京：科学技术文献出版社，2014：142-143.

第二节　庙宇：祭祀尊贤

古人不仅在庙宇里祭祀，更是在此与上天对话。无论是中国儒家的礼制思想，还是西方的各种宗教信仰，它们都承载着各自文化的精髓。中西庙宇建筑的多元化融合，展现了人类精神文化的多样性和互鉴之美。在本节的探讨中，我们将带领大家深入领略中西方庙宇建筑的魅力，探寻其背后深层的文化含义，感受中西方文化交流与互鉴的丰富意义。

一、坛庙：中国的礼制建筑

从伏羲女娲、炎黄两帝、蚩尤神农等神话传说中，我们能瞥见古时中国人对自然和鬼神力量的敬畏与崇拜。人们通过祭祀和祷告来寄托对祖先的追念与感激，以及报答天地的恩泽，同时为今人祈求福祉平安。为满足这"祭宗庙，追养也；祭天地，报往也"之愿，坛庙建筑应运而生。

中国的坛庙不属于宗教建筑，不是为传道授经而建造的，更多的是人们对多种自然事物、列祖仙尊、帝王圣贤表示崇敬的载体。受儒家礼制思想的影响，坛庙形制逐渐演化成熟，在漫漫的历史长河中，成为中国建筑艺术中的独特类型。

（一）坛庙的起源

何为坛庙？从字面意思看，"坛"指的是古代举行祭祀、誓师等重大仪式的土石高台，如天坛、地坛等；而"庙"则指供奉祖先、贤圣的房屋，如祖庙及太庙等。

原始社会后期是坛庙的起源时期。最早在浙江余杭瑶山考古发现了良渚文化遗址（图 3.25）。山顶的方形祭坛边长约 20 米，高约 0.9 米，以不同的土色分为内外三重。中心为红色土方台，红土外围为灰土填充的围沟，最外层是用黄褐色土筑成的围台。在红山文化遗址中，则以女神庙、祭坛和积石冢群为代表。其中，女神庙在牛河梁主梁顶部，是整个遗址群的中心位置，为"中"字形半地穴式建筑（图 3.26）；祭坛在南端坡地，居中为立石筑起的三重圆形；而积石冢则是红山文化的墓葬形制，以石墙为界形成单冢、双冢和多冢等不同类型[①]。通过祭坛神庙的建筑布局，我们已能窥见"天圆地方"的初步空间概念，感受到人们对自然的敬畏，他们赋予其精神形象，推演出神祇灵魂的观念，进而形成自然崇拜。

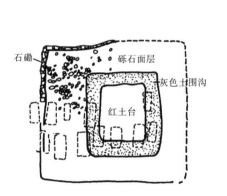

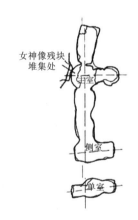

图 3.25 良渚文化遗址平面图   图 3.26 红山文化遗址女神庙平面图

［资料来源：孙大章. 中国古建筑大系（第 9 册）：礼制建筑－坛庙祭祀［M］. 北京：中国建筑工业出版社，1993：140］

---

① 赵玉春. 坛庙建筑［M］. 北京：中国文联出版社，2009：12.

　　自奴隶社会始，基于原始社会的祭祀神话传说和农业生产工作，自然崇拜逐渐发展成图腾崇拜和鬼神崇拜，产生了太阳神、月神、天神、地神、水神等形象。同时，在面对灾祸和生老病死时，人们为了祈福除祸，通常也会将这种祈求和希望寄托在氏族祖先的祭奠中。例如，河南安阳殷墟祭祀坑（图 3.27）、四川广汉三星堆祭祀坑（图 3.28）等重要遗迹中都体现了祭祀活动中对自然、鬼神、祖先的崇拜。

图 3.27　河南安阳殷墟祭祀坑出土的虎纹

（资料来源：中国国家博物馆官网）

图 3.28　太阳神鸟金箔

（资料来源：金沙遗址博物馆官网）

（二）坛庙与儒家礼制思想

先秦时期，坛庙的修建逐渐成熟。《左传·隐公十一年》中提道："礼，经国家，定社稷，序民人，利后嗣者也。"可见，"礼"在中国古代是为了维护国家安定、建立社会秩序的组织条理而设定的。而祭祀天地山川，祖先和先贤的礼拜仪式是礼制的重要内容。坛庙则是举行各种祭祀礼仪的物化载体，可称为"礼制建筑"。

统治者为维持社会制度，方便治理国家、安定社会，倡导儒家所言的"礼制思想"。从儒家尊崇的"五经"中可以看出，儒家主张以礼治国，并将礼制思想进一步仪式化，使礼制成为人民自觉遵守的伦理准则和行为规范。汉代大儒董仲舒的"天人感应学说"，促进了儒家礼制思想的进一步发展，对坛庙的建筑形制产生了深远的影响。

（三）坛庙的类型

坛庙按祭祀对象可以分为三类。

一类是祭祀自然神的坛庙，如天地日月、山云雷雨、社稷、先农之坛，五岳、五镇、四海、四渎之庙。其中，祭天是皇帝的专利，以强调皇帝"受命于天"的"天子"地位。古代有"天圆地方"之说，因此现在看到的北京天坛和地坛正是建成圆坛和方坛。而"社"指五土之神，"稷"指五谷之神，四海、四渎指的则是水神①。

天坛是这类坛庙的代表，始建于明永乐十八年（1420年），清乾隆、光绪年间曾重修改建，是明清两朝皇帝祭天和祈谷的地方（图3.29）。天坛是圜丘、祈谷两坛的总称，有两重坛墙环绕，呈"回"字

---

① 李广，卢翼，李慧君. 中外建筑史［M］. 合肥：安徽美术出版社，2018：32.

形布局。坛墙南方北圆，象征天圆地方。天坛内祭祀建筑集中于内坛，内坛四面设门。圜丘坛在南、祈谷坛在北，二坛同在一条南北轴线上，中间由丹陛桥连接。圜丘坛由3层圆形露天石坛构成，每层都围有汉白玉石围栏，主要建筑有圜丘、皇穹宇等。祈谷坛内主要建筑为祈年殿、皇乾殿、祈年门等。其中祈年殿为三重攒尖顶圆殿，殿内中央的四根龙井柱象征一年四季，中层12根金柱为12月，外层12根檐柱为十二时辰，中外层24根柱象征二十四节气[1]。

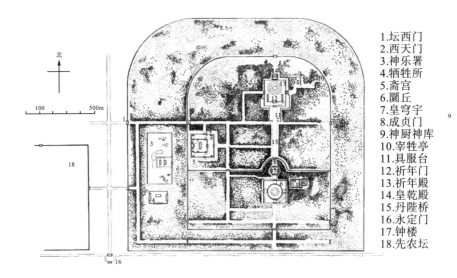

1.坛西门
2.西天门
3.神乐署
4.牺牲所
5.斋宫
6.圜丘
7.皇穹宇
8.成贞门
9.神厨神库
10.宰牲亭
11.具服台
12.祈年门
13.祈年殿
14.皇乾殿
15.丹陛桥
16.永定门
17.钟楼
18.先农坛

图 3.29　天坛平面示图

[资料来源：刘敦桢. 中国古代建筑史（第2版）：明、清的坛庙建筑和陵墓建筑 [M]. 北京：中国建筑工业出版社，1984：351]

此外，还有一种重要的建筑物——明堂。它被用于朝会诸侯、发布政令、秋季大享祭天并配祀祖宗，是朝廷举行祀典和朝会的重要场所。[2] 古人认为，明堂可上通天象，下统万物，天子在此既可听察天

---

① 斗南. 国学知识全知道 [M]. 北京：北京联合出版公司，2018：375.
② 潘谷西. 中国建筑史 [M]. 北京：中国建筑工业出版社，2014：129.

下，又可宣明政教，是体现天人合一的神圣之地。汉长安的明堂辟雍（图 3.30）是早期此类建筑的遗存，其外面是一圈环形水渠，称为"辟雍"，中央是方形的明堂，圆形如璧，环水为雍，象征着王道教化化被天下，运行不息。

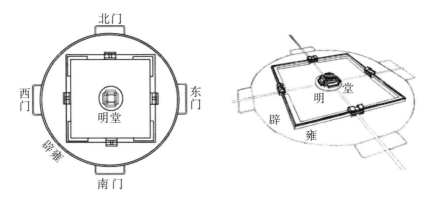

图 3.30 汉长安明堂辟雍平面图及总体复原示意图

（资料来源：大同日报网 2020 年 10 月 14 日第 4 版）

第二类为祭祀祖先的坛庙建筑，帝王家的称为太庙，臣下之家的则称家庙或者祠堂。太庙仿照宫殿前朝后寝之制：前设庙（前殿），供奉神主，四时致祭；后有寝（后殿），设有衣冠几杖，以荐时鲜新品。太庙有两种建筑形式：一种是分别建立 7 座或 9 座建筑，每座均供奉祖先；另一种是在一座建筑中设置 7 室或 9 室，每室供奉一位神主。当神主超过 7 或 9 个时，则按功德大小和与在位皇帝的亲疏关系决定去留，殿内只留 7 或 9 个神主，其余的迁至殿东西夹室供奉，所以历代太庙殿宇以 7 间或 9 间加两夹室为基本形式。[①] 北京太庙位于北京市东城区天安门东侧，平面呈南北向长方形，正门在南，共有三重围墙，由前、中、后三大殿构成三层封闭式庭院（图 3.31）。

---

① 潘谷西. 中国建筑史［M］. 北京：中国建筑工业出版社，2014：131.

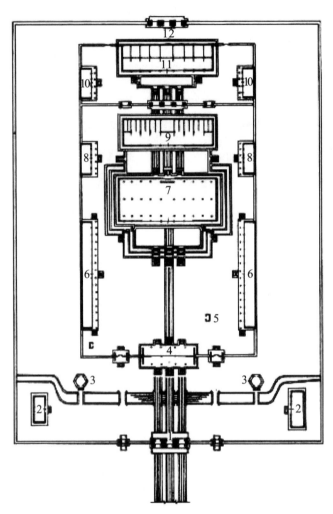

1 前门　2 库房　3 井亭　4 乾门　5 焚香炉　6 前配殿
7 前殿　8 中配殿　9 中殿　10 后配殿　11 后殿　12 后门

图 3.31　北京太庙平面图（资料来源：作者自绘）

而家庙（祠堂）形制，以明代为例：三品以上可建5间，奉5代祖先；三品以下建3间，奉4代祖先。家庙的东侧设有祭器库，供储存祭器、衣物和遗书之用。徽州、浮梁两地的明代祠堂多布置为封闭的院落两进，门前设置石牌坊，入门为宽阔的廊院，大堂3间或5间，敞开无门窗，堂北设后寝，供奉祖先神主[①]。

第三类为祭祀先贤的坛庙，如孔子庙、诸葛武侯祠、关帝庙等。山东曲阜孔庙是由孔子旧居发展而来的，现存规模为明代奠定。孔庙平面以南北向坐落，沿中轴线布置有9进院落。前三进是前导部分，有牌坊和门屋共6座，主要由400米长的甬道和棂星门、圣时门、弘道门组成（图3.32）。圣时门之前有牌坊和照壁，形成门前空间。第四进以内，从大中门起便是孔庙的主体部分，此区围墙四隅建有角楼，以大成殿庭院为中心，前有奎文阁及皇帝驻跸处，东有诗礼堂、崇圣祠、家庙等，西有金丝堂、启圣殿和寝殿等，后有圣迹殿和神厨、神庖[②]。

---

① 潘谷西．中国建筑史［M］．北京：中国建筑工业出版社，2014：131.
② 潘谷西．中国建筑史［M］．北京：中国建筑工业出版社，2014：137.

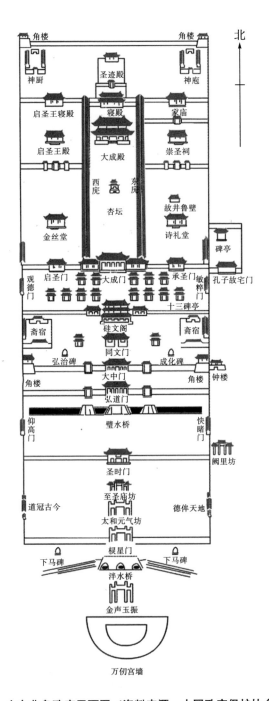

图 3.32　山东曲阜孔庙平面图（资料来源：中国孔庙保护协会官网）

二、西方庙宇建筑：神庙和教堂

恩格斯曾说："没有希腊文化和罗马帝国所奠定的基础，也就没有现代的欧洲。"[①] 西方庙宇建筑发源于古希腊时期，经过古罗马时期的继承发展，到中世纪转变为教堂，展示了每个时代的思想碰撞和建筑艺术体现。

（一）发源：古希腊神庙

古希腊是欧洲文化的摇篮，其建筑风格一直影响着后世西方。古希腊人信仰多神教，认为每一种自然现象都由神明支配，每一个城邦也都有自己的守护神，供奉守护神的神庙通常坐落于卫城中，是整个城邦的精神圣地。同时，希腊人认为神与人同形同性，因此神庙既是祭祀的场所，也是城邦公民举行公共活动的空间。

起初，古希腊的神庙仿照贵族的宅邸，其形制就是一座长方形的房屋，由木构架建造，墙体是土坯墙。为了遮雨，在房屋外围又加建了一圈柱廊。后来随着技术的发展，为更好地使神庙长久伫立，石材成为神庙的主要材料，神庙的形制也演化为多种样式，有端柱门廊式、前廊式、围廊式等（图 3.33）。其中，最具代表性的希腊神庙形制是列柱围廊式，即用柱子将殿身环绕一周。

---

① 马克思恩格斯全集（第 20 卷）[M]. 北京：人民出版社，1971：196.

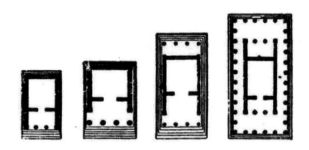

图 3.33　希腊庙宇平面空间演变

[资料来源：布鲁诺·赛维. 建筑空间论——如何品建筑 ［M］. 北京：中国建筑工业出版社，2010：41]

　　在古希腊，神庙既是圣地中心，又是人们经常举行庆典活动的场地，因此其柱廊外观显得尤为重要。随着建造艺术手法的不断成熟，柱廊的构建样式逐渐发展成两种柱式，分别为多立克柱式（图 3.34）和爱奥尼柱式（图 3.35）。

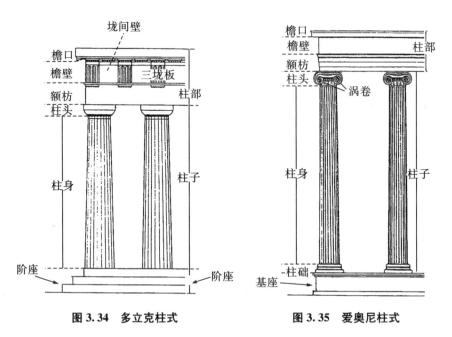

图 3.34　多立克柱式　　　　**图 3.35　爱奥尼柱式**

[资料来源：陈志华. 外国建筑史 ［M］. 北京：中国建筑工业出版社，2010：46]

多立克柱式通常建在阶座之上，其特点是粗大雄壮，柱头是个倒圆锥台，没有柱基，直接拔地而起。在古典时期，多立克柱身凹槽相交形成了 20 个棱角，柱头没有装饰。柱下部约占全柱三分之一的地位槽纹很浅，几乎平滑，往上则越来越深。柱的比例为 1：5.5~5.75，开间较小，为 1.2~1.5 柱底径，而檐部高约为柱高的三分之一。[①] 此外，因其刚硬挺拔的外观构造，多立克柱又被称为"男性柱"。雅典卫城的帕特农神庙采用的也正是多立克柱式。相比之下，爱奥尼柱式更显清秀柔美，有复杂的、看上去富有弹性的柱础。柱身有 24 条凹槽，柱头有一对向下的涡卷装饰。它比多立克柱纤细，柱为 8 或 9 个直径高[②]。因此，爱奥尼柱式被称为"女性柱"。阿尔忒弥斯神庙和雅典卫城的胜利女神庙就使用了这种柱式。

后来，还出现了第三种柱式——科林斯柱式（图 3.36）。它比爱奥尼柱式更为纤细，柱头是用莨苕作装饰，形似盛满花草的花篮。为爱奥尼柱式的一个变体，但风格华丽，装饰性更强。雅典的宙斯神庙采用的就是科林斯柱式。[③] 在古希腊建筑中除了以上 3 种柱式外，还有人像柱。厄瑞克忒翁神庙就以女像柱（图 3.37）代替爱奥尼柱，其造型柔和、秀丽。

---

① 陈志华. 外国建筑史 [M]. 北京：中国建筑工业出版社，2010：46.
② Meyer F S. A Handbook of Ornament [M]. New York：Nabu Press，2010：214.
③ 徐艳文. 旧金山艺术宫 [J]. 上海房地，2014（2）：1.

图 3.36　科林斯柱式

[资料来源：陈志华. 外国建筑史［M］. 北京：中国建筑工业出版社，2010：73]

图 3.37　厄瑞克忒翁神庙女神柱像（资料来源：陈岚）

（二）继承发展：古罗马神庙

在希腊城邦瓦解之后，为与君主专制政治相协调，宗教逐渐演变出新的形态。庙宇开始建在市场附近，并与市场的敞廊相联系。古罗马时期，罗马人基本继承希腊的宗教信仰和庙宇形制。但随着券拱技术的发

展，将券拱与柱式结合，庙宇开始有了十字穹顶，逐渐将祭祀活动空间
引入室内。

万神庙是这一时期的代表性庙宇建筑（图3.38）。它位于罗马圆形
广场的北部，是供奉众神的庙宇。此庙始建于公元前27年，是一座传
统的长方形庙宇，有深深的前廊，后被焚毁。在约118年，即哈德良皇
帝统治时期，万神庙得以重建。重建后的万神庙采用天然混凝土建造，
平面是圆形的，直径达43.3米，穹顶的高度也是43.3米。穹顶象征天
宇，在它的中央有一个直径8.9米的圆洞，光从此漫射进来，烘托出了
庙宇神圣光辉的氛围（图3.39）。[①]

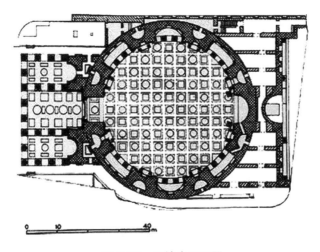

图3.38　万神庙平面图

［资料来源：陈志华. 外国建筑史［M］. 北京：中国建筑工业出版社，2010：
85］

---

　　① 陈志华. 外国建筑史［M］. 北京：中国建筑工业出版社，2010：85.

图 3.39 万神庙室内照片（资料来源：陈岚）

（三）转变：中世纪教堂

中世纪的罗马转变为奴隶制军事帝国，其建筑多服务于帝国战争和奴隶主生活，彰显着富贵华丽和君主荣耀。然而，奢靡无度的奴隶主和社会生产力的耗竭，使社会矛盾逐渐尖锐，萧条景象也开始出现。在这样的背景下，基督教慢慢兴起。中世纪，欧洲的封建制度开始发展，基督教堂作为其政治形态的重要组成部分，展现了其建筑成就的最高水平。同时，宗教被分为两大宗——西欧为天主教，东欧为东正教——两者代表的风格各不相同。

东欧的东正教堂发展于穹顶结构和集中纪念式形制，以拜占庭教堂风格为主，创造了穹顶支撑在四个或更多独立支柱上的结构方法，并形成了相应的形制。此外，它们还在穹顶和墙垣上大面积地运用玻璃马赛克装饰，展现出独特的艺术风格。其中的代表建筑为位于土耳其伊斯坦布尔的圣索菲亚大教堂（图 3.40）。这座教堂有带筒拱顶的巨型半圆凹室的外形，墙面向外疏朗和扩展开来，使室内空间显得开敞。① 此外，该教堂的空间设计改变了纵轴上形成的单一节奏，加强内殿的重要性，打破了空间的通长效果。

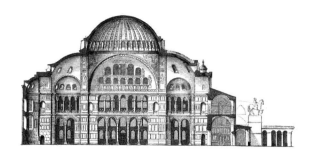

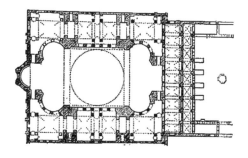

图 3.40　圣索菲亚大教堂平面及剖面图

[资料来源：陈志华. 外国建筑史［M］. 北京：中国建筑工业出版社，2010：101]

而西欧天主教堂发展于筒形拱顶和巴西利卡形制。早期的巴西利卡式教堂出现于古罗马晚期，强调纵向由东向西轴线。它的基本平面是一个纵长的矩形，尽端设置一个半圆形的空间。矩形的中心区域为中殿，通过设置高侧窗，将光线引入大殿。中殿两侧为侧廊，用柱廊进行分隔，成为会众空间。西欧的教堂将其发展成拉丁十字式巴西利卡风格。其平面与耶稣受难的十字相吻合，主入口一般西向，由拱廊、横殿和长

---

① 马冶. 西方历代建筑空间观念的演变［J］. 中外建筑，2010（10）：74—76.

方形教堂组成，并设有中廊和侧廊。在十字形交叉口上，一般为圣墓及圣坛空间，圣坛上用马赛克、壁画描绘圣像或挂着耶稣雕像，而上部则以塔楼及穹顶的形式高高耸起。[①] 这种以拱形柱廊、中央塔楼及丰富的东西部空间结构和骨架券、飞券的技术发展，为后续哥特式教堂的设计提供了文化积淀与实践基础。

哥特式教堂延续了拉丁十字平面结构，但相对于巴西利卡式教堂的水平拉伸感，哥特式教堂在竖向空间中表现出腾飞式的伸张感。在平面上，将东西向的空间延长，而立面空间则呈现为多个大小不一的尖顶塔楼依附在大的建筑主体上的形态，层次丰富且具有较强的序列感。墙面则用彩色玻璃窗占满空间，以渲染教堂氛围，有着强烈的宗教仪式感。[②] 这时期哥特式教堂的成熟代表作是巴黎圣母院（图3.41），其方位坐东朝西，正门宏伟华丽，有着独特的彩色玻璃窗和大量雕塑装饰。左右两侧顶上为塔楼。主体部分平面呈十字形，两翼较短，中轴较长，中庭的上方有一个高90米的尖塔。塔顶上有一个细长的十字架，远望仿佛与天穹相接。

图3.41 巴黎圣母院西立面及彩色玻璃窗图（资料来源：巴黎圣母院官网）

---

① 巫丛. 中西方宗教建筑空间的比较 [J]. 南方建筑，2005（2）：16—18.
② 洪帆，王海波. 并行·共生·交融——中世纪欧洲与传统中国宗教建筑空间研究 [J]. 华中建筑，2019（1）：103—105.

从整个西方建筑历史的角度来看，西方庙宇多用于崇拜和歌颂神明，体现了神权至上的理念，因此被视为宗教建筑。这些建筑往往展现出一种张扬、巍峨且庄重的气质，通过其设计彰显出神性的光辉和恒久的时间感。同时，它们利用空间虚实和象征意义，构建出一种精神空间，凸显了神的地位。

三、中西庙宇的多元化融合

在历史上，中西庙宇建筑都表现了对于超自然力量的敬畏和对神明的信仰，尽管它们对于精神内涵和意境的表达有所差别，却展现出多元化的融合发展趋势。

在西方的历史中，神灵被视为征服和改造自然的代表，是永恒、完美的存在。因此，宗教庙宇的修建往往采用纵向对称或十字对称的空间形式，以石材建造，追求永恒存在，又以绚丽雕塑装饰，崇尚个体形象。建筑利用空间虚实、光影变化，打造"神"的精神空间，成为信众寻求解脱的集结地，是通往天堂的站台。[1] 它们以其巨大的体量与超然的尺度，创造出空间中独特的张力，成为令人膜拜的存在。中国坛庙则将神灵崇拜融合儒家思想，使庙宇在宗法礼教的思维框架内，服务于封建统治阶级，把"天人合一""君权神授"思想和"阴阳学说"相结合，又考虑"气"的营造，以木为建造主材，强调人与自然和谐共生的关系。[2] 正如李泽厚先生所言："中国建筑最大限度地利用了木结构的可

---

① 王妍，段俐敏，李晞睿. 材料、技艺与观念——技术现象学视域下的中西宗教建筑艺术比较研究［J］. 文艺评论，2014（7）：112-117.
② 董华琳. 中西方宗教建筑文化对比——以岱庙与巴黎圣母院为例［J］. 建筑，2018（17）：60-63.

能和特点，并不以单一的独立个别建筑物为目的，而是以空间规模巨大，平面铺开，相互连接和配合的群体建筑为特征的，它重视的是多个建筑之间的平面整体的有机安排。"① 这种建筑空间布局与西方的纵向对称结构有着异曲同工之处，但更多地以人性为尺度，结合礼制思想的水平发展。

华人华侨在世界各地的活动、中西文化交流的日益频繁使得中国的儒家文化、道家思想、自然崇拜、祖先崇拜和西方的基督教、天主教等各类宗教文化多元并置，庙宇建筑的形式也得以融合和演变。当地华人以地缘、血缘或语言为纽带凝聚在一起。尤其在东南亚一带，中国早在封建时期就已经与东南亚各国频繁进行贸易来往，众多商人也随之下南洋进行活动，生根发芽。他们受原乡传统影响，为传统节庆和日常生活中祭祀祖先、神灵和同乡之间的互帮互助，发展形成宗亲会、工会，建造如会馆、公所、祠堂等建筑。这些建筑在异乡不仅作为祭祖和联络宗亲的场所，在秉承传统礼制习俗的同时更具有多功能的公共服务性，加强了当地中国文化在平时生活中的交融发展。

（一）建筑样式

海外多地的华人仍保持传统中式习俗，因此宗祠庙宇大多仍是传统中式的建筑风格。但不同于中国庙宇庞大体积的平铺展开，海外庙宇受人力、物力、场地等多种影响，整体规模更显小巧精致。它们在保留中式整体风格的同时，也融入当地特色，体现了多种元素的融合。屋顶以歇山顶和硬山顶为主，采用中轴对称的围合布局，建有大门、戏台、前殿后殿式祠堂和左右厢房等。门侧立有石狮，门前加之中式宫灯、匾额

---

① 李泽厚. 美的历程 [M]. 合肥：安徽文艺出版社，1999：67.

等，整体做得富丽堂皇（图3.42）。在马来西亚、新加坡等地区，受潮湿天气的影响，庙宇多采用石柱作为支撑。供奉的神灵和匾额题字多与护航、海洋有关。同时，因大多华人源于闽南地区，建筑除体现传统祠堂建筑风格外，部分还保留闽南建筑的特点。例如，泰国李氏宗祠坐北朝南，建筑分三进式递进，左右两厢建筑山墙上有岭南建筑中常见的镬耳[①]。

图3.42　马来西亚龙山堂邱公祠（来源：马来西亚龙山堂邱公祠官网）

随着时间的推移，一些庙宇还在当地建筑样式的基础上进行了改造，更具近现代风格。这种风格样式多在北美一带和部分东南亚地区出现，参考广东骑楼的外观，将宗祠祭祀功能和商住功能结合，形成唐人街的社区空间。建筑以石材、钢筋、水泥构建而成，一般有三四层高。一楼作为办公、活动的场地，二楼以上作为储物、居住之用，而顶层多为宗祠祭坛、关庙用途。楼中多设置天井或透光穹顶，具有别有洞天的中式寓意。同时，凹入式的阳台设计和雕刻精致的栏杆也将西方石式柱廊融入构造中，屋顶采用类似古希腊时期的三角形山墙结构，平面布局呈现纵向对称形式，构成了前后贯通的廊道，形成具有中西合璧色彩的建筑风格。

---

① 张锋. 东南亚华人宗亲文化与宗祠建筑特色研究［J］. 广西社会科学，2017（5）：41-46.

（二）装饰色彩

为了体现宗族实力，装饰色彩上多选取更高饱和度的金色、红色、白色和粉色等，使得整体颜色更为鲜艳亮丽。屋脊柱廊、格扇门窗配以瑞兽作装饰，多为龙、凤、仙鹤、麒麟、玄武等中国传统样式，木雕和石雕做工精美，形态夸张且华丽，甚至加以黄金装饰。在东南亚一带，雀替和檐角的装饰有时会融入螃蟹、鱼、虾等海洋动物元素，植物装饰除梅兰竹菊以外还有莲雾木、棕榈等南洋植物，从而展现出东南亚的建筑特点。而骑楼风格的庙宇建筑因多采用石材构建，其建筑色彩以白色为主，较为简洁。在外立面的橱窗和大门匾额则以木制为主，采用中式风格，将传统花鸟纹饰融入当中。虽然建筑外部装饰多有变化，但内部装饰仍为中式风格，多以阴阳八卦图、日月两仪图、孝亲图画、山水字画等作为装饰，寓意着天地灵气集聚之运和山水畅游之情。

总体来说，中西方庙宇建筑都是历久弥新的传统文化积淀而成的。而两者多元化融合的产物，不仅展现了中国传统建筑特点，又运用了当地的建筑语汇，促进了中华传统宗祠文化在世界各地的多元融合。是以"将建筑空间与某种超自然力的观念相联属……从而使建筑空间存在文化中具有了某种'天启'的意义"①。这展现出中西方的精神文化的多面演绎，并将其精髓代代相承，蓬勃发展。

拓展阅读

在汉语中，"天"字不仅有着代指"天空"的表意，同样拥有"神""上帝"等内涵，祭天也就意味着祭祀神灵以获得庇佑。在不同的文化

---

① 王贵祥. 东西方的建筑空间［M］. 天津：百花文艺出版社，2006：231.

背景下也孕育出了"神"的不同概念，这些概念同样存在于万物中高度抽象的实体，也就形成了各式各样的坛庙建筑构造。

坛庙建筑成为天的原型的样板，甚至可以理解为宇宙秩序在大地上的复现。无论规模大小都遵循统一的定位、尺寸等执行范例。其中，神的形态往往被简化，甚至只用一个符号来象征。例如印度传统坛庙建筑的内外部反差极大：其外部的总体形式、雕塑和形态极为丰富，内部则极其简朴。主要建筑物置于建筑群中央，而建筑内只有一部衣着简洁的神像。在泰国或柬埔寨，用象征稳定的公牛背上的隆起代表宇宙的中心。在建筑群的中心位置，往往会建造一个为神灵供奉祭品的祭坛。中国古代讲求"天圆地方"，圆形屋顶成为祭天建筑最完整的表现形式；而对于露天的祭天建筑来说，整个天际便成为其屋顶。[①]

第三节　园林：诗意栖居之所

园林是诗意的栖居之所，中西文化在此交相绽放。中国园林师法自然，追求诗画意境；西方园林则注重协调统一，彰显自由简朴之美。两者在几何与天然、艺术与自然、科学与浪漫之间展现出不同哲学追求。然而，正如前文所说，"中国潮"成为中西方园林艺术交流的重要纽带。本节将探索中西方园林魅力，比较其文化艺术特色，并聚焦"中国元素"在西方园林的独特表达，深化对园林艺术的理解与欣赏。

---

① 　罗杰威，王天赋. 中国古代祭天坛庙建筑中的学问［J］. 建筑与文化，2014（3）：119-120.

坐落在美国纽约大都会博物馆的明轩是中式园林出口的首次尝试。该庭园于 1980 年 1 月开始施工，由陈从周先生以及方聪先生主持，征调了苏州"香山帮"的能工巧匠参与施工，于 1980 年 6 月建设完成并对外开放。根据博物馆的现场条件以及使用要求，设计师在这个狭小的空间内设置了门厅、门廊、曲廊、半亭、水泉、山石等，整体布局简洁朴实而不失精巧细致。它吸收明画山水小品的特色手法，运用了空间过渡、视觉转移等处理技巧，使全园布局紧凑、疏朗相宜、清新淡雅。这处庭园集中体现了苏州古典园林的精华，成为境外造园的经典之作。明轩的成功开启了园林出口的先河，随后许多中式园林被"搬"到国外，使中国园林被更多的人所欣赏。

一、中国园林气韵

中国古典园林作为东方园林的代表，形成了一个独立的园林体系，具有自己独特的神韵与美感。蕴含在中国古典园林中的气韵主要体现在以下几个方面。

（一）师法自然

中国古典园林崇尚自然写意山水园风格，这种风格的形成既得益于中国古代传统哲学文化思想对中国古典园林的影响，又发自人们对自然美的认识和追求，同时也与社会的剧烈变革、政治动荡以及思想活跃程度密切相关。[①] 在中华文化的历史长河中，自汉武帝"罢黜百家，独尊儒术"后，儒学便成为中国古代文化的主流，在历史发展的进程中对中

---

① 周武忠. 理想家园 ［D］. 南京：南京艺术学院博士学位论文，2001.

国文化产生深远的影响。在创立和发展的过程中，儒学从道教中吸取"道生万物"的思想，逐渐完善自身的哲学思想体系。《周易》中强调天、地、人三才，重视以人为本，追求人与自然、人与人之间的和谐与统一。这些思想的形成，促进了中国人的艺术心境与自然完全相融，"崇尚自然，师法自然"也就成为中国园林所遵循的核心原则。同时，依照儒、道思想的提倡，生活应实现精神解放、自由逍遥，也就是生活应遵循自然，其外在表现就是隐逸。① 魏晋南北朝时期，随着中央集权走向衰落，社会呈现动荡，文人士大夫们选择退居山林，寄情于山水，形成一种隐逸之风。于是，人对自然的审美意识逐步苏醒，隐居于自然山水之中能深深体会到山水的自然之美，审美意趣由人工美逐渐转向自然美，并成为审美主流。随之便产生了寄托士人隐逸思想的文人园林，核心内涵是营造一个包罗万象、精炼而又不失自然生态的山水环境。这种思想在很大程度上影响了中国园林后期的发展。

筑山是园林中一项极为重要的工作，园林假山是真山的精致缩影，通过抽象化与典型化的筑形手法，需要在较小的空间内展现出山林的深邃，营造出千岩万壑的气势。中式园林有许多保存较好的优秀叠山作品，最高一般不过八九米，无论是模拟真山的全貌还是选取真实山峦的一角，均能以小见大，精妙地再现峰峦、岭岫、洞谷、悬岩、峭壁等形象的微缩景致。水则是园林中最具多样性的要素。园林内开凿的各种水体形态丰富、类型众多，均是对河、湖、溪、涧、泉、瀑等自然界水体的艺术化概括。水面即使再狭窄，亦须曲折有致，并以山石造型点缀岸、矶，以此体现疏水似无尽之意。有的园林水景还特意营造港湾、水口，以示源流脉脉。对于稍大一些的水面，则会堆筑岛、堤，或架设桥

---

① 周武忠. 理想家园［D］. 南京：南京艺术学院博士学位论文，2001.

梁，在有限的空间内尽可能模拟天然水景的全貌。园林的植物配置尽管姹紫嫣红、争奇斗艳，但都以树木为主调，也是因为人们见到葱郁林木易联想到大自然枝繁叶茂、万类竞发的生态景象。因此，中国古典园林有着"虽由人作，宛自天开"的特点①。师法自然，是中国园林的灵魂（图3.43）。

图 3.43　苏州狮子林（资料来源：苏州园林旅游网）

（二）诗画情趣

中国园林，名为"文人园"，是饶有书卷气的园林艺术。清代钱泳《履园丛话》中这样评价"造园"："造园如作诗文，必使曲折有法，前后呼应，最忌堆砌，最忌错杂，方称佳构。"钱泳一言道破造园与作文的相似之处，从诗文中最能领悟造园之法，而园林又可兴游以成诗文。诗文兴情以造园，园成则必有书斋、吟馆，实作读书吟赏挥毫之所。因此，苏州网师园有看松读画轩（图3.44），留园有汲古得修绠处，绍兴有青藤书屋等。② 同时，人们在游览园林时的所见所感、所思所悟，也如同阅读诗文一般酣畅淋漓，园林的诗情也蕴含其中。在中国艺术理论中，历来就有"诗画同源"之说。中国园林既追求诗的意蕴，同时也讲

---

① 周维权. 中国古典园林史 [M]. 第3版. 北京：清华大学出版社，2008：15.
② 陈从周. 陈从周说园 [M]. 武汉：长江文艺出版社，2020：244.

求画的境界。① 中国的水墨画注重写意，是画家在游览名山大川后，在几案间挥洒而成。这种创作与园林艺术都是通过对大自然的抽象概括，从而达到"本于自然，高于自然"的效果。两者有着相似的创作道路：从假山尤其是石山的堆叠章法和构图经营上，我们既能看到自然山岳形态规律的概括与提炼，也能看到譬如"布山形、取峦向、分石脉"以及"主峰最宜高耸，客山须是奔趋"这类山水画技法的表现。园林的植物配置，要求其在姿态和线条方面展现天然之美与绘画意趣。因此，植物配置上所选择的树木花卉便深受文人画格调影响，呈现"古、奇、雅"之意，在讲究体态潇洒、色香清隽、耐细品玩味的同时，富有象征寓意。按照宋人郭熙《林泉高致》一书中的说法，"世之笃论，谓山水有可行者，有可望者，有可游者，有可居者。画凡至此，皆入妙品。但可行、可望，不如可居可游之为得"，那么，中国古典园林便如同一幅可居、可游的立体山水图画。②

图 3.44　网师园看松读画轩（资料来源：苏州园林旅游网）

---

① 周武忠. 理想家园 [D]. 南京：南京艺术学院博士学位论文，2001.

② 周维权. 中国古典园林史 [M]. 第 3 版. 北京：清华大学出版社，2008：15.

拓展阅读

在中国园林中，植物是造园意匠中重要的一笔，它本身常常可被解读出多种文化意蕴，自身富有象征意义；同时造园者以粉墙作纸，植物作画，于淡雅的色彩中彰显花木配置的画意，追求天然的山野画卷。

中国传统文化中，很多园林植物往往具有一定的象征意义，康熙在《避暑山庄记》中称"玩芝兰则爱德行，睹松竹则思贞操，临清流则贵廉洁，览蔓草则贱贪秽"。松柏常青，象征着永恒，被大量应用到颐和园、天坛、避暑山庄等皇家园林中。太平花寓意天下太平，也被应用到皇家园林中。颐和园中玉兰、海棠、牡丹的组合搭配赋予了玉堂富贵的象征意义。柿树寓意事事如意，石榴则有多子多孙之意，还有国槐"取三槐吉兆，期许子孙三公之意"，均广泛栽植在古典园林和百姓庭院之中。

受中国传统文化的影响，植物被赋予人格化的品质。古典园林中经常使用比德型的植物，松、竹、梅应用到园林中，形成"岁寒三友"，成为冬天的植物景观。被誉为"四君子"的梅、兰、竹、菊也相互组合，形成梅竹、梅兰、竹菊等搭配，应用到园林中，形成雅致的植物景观。荷花更是由于出淤泥而不染的高尚品格而被广泛应用。乾隆在避暑山庄松鹤斋院内遍植油松，饲养仙鹤，意在祝福其母亲如松鹤延年，长命百岁。[1]

（三）蕴藏意境

中国园林艺术充分利用自然界的水、石、植物等材料，通过人工造景，于咫尺之间创造出意境无穷的自然艺术景象。意境在中国艺术的创作和鉴赏过程中颇受重视，向来是极为重要的美学范畴。"意"可以理

---

[1] 陈进勇. 博古融今——传统园林植物景观的继承和创新 [J]. 中国园林，2016（12）：5—11.

解为主观的理念、感情，"境"则可理解为客观的生活、景物。造园者
将感情、理念融入客观生活和景物之中，从而引发观者的情感共鸣和理
念联想。[①] 园林意境便是通过眼前的具体景象，联想更加深妙广奥的境
界，是所谓"景有尽而意无穷"[②]。在禅宗文化中，规定的内容少，想
象的空间就大。简约简单，反而能留出更大空间供人们去揣摩与思
考。[③] 比如，扬州个园中堆叠砌筑假山，采用黄石、太湖石等材料造
景，讲究形态，往往呈现瘦、透、漏、皱的特点，烘托意境，也起到分
隔和点缀空间的作用，并与植物搭配，增添园林野趣的自然美（图
3.45）。此外，许多园林也通过楹联、匾额、诗词等来点明造园主题，
达到深化意境的作用，如苏州拙政园"与谁同坐轩"，身处其间待到水
映月影、清风徐来之时，可品味到苏轼"与谁同坐，清风明月我"的诗
情画意（图 3.46）。

图 3.45　扬州个园假山（资料来源：孙凯）

---

①　周维权. 中国古典园林史［M］. 第 3 版. 北京：清华大学出版社，2008：34.

②　杨鸿勋. 江南园林论［M］. 北京：中国建筑工业出版社，2011：257.

③　周武忠. 理想家园［D］. 南京：南京艺术学院博士学位论文，2001.

图 3.46 拙政园与谁同坐轩（资料来源：苏州市园林和绿化管理局）

二、西方园林意趣

西方园林艺术主要以意大利、法国和英国为代表，其艺术风格具有协调统一、主次鲜明、自由简朴的特征，追求严谨的理性，一丝不苟地推崇纯粹的几何构图和数学关系。在不同时期，西方园林都展现出了自身独特的艺术魅力。

（一）协调统一

意大利园林在"协调统一"这一特点上尤为突出。其平面设计通常呈现严整对称的特点，建筑往往位于整个园林的中轴线上，偶尔位于庭院的横轴上，或设在中轴的两旁（图 3.47）。整座园林如同一幅精致的图画，以树木、水池、台阶、植坛和道路等的形状、大小、位置及其相互关系作为构图要素，连道路节点上的喷泉、水池和道路的尺寸都讲究优美的比例，整体布局精致，尺度宜人。在意大利园林中，水具有十分重要的地位。在下层台地，设计者利用水位高差巧妙地设计喷泉，或与雕塑进行结合，或塑造形态各异的喷水造型和花纹，或在喷水技巧上大做文章，设计出如水剧场、水风琴等具美化效果的水景，此外，还有一些取悦游人的魔术喷泉。众水汇聚于低层台地，形成平静的水池，进而构建出宽广的运河。设计者会在水池与周围环境的关系上特别留意，使之具有良好的比例和适宜的尺度。同时，喷泉与背景于色彩、明暗方面的对比也经过精心安排。因而，意大利园林的美就在于明晰与匀称的总构图之下，园林要素本身的优美以及要素之间比例的协调。园林整体看起来十分统一、和谐（图 3.48）。[①]

图 3.47　意大利园林正面图（资料来源：孙凯）

图 3.48　意大利园林俯瞰图（资料来源：孙凯）

　　[①]　王兰. 东西方园林对比——浅谈中国园林与法国园林 [J]. 现代装饰（理论），2012（11）：160.

（二）主次鲜明

法国园林在"主次鲜明"这一特点上尤为突出。在园林布局上，宫殿或者府邸通常坐落于地势的最高点，以达到统领全园的效果。宫殿或府邸建筑前修建有通向城市的笔直林荫道，其后又与花园紧邻，花园外侧围以一望无际的葱郁林园，宫殿或府邸的轴线贯穿花园和林园，占据整座园林的构图中心。次级轴线对称地布置于中轴线两侧，与宫殿或府邸的立面形成呼应，纵横相交的轴线组成了园林布局的骨架，构架出一个主次鲜明、纲目清晰的几何网（图3.49）。法国古典园林的组景多采用平面图案式，以轴线控制的方式来进行园区的设计。与意大利园林轴线的单纯几何对称不同，法国园林的轴线主次分明、重点明确。一切最精美的景观要素，如最华丽的植坛、最辉煌的喷泉（图3.50）、最精致的雕像、最壮观的台阶，都优先集中在轴线上或其两侧。这样的设计把主轴线作为艺术中心，反映着绝对君权的政治理想。在构园时，也强调主从关系，宫殿如同众星拱月一般，形成一种独特的视觉效果①（图3.51）。

图3.49　凡尔赛宫园林俯瞰图（资料来源：凡尔赛皇宫官网）

---

① 果治. 西方园林艺术特色浅析 [J]. 技术与市场（园林工程），2007（9）：41-43.

图 3.50 凡尔赛宫喷泉（资料来源：凡尔赛皇宫官网）

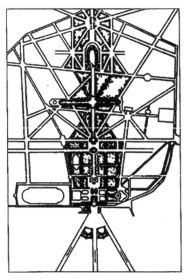

图 3.51 凡尔赛宫及园林平面图

［资料来源：陈志华. 外国建筑史［M］. 北京：中国建筑出版社，2010：415］

（三）自由简朴

18 世纪中期以后，西方园林的发展进入了全新的阶段，英国自然风景式园林的兴起便是这一阶段到来的标志，也成为现代园林发展的基础。在这一时期，英国的自然式园林在一定程度上受到中国造园艺术的影响。这种新型园林打破了以意大利园林和法国园林为领导的园林艺术主流传统。它不仅在形式上使园林与自然景观融合，而且在内容上摆脱了园林强调人造工程之美、人工技艺之美的模式，形成了全新的风景式园林——即以形式自由、内容简朴、手法简练、美化自然等为特点进行营造的园林形式。当时，英国古典主义思想逐渐败落，一些传教士将与中国有关的信息带回英国，并传播至欧洲其他国家。中国的政治、伦理等影响着欧洲的启蒙思想家，这使欧洲人对中国的文学、艺术、园林等文化领域产生了浓厚的兴趣，形成"中国热"。[①] 1772 年，钱伯斯著《东方造园艺术论》着重阐述了中国造园艺术，予中国园林以高度评价，并极力提倡在英国风景式园林中吸取中国园林意趣的创作。1763 年，钱伯斯在为王太后主持邱园（Kew Garden）设计和建造时，便运用了一些中国园林的造园手法，如辟湖叠山、构筑岩洞。钱伯斯的著作和邱园设计对当时的英国人影响极大。这一时间段的英国各地掀起了仿效中国园林的新一轮风潮，池、泉、桥、洞、假山、幽林等自然式布局风格占据了新建园林的主流。1793 年，英国使者马卡尔尼（George Macartney）到北京，曾"奉旨在圆明园万寿山等处瞻仰并观水法"[②]。勃朗（Lancelot Brown）是英国风景园杰出宗匠。他惯于用树丛遮断规则式绿地，把成行林木分为若干组团，将规整池泉改为湖沼，林谷交织，通过简洁的手法，以小见大。[③] 18 世纪英国风景式园林受到中国古典园林的影响，从而呈现出不同于欧洲古典主义园林的景致，如霍华德庄园、邱园、斯陀园（图 3.52）等。这类园林借鉴中国园林手法，尊重自然，减少对直线、几何形等规则形式的运用。花园的主体是大片的缓坡草坪，花园向建筑外围自然延伸，呈现出开放性与公众性（图

---

① 朱建宁. 情感的自然 英国传统园林艺术 [M]. 昆明：云南大学出版社，1999：78.
② 童寯. 中国园林对东西方的影响 [J]. 建筑师，1983（16）：11—14.
③ 童寯. 园论 [M]. 天津：百花文艺出版社，2006：41.

3.53）。这个时期，中国园林风格不仅对英国园林的发展变化产生了浓厚影响，同时也间接对欧洲园林的变革起到了推动作用。18世纪中叶，法国人把中式、英式园林作比较，发现两者风格很相似，因而提出了"英华园庭"（Jardin Anglo-Chinois）一词。1750年，孟德斯鸠访问英国，返法之后，立即开始营造"英华园庭"，以满足其既理性又浪漫的田园式生活需求。最著名案例是法国路易十四在凡尔赛宫为蒙台斯班夫人建造的蓝白瓷宫（Palais de la Porcelaine）。仅巴黎一地，就有含中国式桥、亭的园林20多所。德国在风景园方面的著述翻译不少于法国，在柏林波茨坦忘忧宫（Sans Souci Palace）中建有中国式茶厅，其他地方也有"龙宫"、水阁、宝塔等点缀的园林①。

图3.52　英国斯陀园（资料来源：英国旅游局官网）

图3.53　英国自然式园林（资料来源：英国旅游局官网）

---

① 童寯. 园论［M］. 天津：百花文艺出版社，2006：45.

三、中西方园林文化特征比较

中西方园林都反映了人类对于身处环境的主观性改造以及对于美学的理解，并且在长久的发展之中各自形成别具一格的园林文化。由于文化背景的迥异，中西方园林景观设计在核心精神上也具有极大的差异。接下来，我们将对中西方园林文化特征进行比较，进一步加深对中西方园林的理解。

（一）几何美与天然美

西方古典园林极力追求规整的几何美，造园要素的布局与形态十分规则，或方、或圆、或方圆组合，或添加一些波浪式的形态活跃气氛。整个园林处处呈现出经人修剪和打理的人工状态，有意展示人的存在与征服自然、改造自然的主观能动性。中国的古典园林同样经过艺术家精心设计、工匠精心施工，却似无人工干预一般，自然与周围环境融为一体，呈现浑然天成之感。中国古典园林不刻意强调人对自然的改造，在含蓄内敛中显现低调精致，体现一种遵循自然、"天人合一"的思想境界。

在布局上，西方古典园林追求的几何美，不单是形体的方圆控制，更体现在园林的整体平面布局上，这种符合数学法则和科学规律的轴线对称正是其美学追求。以意大利台地园和法国园林为代表的西方古典园林，将园林视为建筑物的延伸和拓展，强调轴线对称，要求花坛、水体、山石都按照几何图案和几何形体规划。这也是西方人重理性的表现。相比之下，中国园林的平面布局完全摆脱轴线束缚，在该对称处对称营建，不需对称处则自由随意，依山而建，顺势而为。中国园林经常有"山重水复疑无路，柳暗花明又一村"的感觉，看似行至空间尽头，突然别有洞天的景色显现眼前，这也正是中国园林中"步移景异"的美学。

（二）艺术美与自然美

西方哲学认为，人要征服自然、改造自然，强调人的主观能动性，以人类创造的各项法则对自然进行设计，将人的美学法则应用于自然之中。在西方人的理念中，自然是无序的、杂乱的，而人为的修整可以展现出自然的美丽，被赋予人类规则的艺术美常被视为高于自然美。德国古典哲学家黑格尔也主张艺术美应追求抽象形式的美，注重整齐一律、平衡和对称，符合规律。这种审美观念在西方古典园林中得到了充分的体现，园林都修剪得整齐对称、严谨规整，展现了他们认为的和谐和所崇尚的美学，一种严格的科学美、人工美。

相较之下，中国哲学更着重于自然美，认为自然美才是最高境界的美。经验主义主导的东方感性美学促使中国的不规则式园林的形成，这类园林更加注重情感传递。中国园林艺术倡导，越接近自然越符合美学观念，要以画家的思维、诗人的情怀来创造园林景观。这便是基于自然观的造园思想，源于自然，又高于自然，借鉴中国文人山水画的思想和要素，追求诗情画意、浪漫意境和自然写意。

（三）科学与浪漫

西方很多艺术家都很注重数学，强调比例和理性。西方造园艺术家很早就开始积极探索并总结几何学中的数学规律，并将总结得到的规律巧妙地吸收并运用到景观、园林和建筑设计中。例如，黄金分割比被广泛应用在西方园林设计中。

而中国的园林设计对科学性的考虑尚少，更强调设计师情感的抒发，传递深奥的哲学思想，营造朦胧浪漫的园林意境。中国园林同时借鉴山水画的经验，在创意、布局、构图、要素和意境等各方面追求画境与文心的完美融合。

（四）不同的哲学观：天人合一与人胜于天

中国古典园林深受儒家、道家、佛家的影响。例如，在儒家思想进取、关爱与和谐的主导下，中国古典园林的设计重视以人为本，强调关爱他人、突出人性、注重情感。道家思想追求无为而治，顺应自然，这使得中国古典园林依地形地势而建，不对自然做过多的改造。而佛家崇尚禁欲、修行、养心和解脱，宣扬善有善报、恶有恶报的因果报应观念，佛家慈爱众生，无私奉献，不计较得失，惩恶扬善，这就使得中国古典园林追求空灵之美。尽管儒、道、佛三家的核心思想各有侧重，但它们共同关注着生命的价值和人的内心世界。这在中国古典园林中也得到了体现，即人的能力有限，顺应自然，天人合一。

相比之下，西方人更鼓励征服自然、改造自然，把人的智慧运用于大自然。因此，西方园林的设计与改造过程中，常留下较突出的人工痕迹。西方人注重探索自然规律，如黄金分割比例法则等几何规律是西方科学的智慧结晶，他们也积极将这些几何规律运用于设计与建造中。

（五）建筑主导与景观主导

中国园林是园林主导建筑。中国文人士大夫创造出来的自然山水式的园林，追求天然之趣、自然之美，平面布局随意，没有固定范式，以自然山水为主角，以亭台楼阁、轩榭廊舫为配角。园林布局迂回婉转，建筑在园林中随势而建、轻盈灵动。而西方园林则是建筑主导园林，建筑有明显的中轴线，在轴线控制下，园林的设计布局徐徐展开，道路、绿植、水体、雕塑随主轴延伸，均匀对称。为了使园林和建筑协调统一，西方园林中的植被常常被建筑化、几何化。例如，灌木被修剪成几何形体，山石被塑造成雕塑，叠水也被扁平化做成水帘水幕等，这些设计都遵守着园林服从建筑的秩序法则。[①]

四、中国元素在西方园林中的表达

英国的自然风致园和"英中式"园林曾一度盛行。其中，邱园就是受中国园林影响较大的"英中式"园林。邱园面积广阔且风格独特，园内有古典风格的建筑。其设计者钱伯斯受中国园林风格的启发，在邱园中建造了一座拱桥、一个柑橘园，同时在湖心修建了一座中式风格的凉亭，还在湖畔修建了一座佛塔。[②]

除了英国，中国园林也对其他欧洲国家产生了影响，具体体现为部分园林要素的中国化。

法国汉学家亨利·柯蒂埃（Henri Cordier）曾说："在一个秀气的园林里面放置一个中式亭子，对所有的大领主和富有的金融家来说好像是花园必不可少的装饰。（因为）它的体积小，很快替代了流行了很长时间的很多柱子支撑起来的圆形古典小庙。"[③] 当时，欧洲国家的园林中频频出现中国桥、塔、亭阁等建筑，以及假山、蜿蜒小径和曲折河流

[①] 袁承志. 浪漫与科学：中西园林景观设计核心精神比较 [J]. 华中建筑，2019（11）：109—114.

[②] 陈正勇，杨眉，朱晨. 中国建筑园林艺术对西方的影响 [M]. 北京：人民出版社，2012：268.

[③] 亨利·柯蒂埃. 18世纪法国视野里的中国 [M]. 上海：上海书店出版社，2006：70—71.

等元素。比如，巴黎西郊的黑滋僻境园内有羊肠小道、断瓦残垣及中国亭，德国沃利兹府邸花园也出现中国桥、亭、小径、河道等园林要素。

此外，中国园林对西方的影响不仅仅表现在建筑形式、布局以及景观要素布置上，还体现在 18 世纪末期兴起的中国植物引进风潮上。在英国，随着自然风景园的盛行，园林中的植物形态和色彩组合越来越受到重视。由此促使许多中国植物被引入西方，诸如绣球花、牡丹和菊花落户英伦三岛。1804 年，威廉·克尔（William Kerr）引进了卷丹和中国杉木。而 1816 年，约翰·里夫斯（John Reeves）引进了紫藤。

从对东方建筑文化和园林美学的追捧，到将中式园林形式及元素融入设计实践中，这一系列变化展现了"中国潮"在西方国家的盛行。"中国潮"作为一种风尚，在一定程度上对西方的审美意趣产生了影响。

拓展阅读

意趣是中国园林美学中的重要范畴，本于自然、高于自然的园林意趣浸润着文学、绘画以至造园手法的方方面面。其中，造园意趣与文学的结合，可从计成所著《园冶》中体悟一二：

梧阴匝地，槐荫当庭；插柳沿提，栽梅绕屋；结茅竹里，浚一派之长源；障锦山屏，列千寻之耸翠，虽由人作，宛自天开……移竹当窗，分梨为院；溶溶月色，瑟瑟风声；静扰一榻琴书，动涵半轮秋水，清气觉来几席，凡尘顿远襟怀；窗牖无拘，随宜合用；栏杆信画，因境而成。制式新番，裁除旧套；大观不足，小筑允宜。

——《园冶·卷一·园说》

园林巧于"因""借"，精在"体""宜"，愈非匠作可为，亦非主人所能自主者，须求得人，当要节用。"因"者：随基势之高下，体形之端正，碍木删桠，泉流石注，互相借资；宜亭斯亭，宜榭斯榭，不妨偏径，顿置婉转，斯谓"精而合宜"者也。"借"者：园虽别内外，得景则无拘远近，晴峦耸秀，绀宇凌空，极目所至，俗则屏之，嘉则收之，不分町疃，尽为烟景，斯所谓"巧而得体"者也。

——《园冶·卷一·兴造论》

思考

1. 除紫禁城外，沈阳故宫也是中国古代重要的宫殿建筑。其始建于后金，是清代努尔哈赤和皇太极两朝的宫殿。请自行搜集相关信息，并说一说其建筑中所蕴含的文化特征。

2. 祈年殿作为天坛的主要建筑之一，其设计处处体现象征手法。请自行搜集相关信息，并说一说其具体表现在何处，有哪些文化意蕴。

3. 中国园林的形成是在什么时期？构成传统园林的四大元素包括哪些？中国古典园林按照隶属关系可以分为皇家园林、私家园林、寺观园林，其中皇家园林又包括哪三种类型？

第四章

Universalism or particularism：
管理中的"情"与"理"

资源是会枯竭的，唯有文化才会生生不息。①

—— 任正非

每一个"出海"企业都会遇到"文化冲突"这一关。有的企业走过去了，柳暗花明；有的企业没有走过去，只能铩羽而归，望洋兴叹。请看下面这个案例。

文化冲突——企业"走出去"的第一堂必修课

《美国工厂》（*American Factory*，2019）是一部由网飞（Netflix）出品、美国前总统奥巴马投资的纪录片。该片讲述了中国玻璃大王曹德旺投资 5 亿美元在美国俄亥俄州的老工业城代顿市开厂的事情，展现了很多关于中美文化差异的内容。

2008 年，位于美国代顿的通用汽车生产工厂停产，导致该厂的所

---

① 陈春花. 组织发展 ｜ 自我批判的华为：资源是会枯竭的，唯有文化生生不息［EB/OL］.（2020－06－18）［2022－03－24］. https://www.sohu.com/a/402587515_732415.

有工人失业。从此，代顿成为美国的一道"铁锈"。2013 年，中国民企福耀玻璃工业集团股份有限公司（简称"福耀公司"）到此开厂。一开始，所有工人都很乐观，工作积极性较高。工厂有一小部分来自中国的工人，负责指导当地工人。工人们相处融洽，甚至相互邀请到彼此家中做客。

2016 年，工厂正式恢复运营，福耀公司组织了盛大的开工典礼，曹德旺亲自布置和安排会场。其间，一位美国员工直接邀请曹德旺去家里吃烧烤，而中国员工则显得较为拘谨。由于工厂迟迟未能盈利，公司组织部分美方管理人员到中国总部，参观并学习了中国工厂的管理方式，还参加了公司的年终晚会。这让他们了解到福耀公司提高效率和管理员工的方法。其中让人印象十分深刻的片段是具有"军事化管理"风格的班组早会，班组成员一一列队、报数并齐声喊口号，彰显集体主义和团结性，但这让美方管理人员略感尴尬。更为有趣的是，其中一位美方管理人员回到美国工厂后尝试用同样的方式进行班组管理，但崇尚个人主义的美国员工并不配合，效果可想而知。除了这些片段，纪录片中还有很多场景突显了中美文化差异，值得细细品味。

那么，在中国和西方社会，企业在管理方面有哪些不同？企业如果要实现跨国发展，应该注意哪些方面呢？本章将聚焦企业文化，带领大家了解中西方企业关于"情"与"理"的不同看法。

第一节 "情"与"理"：中西管理的
社会文化根基

一、享誉全球的文化模型：霍夫斯泰德和强皮纳斯的真知
灼见①

（一）霍夫斯泰德的文化维度理论②

文化维度理论在跨文化理论中影响力较大，由荷兰管理学者霍夫斯泰德（Geert Hofstede）提出。该理论源自霍夫斯泰德关于国际商业机器公司（International Business Machines Corporation，简称 IBM）的实证数据研究。20 世纪 70 年代，IBM 作为当时为数不多的跨国企业之一，对其分布在 40 个国家和地区的 11.6 万名员工（大多为工程师）进行了文化价值观的调查。那时，霍夫斯泰德正在 IBM 从事关于数据分析的工作。他的逻辑是：在 IBM 工作的工程师大都具有相似的教育背景和智力水平，个性特征也趋于一致，因此，他们对同一问题作出的不同回答很可能反映他们成长的文化环境对其价值观产生的影响。

通过对 IBM 员工就大量问题（如"我总是比我们重要""上级应该视下属为与自己一样的人，而下属也应对上司同等对待"等）的答案进

---

① 本部分内容主要参考陈晓萍. 跨文化管理 [M]. 北京：清华大学出版社，2016：33
－41，58－74.

② 本部分内容主要参考霍夫斯泰德. 文化与组织：心理软件的力量 [M]. 李原，等译.
北京：中国人民大学出版社，2010.

行统计学上的因素分析，霍夫斯泰德发现了四大因素，即"个人主义与集体主义"（Individualism VS. Collectivism）、"权力距离"（Power Distance）、"阳刚气质与阴柔气质"（Masculinity VS. Femininity）和"不确定性规避"（Uncertainty Avoidance），可被用以区分民族文化对员工工作价值观和工作态度的影响。20 世纪 80 年代后期，霍夫斯泰德又重复了多年前的这项研究，但这次的样本涉及超过 60 个国家和地区。第二次研究不仅再次证实了四大因素的存在合理性，同时又发现了一个新的因素——"长期导向与短期导向"（Long-term Orientation VS. Short-term Orientation）。

1. 个人主义与集体主义

"个人主义与集体主义"指向人们关心群体成员和群体目标或者自己和个人目标的程度。在个人主义社会中，人与人之间联系松散，人际交往显得疏远，人们只关心照顾自己及其核心家庭。相反，在集体主义社会里，人们从出生起就主动或被动地融入强大而紧密的内群体中。

霍夫斯泰德的研究结果表明，美国在个人主义上的得分最高（91分，满分为 100 分），居世界首位，而中国在个人主义上的得分则较低。一个直观的例子是美国人聚餐时基本采用 AA 制，而中国人则更多地讲究"有来有回"。

2. 权力距离

"权力距离"指向一个社会中人们对权力分配不平等这一事实的接受程度。在社会接受程度高的情况下，权力距离较大，社会层级分明；而在接受程度低的社会中，权力距离较小，人与人之间相对平等。在权力距离较大的文化中，组织通常层级分明，更倾向于采用自上而下的决策方式，如日本、韩国或中国的企业；而在权力距离较小的文化中，组织结构通常较为扁平，更倾向于采用自下而上的决策方式，即使是底层人员也敢于表达自己的想法，如美国和北欧的公司。比如，在《美国工厂》中，有位美国工人厉声质问管理者为何将餐厅改造为车间，甚至说管理者的办公室也应该改为车间，而这一举动在中国则很少出现。

3. 阳刚气质与阴柔气质

"阳刚气质与阴柔气质"指向人们强调自信、竞争、物质主义（阳刚气质）与强调人际关系和他人利益（阴柔气质）的程度。阳刚气质上，中国大陆与美国并无显著差异，而日本的得分则很高，居60多个国家/地区中的第二位。阳刚气质文化中，组织根据绩效结果给予奖励，若产生劳资冲突，主张通过正当斗争解决；阴柔气质文化中，组织更可能根据需求给予奖励，若产生劳资冲突，更愿意通过妥协和谈判来解决。

4. 不确定性规避

"不确定性规避"指向人们忍受模糊（低不确定性规避）或者感到模糊和不确定性的威胁（高不确定性规避）的程度。不确定性的实质是一种主观体验。在不确定性规避上，中国大陆略低于美国，远远低于日本。高不确定性规避的社会对于规则的需要是情感性的，处于其中的人们从孩提时代起就被心理编程，认为在结构化（即规则明确）的环境中才会舒适；而在低不确定性规避的社会中，人们对于成文的法规表现出深深的厌恶，认为只有到万不得已时才应该制定规章制度，就像决定车辆左行还是右行那样，与前者形成鲜明对比。

5. 长期导向与短期导向

在"长期导向与短期导向"这一术语中，前者培育和鼓励以追求未来回报为导向的品德（如坚韧、节俭），后者培育和鼓励关于过去和当前的品德。长期导向的社会重视传统，有凡事都想到未来的倾向，如中国、日本、越南、韩国等。英国、美国、加拿大等欧美国家则处于短期导向社会一端。一个直观的例子是中国人比美国人更加看重储蓄。

霍氏的文化维度理论一经提出，立即在管理学界引发了很大反响，同时也掀起了一股文化研究的热潮。该研究提供了一幅基于 60 多个国家和地区文化价值观的世界地图，描述了文化相对的革命性理论及其在不同职业中的应用，揭示了不同文化背景下的人们在企业、家庭、学校以及政治组织中思考、感受和行动的规则。经过后续研究的不断拓展，目前已有超过一百个国家和地区的文化价值观纳入该世界地图。

拓展阅读

霍氏文化维度理论的研究者建立了一个网站，该网站在五大因素的基础上，提出了第六个因素——放纵享乐（indulgence），并对每个因素给出了详细的解释，同时还能对不同国家和地区在这六大因素上的得分差异进行比较，快快访问该网站（https://www.hofstede-insights.com/product/compare-countries/.），探索你所感兴趣的国家和地区的文化特征吧！

（二）强皮纳斯的文化架构理论①

另一位荷兰管理学者强皮纳斯（Fons Trompenaars，也译作"特姆彭纳斯"）提出的文化架构理论虽然未基于严谨的实证研究，却也为跨

---

① 本部分内容主要参考冯·特姆彭纳斯，查尔斯·汉普顿－特纳. 跨越文化浪潮［M］. 陈文言，译. 北京：中国人民大学出版社，2007.

文化管理提供了不少启示。该理论中，国家和民族文化差异主要体现在七大维度："普遍主义—特殊主义"（Universalism－Particularism）、"个体主义—集体主义"（Individualism－Communitarianism）、"中性文化—情绪文化"（Neutral－Emotional）、"关系特定—关系弥散"（Specific－Diffused）、"注重个人成就—注重社会等级"（Personal Achievement－Social Hierarchy）、"长期导向—短期导向"（Long-term-Short-term Orientation）、"人与自然的关系"（People and the Nature）。其中"个体主义—集体主义"与"长期导向—短期导向"与霍氏的文化维度理论类似，下文不再赘述。

1. 普遍主义－特殊主义

"普遍主义－特殊主义"最早由社会学家帕森斯（Talcott Parsons，1951）提出。普遍主义者强调用法律和规章指导行为，这些指导原则不应因人而异，人们要以客观的态度对待一切事物，且世界上只存在唯一一个终极真理，也相应地只有一种正确解决问题的方法。相比之下，特殊主义者则强调针对特定问题的具体分析、解决方案应当因人而异、因地而异，并相信一切都是相对的，世界上没有绝对的真理，也不存在唯一正确的方法。在企业管理的层面，普遍主义和特殊主义的区别较为显著。在普遍主义社会中，管理强调建立能为大多数人服务并且满足大多数人要求的制度和系统。一旦这样的制度和系统建立，人人都必须遵守，任何可能破坏准则的行为都应该被抵制。相反，在特殊主义社会中，管理的特点是"人治"，制度虽有，却大都停留在纸面上。遇到问题时管理者和员工都倾向于通过关系或熟人来解决，而非通过正规渠道。显然，普遍主义的产物是机械的、僵化的，不善于随机应变；而特殊主义则具有很强的灵活性和适应性，愿意根据具体情形调整自己的标准和行为，立足特殊之处来处理问题。有趣的是，来自两种不同文化的人都倾向于认为对方是"道德沉沦"的。普遍主义者谈起特殊主义者会说："不能信任他们，因为他们总是偏袒朋友。"而特殊主义者则会认为普遍主义者"靠不住，他们连朋友都不帮"。在美国，倾向于普遍主义的人较多。

2. 中性文化—情绪文化

"中性文化—情绪文化"主要指向人际交往中情绪外露的程度。中性文化里的人们一般不会轻易表达自己的感受，而是会小心谨慎地克制自己的情绪。由于较少情绪外露，人与人之间的沟通交流往往通过用心领会来实现，很少会有身体上的直接接触，人际关系较为微妙。相反，情绪文化里的人们很容易用大笑、微笑、做鬼脸、皱眉或做手势等方式表达自己的感受，他们更愿意即时宣泄自己的情绪，沟通交流直接外放，身体的接触比较自然，有较多的肢体语言。需要注意的是，中性文化不一定意味着冷漠或无动于衷，人们表达情绪的方式通常是约定俗成的。较典型的中性文化国家为日本、中国和其他亚洲国家；较典型的情绪文化国家为西班牙和一些南美国家，如巴西，美国则处在两者之间。中性文化的视野里情绪激昂的行为通常是为人所避免的，情绪外露的人常被打上不稳重、不成熟、缺乏自控能力的标签。相应地，人们对他人的表情变化较为敏感，察言观色的能力相对较强。而情绪文化中情绪外露不仅是自然的，还是加强自己观点的重要手段，不表露感情是冷血和无趣的代名词，激情是热爱生活和生命活力的充分显示。

3. 关系特定—关系弥散

"关系特定—关系弥散"可用来描述和解释不同文化中生活的个体在人际交往上的巨大差别。这个维度源自著名社会心理学家卢温（Kurt

Lewin）的圆圈拓扑理论。卢温发现美国人的人际交往方式和德国人差别较大，对此展开了深入研究，并于 1934 年出版《拓扑心理学的原理》（*Principles of Topological Psychology*）。他提出了两类交往方式，一类是 U 类方式（即关系特定类型），另一类是 G 类方式（即关系弥散类型）。在关系特定类型文化的国家（如美国），人们倾向于明确地区分不同的生活领域，这些领域不会相互渗透或重叠，所以什么事都"一是一，二是二"，不会混淆，如"对事不对人"就是将事与人分开的思维习惯的结果。同时，人们认为管理是帮助企业实现目标的重要过程，是一种技术，要有明确的目标、清晰的报酬和目标的换算关系、精确详尽的指令、"对事不对人"、工作关系淡漠，只专注于个人工作。相反，在关系弥散类型文化的国家（如中国），人们则倾向于把所有的生活领域都联系起来，相信所有事物之间也都存在千丝万缕的联系。他们也倾向于将管理视为一门艺术，认为其需要在实践中不断改进和完善。人们在工作内外都应该保持联系，对个人的判断不仅仅基于他们的工作表现，还要基于他们的各种特点、个性和人际关系能力，进行综合考量。给出指示不需要太精确和彻底，因为过于详细和烦琐的指示会被视为限制个人的主观能动性。

4. 注重个人成就—注重社会等级

在注重个人成就的文化中，个人的社会地位和他人对个人的评价取决于他们最近的绩效记录。在注重社会等级的文化中，个人的社会地位和他人对个人的评价取决于他们的出身、血缘关系、性别或年龄，或者是他们的人际关系和教育背景。

5. 人与自然的关系

"人与自然的关系"即人们与环境的关系。在这个话题上，存在着两种截然不同的价值取向：控制环境的价值取向和适应环境的价值取向。不同的价值取向直接影响着人们在日常生活和社会管理中的行为模式。控制环境的价值取向强调组织和自身职能的运作与实现，一旦环境超出自己控制的范围，就会产生不适；适应环境的价值取向主张与环境和谐共生，承认环境对未来发展的影响。

二、儒道哲学与新教伦理：中西管理文化差异的社会根源

（一）儒道哲学下的中国管理文化

历经演变的儒道哲学思想，不仅是中国人的心理结构、行为意向及生活方式的产物，还进一步发展、维持及巩固了中国人的心理结构、行为意向及生活方式，亦对管理有着深刻影响。儒家立足于中庸视角，强调管理中的伦理规范；而道家立足于阴阳视角，强调管理中的顺势而为。

1. 儒家的仁、礼、义伦理体系[①]

中国文化历来"重情"，在中国几千年的文明发展中，社会中的意义单位不是个人而是家。正是由于对家的看重，中国社会成员倾向于将与家人的相处方式泛化到社会生活的其他领域，人情、关系、面子逐渐成为人们日常交往的重要法则。

《礼记·礼运》中有言："何谓人情？喜、怒、哀、惧、爱、恶、欲，七者弗学而能。"可见，人自发的、基本的、天然的情绪和情感与

[①]　本部分内容主要参考任晗. 工作场所人情感知与规则意识的影响因素、作用后果实证研究 [D]. 成都：四川大学博士学位论文，2018.

早期儒家所讲的人情并无明显区别。但随着儒家体系中伦理地位的日益提升，中国人后来所说的人情已并非人的本能情感。儒家认为人人都有七情六欲，但人不可任情而为，而必须在一种符合社会义理的路线上限制人情，使人的自然情感得以恰当表达，这个规则就是仁、礼。仁、礼是儒家思想系统中两个基本范畴，孔子建立了以仁为本源，以礼为表征，仁礼合一的思想体系。人情实质上就是儒家思想通俗化了的流行观念，其外在须符合礼的规范并且须内化成仁。礼是外在的规范，是一切文教与制度、日常行为规范的总称。儒家在继承西周以来礼乐教化传统的基础上，更加强调社会性的道德伦理和个体人格修养。

所谓克己复礼，就是要求人克制自己的欲望，不随意宣泄自身的感情，并且使自己的视听言行符合礼的规范。然而，孔子认为礼只是外在行为表现，最根本的是要从外表进入心理。正是在这一层意义上，孔子提出了一个影响了中国整个文化走向的、成为中国传统思想核心的概念：仁。仁是一种不安、不忍、不容己的道德情感与心理状态，更是人格修养的境界，其基本内涵是爱人。孔子认为仁先从家庭做起并用于社会，先从自己做起并从自己的心理去推及他人的心理，而推己及人的重要基础在于人人皆有情，有普遍性的、一般性的和天性的恻隐之心。当情为人性之本，又要实现"克己复礼成仁"的境界，儒家则引入"义"的概念作为一种措施使之顺利达到。"何谓人义，父慈、子孝、兄良、弟悌、夫义、妇听、长惠、幼顺、君仁、臣忠，十者，谓之人义"（《礼记·礼运》）。由此，人情成为人际关系中被伦理化、具有仁礼义意味的人与人之情。

由于儒家思想在很长一段时间作为官学而存在，在中国，即便是从未读过儒家经典的普通百姓，其言行也在灵活地践行着儒家思想的精髓，因此人情便成为中国社会大众为人处世的态度，代代相传。现代企业诞生于西方文化领衔下的资本主义经济，企业管理强调的是理性绩效原则，遵循的是普遍主义化的道德规范，讲究"公事公办""一视同仁"。人情与现代企业管理似乎格格不入，理性与情感难以并存。然而，与西方文化不同，中华文化对普遍主义和特殊主义不做二元对立的划分，生活工作上的做人做事及其判断不仅单从理性的、逻辑的思维和条文制度的角度来考虑，还要从具体的、情境的和个别性来考虑。这种"情理合一"的思维方式正是受到了道家哲学思想的影响，理性与情感并不是"非此即彼"，它们深刻影响着每一个中国人的办事方法和处世态度，并在管理活动中得以彰显。

2. 道家的阴阳哲学思想①

"一阴一阳之谓道"（《周易·系辞》），道家的核心便是阴阳。阴阳可用庄子的"物无非彼，物无非是……彼出于是，是亦因彼。彼是，方生之说"的理念具体表达。阴阳学说就是"一分为二"哲学思想的体现和研究世界的分析方法。阴阳学说起源于殷商时期，在春秋战国时期得到了飞速的发展，到西汉时达到顶峰，董仲舒的《春秋繁露》更是以阴阳学说来奠定封建社会的伦理纲常。西汉以后，随着统治者"罢黜百家独尊儒术"，阴阳学说逐渐边缘化，但其经过长期的发展，已沉淀为中国人的特定思维方式，成为中国传统文化的内在骨架。

《周易·系辞》记载："易有太极，是生两仪；两仪生四象，四象生八卦。"这便是阴阳二分法。阴阳以自身属性来规范自然界、社会道德

---

① 本部分内容主要参考刘刚，雷云. 传统管理思想的殊途与同归——兼论中道思想对管理悖论的启示［J］. 学术研究，2015（10）：69-75，159；周生辉，周轩. 基于中医阴阳平衡法破解管理理论或策略对立问题的案例分析［J］. 管理学报，2018（4）：485-495，538；刘刚，吕文静，雷云. 现代企业管理中阴阳学说新述［J］. 北京工商大学学报（社会科学版），2014（6）：103-108；谢佩洪. 基于中国传统文化与智慧的本土管理研究探析［J］. 管理学报，2016（8）：1115-1124.

和组织等的属性。阴阳代表你中有我，我中有你，而且相互依赖，相互转化，其核心原则是"对立互补"，既对立又统一。按照阴阳学说，任何系统都可以划分为相互对立而又统一的两个部分，正是由于阴阳两部分的相互作用，整个系统才成为一个有机整体。正所谓"阴阳者，数之可十，推之可百，数之可千，推之可万，万之大不可胜数"（《素问·阴阳离合论》），而"阴阳之中，复各有阴阳"（《素问·金匮真言论》）。阴阳学说蕴含着丰富的系统论思想。

在《周易》中，几乎所有的事物都被归入阴、阳两类：天为阳，地为阴；日为阳，月为阴；暑为阳，寒为阴；男为阳，女为阴；刚为阳，柔为阴……任何自然现象和社会现象都是阴阳相互作用的结果，这便是阴阳的统一性。对于任何事物而言，矛盾的双方表现出你中有我、我中有你的特点，任何一方都离不开另一方，而事物则由这些矛盾构成。阴阳双方除了具有统一性，还具有对立性。如正与反、高与低，这种对立在系统内部往往表现为双方的相互制约。此外，还有阴阳相生，亦即在事物的内部，阴阳双方之间相互具有滋生和助长的作用。阴阳双方并非静止不变的，一方面，阴阳之间存在着消长平衡，按照中医理论，人体的健康状态即阴阳调和，如果阴阳失去了平衡，则会导致"阳胜则热，阴虚则寒"（《素问·阴阳应象大论》）的现象。另一方面，阴阳之间还存在相互转变，即在一定条件下，阴可转阳，阳可转阴，"重阴必阳，重阳必阴"（《素问·阴阳应象大论》）。如果消长平衡是通过量变实现的，那么阴阳之间的转变则是通过质变完成的，体现着"物极必反"的道理。阴阳平衡是道家的最高追求，它实质上是保持阴阳双方适度而达到的和谐。这种思维对中国人产生了深远的影响，甚至中国人的价值观结构也表现出阴阳平衡的特征。

随着经济社会的不断发展，现代企业面临着越来越多的管理困境，诸如利润最大化与社会责任、制度管理与情感管理、分权与控制等，而完全依靠西方管理思想往往不能从根本上解决上述问题，中国儒道哲学中的管理智慧开始进入企业管理者和管理学研究者们的视野。针对儒家思想与企业管理，湖南涉外经济管理学院吴升教授指出：儒家管理哲学是基于"仁者，人也"的人性可塑论的，并在此基础之上展开了"仁""德""义"的逻辑辩证，因此，倡导以人为本，以德治为基石，这对于提高现代企业管理水平具有一定的参考意义。①

实践证明，儒家管理哲学对现代企业管理的发展具有指导意义。基于儒家管理哲学的思想体系，梳理"仁""德""义"的逻辑理路，论证儒家管理哲学与现代企业管理制度的契合，可以为现代企业管理思想以及现代企业管理体系提供思想资源与理论借鉴。华中科技大学郑裕正教授指出，中国现代企业应以儒家哲学思想作为指导，建立以人为本的具有中国特色的企业文化，并不断完善、优化，将企业文化运用到具体的企业管理实践中，促进企业的和谐发展，实现企业和员工的共赢，达到企业永续经营的目标。② 其中，儒家诚信观应占据企业经营取向的首位，义利观为企业经营理念之本，"仁礼合一"思想应用在企业文化制度方面，"中庸之道"思想应用在企业决策上，"为政以德"思想应用在企业柔性管理中，"性情论"思想应用在企业人际管理中。

针对道家思想与企业管理，丹麦哥本哈根商学院李平教授认为：中国的企业管理务必要植根于中国传统哲学的文化基因之中，而中国传统哲学的精神内核又在于道家。以"道""阴阳""悟"为核心内容，中国传统哲学是关于智慧的哲学，提倡科学与艺术的互动与整合；西方哲学

---

① 吴升. 儒家管理哲学理念与现代企业管理制度的契合［J］. 求索，2016（7）：81－85.

② 郑裕正. 儒家思想在企业经营管理中之运用［J］. 管理世界，2013（3）：184－185.

则是关于知识的哲学，主张科学与艺术的分离，因此东西方哲学有着根本差异。不过，虽然东西方哲学两者之间存在本质上的差异，但是双方是可以互补的。① 由此可见，中国传统哲学与西方哲学（包括西方科学哲学）是相生相克的阴阳关系。中国传统哲学不能放弃自身的特色和优势，虽然应向西方学习，但绝不能将其等同于所谓的"西方科学化"。中国传统哲学与西方哲学对中国企业管理来说都是有必要借鉴的，但两者的重要性是非对称的，中国企业管理应以中国传统哲学为主，以西方哲学为辅。正如北京大学张燕教授等认为的，与西方"非此即彼"的思维模式不同，中国传统道家哲学主张悖论无所不在，将看似矛盾的要素加以系统整合，意在协同发挥整合思维和悖论思维，更加符合"两者都"（both-and）而非"二选一"（either-or）的思维逻辑。② 作为东方智慧的结晶，阴阳学说所蕴含的系统论和辩证法，对于各种管理困境的解决有着诸多的启示，同时构成了"情理合一"的中国现代企业管理文化的逻辑基础。

（二）新教伦理下的西方管理文化③

与中国文化不同，西方文化历来强调"理性"，现代企业制度诞生于西方文化下的资本主义经济体制，德国经济学家、社会学家马克斯·

---

① 李平. 中国本土管理研究与中国传统哲学 [J]. 管理学报，2013（9）：1249-1261.

② Zhang Y, Waldman DA, Han YL, Li XB, et al. Paradoxical Leader Behaviors in People Management: Antecedents and Consequences [J]. Academy of Management Journal, 2015（2）：538-566.

③ 本部分内容主要参考刘林平，任美娜，杨阿诺. "新教伦理与资本主义精神"命题之反思 [J]. 社会科学，2021（2）：76-85；韩明静. 读《新教伦理与资本主义精神》[EB/OL]. （2013-09-22）[2022-03-27]. http://sociology. cssn. cn/xscg/spdg/201309/ t20130922_1981891. shtml；李泉. 超越韦伯的新教伦理：一种盟约社会的理想类型建构方案 [J]. 现代哲学，2012（6）：81-89，97；张志兵，陈春萍. 韦伯"新教伦理"的实质探究与当代价值 [J]. 湖南科技大学学报（社会科学版），2017（2）：63-67。

韦伯（Max Weber）的著作《新教伦理与资本主义精神》（*The Protestant Ethic and the Spirit of Capitalism*）从宗教文化入手，对资本主义精神的起源做了分析和探讨，这对理解西方管理文化的内涵和特点有重要价值。要探究新教伦理与资本主义精神之间的关系，必须先确定资本主义精神是什么。韦伯认为资本主义的一条首要原则是"利用合法手段赚钱就是长于、精于某种天职（Calling）的结果和表现"①，可见资本主义对"金钱"的重视。另外，韦伯提出了"天职"的概念并指出："一个人对天职负有责任——乃是资产阶级文化中的社会伦理最有特色的，而且在某种意义上说，它是资产阶级文化的根本基础。"② 由此，韦伯指出，资本主义精神就是合乎理性地使用资本和按照资本主义方式合乎理性地组织劳动，并作为一种要求伦理认可的、确定的生活准则，其核心是一种理性和系统地追求利润和金钱的态度。资本主义精神的发展完全可以理解为：理性主义整体发展的一部分。

韦伯还指出，新教思想反对的并不是财富本身，而是占有财富后招致懒怠的危险，虚度光阴是万恶之首也是万恶之最，而劳动是为人称许的禁欲方法。上帝要求的并非劳动本身，而是体现在天职中的理性劳动。强调职业劳动对禁欲的重要性，不仅为专业化劳动分工提供了道德依据，同时以神意来解释获利，也为商人活动提供了正当理由。新教思想带有理性组织资本与劳动的精神气质，世俗职业里永不停歇、持之不懈的劳动工作，在资本主义精神的产生和发展中起支撑作用。

与韦伯对资本主义的理解不同，费尔南·布罗代尔（Fernand

---

① 马克斯·韦伯. 新教伦理与资本主义精神 [M]. 赵勇，译. 西安：陕西人民出版社，2009：28.

② 马克斯·韦伯. 新教伦理与资本主义精神 [M]. 赵勇，译. 西安：陕西人民出版社，2009：28.

Braudel）认为，资本主义或资本家的积累是长期的、缓慢的过程，它依赖于家族制和等级制。"个人的成就几乎始终应归功于到处钻营、力图逐渐扩大其财产和影响的家族……孕育着资本主义过程的资产阶级创造或利用了坚固的等级制，后者将成为资本主义的支柱。为了巩固财富和实力，资本主义同时或先后依靠了贸易、高利贷、长途贸易、行政官职和土地；土地是尤其可靠的价值，土地拥有者在社会享有的声望比人们所能想象的更高。如果注意到了名门世家的代代相传以及祖产的缓慢积累，欧洲从封建制向资本主义的过渡就变得不难理解。……资产阶级的上升是长期的和缓慢的，父辈的野心传给儿子，再传给孙子，子子孙孙地往下传，永无穷尽。"①

就资本主义精神影响资本主义起源与发展来说，按照历史唯物主义的逻辑，马克思显然不同意韦伯的见解，他指出："不是意识决定生活，而是生活决定意识。"② 恩格斯则发现了新教与资产阶级的联系，指出："新教异端的不可根绝是同正在兴起的市民阶级的不可战胜相适应的……加尔文教是当时资产阶级利益的真正的宗教外衣。"③ 但是，恩格斯认为，历史上的伟大转折点有宗教变迁相伴随。可见，不是宗教精神推动了资产阶级的产生，宗教只是资产阶级的伴生物或外衣。和马克思、恩格斯一样，布罗代尔也认为资本主义的发展不是由精神力量推动的："资本主义发展的基础条件是物质生活的膨胀，以及由此带来的与外界联系的扩展。"④ 此外，布罗代尔还认为，韦伯的错误主要在于一

① 费尔南·布罗代尔. 十五至十八世纪的物质文明、经济和资本主义：第1卷 [M]. 顾良，等译. 北京：商务印书馆，2018：xxxiii.
② 马克思恩格斯全集（第3卷）[M]，北京：人民出版社，1960：30.
③ 马克思恩格斯选集（第4卷）[M]，北京：人民出版社，1972：251—252.
④ 马克斯·韦伯. 新教伦理与资本主义精神 [M]. 赵勇，译. 西安：陕西人民出版社，2009：22.

开始就夸大了资本主义对现代世界的催化作用。根据韦伯的理论逻辑推断，新教徒集中的地区应该资本主义发达。但是，这并不符合历史事实。"所有的历史学家全都反对这个精巧的论断，虽然他们无法彻底抛弃它：它不断地改头换面地重现在他们面前。然而，这个论断毕竟是错误的。北欧国家只是取代了长期由地中海占有的资本主义中心的地位。无论在技术方面或在商业方面，它们没有任何创新……世界经济中心的每次转移都是由于经济方面的原因，并不触及资本主义内在的或隐秘的本质。"①

南京大学刘林平教授等指出："韦伯将新教伦理发展出来的资本主义精神作为解释资本主义起源与发展的关键变量，可能存在严重的遗漏与问题（正如马克思、恩格斯、布罗代尔等学者的批判）。但是，韦伯命题具有重要的理论、历史和现实意义：它提出了新的解释思路，具有理论张力与问题张力；韦伯命题对于中国历史研究的主要贡献是提出了中国为什么发展不出近代资本主义的问题，其现实意义是促使人们思考当代中国的市场经济改革应当塑造什么样的市场精神。"② 韦伯将"禁欲主义""天职观"等与资本主义精神相联系，明确指出了"理性主义"的根本内涵。相应地，西方现代企业管理推崇"理性"，强调"公"与"私"的明确分野，依据的是理性绩效原则，遵循的是针对普遍主义化的关系而设立的道德规范，讲究"公事公办""一视同仁"。

---

① 费尔南·布罗代尔. 十五至十八世纪的物质文明、经济和资本主义：第 1 卷 [M]. 顾良，等译. 北京：商务印书馆，2018：xxxi−xxxii.

② 刘林平，任美娜，杨阿诺."新教伦理与资本主义精神"命题之反思 [J]. 社会科学，2021（2）：76−85.

第二节 情理交融：中西碰撞的企业管理案例

一、海底捞：把员工当成家人

海底捞成立于 1994 年，是中国知名度较高的火锅连锁品牌。2018年 9 月 26 日，海底捞正式在香港交易及结算所有限公司（即港交所）敲钟上市。根据《上海证券报》的报道，2020 年 8 月 11 日，海底捞表现抢眼，开盘后迅速走高，涨幅一度超过 15%，最终收于 42.75 港元/股，涨幅为 12.95%，市值达 2266 亿港元。[①] 由此可见，海底捞作为中国市值较高的上市餐饮企业，已成为名副其实的餐饮"王者"。究竟是什么能让 20 多年前一家仅仅拥有四张火锅桌的火锅店发展成具有如此大规模的餐饮企业？有人说，是因为海底捞的服务很"变态"，消费者十分愉快满意。"在这里等着，有人给擦皮鞋、修指甲，还提供水果拼盘和饮料，还能上网、打扑克、下象棋，全都免费啊！""这里跟别的餐厅不一样：吃火锅眼镜容易有雾气，他们给你绒布；头发长的女生，就给你皮筋，还是粉色的；手机放在桌上，吃火锅容易脏，还给你专门包手机的塑料套。""我第二次去服务员就能叫出我的名字，第三次去就知道我喜欢吃什么。服务员看出我感冒了，竟然悄悄跑去给我买药。感觉像在家里一样。"[②]

如此周到、细致的服务，为什么别的餐饮企业做不到呢？海底捞创

---

① 邵好. 海底捞市值创新高！餐饮股的"报复性"行情来了？[N]，上海证券报，2020-08-11.

② 参见黄铁鹰. 海底捞你学不会 [M]. 北京：中信出版社，2011.

始人张勇给出了答案："只要想办法让员工把公司当成家，员工就会把心放在顾客身上。"那么，如何才能让员工把海底捞当成家呢？张勇觉得这再简单不过了——"把员工当成家里人"。

以海底捞北京的连锁店为例。在北京，租房成本很高，"北漂"的打工人一般都选择租住在条件简陋的房子里面。而海底捞为员工租住的都是设施齐全的正规住宅，且一般在门店附近，通勤时间大约 20 分钟。不仅如此，公司还专门雇人给宿舍打扫卫生，换洗被单。对那些初次进城务工的员工，海底捞除了对他们进行最基本的工作内容培训，还贴心地教给他们诸如使用导航、坐地铁等在大城市生活的必备技能。为解决员工的后顾之忧，海底捞不仅在四川简阳建了寄宿学校，帮助员工解决子女的教育问题，还会给骨干员工的父母发放生活补助。

海底捞的人事政策更让推崇西式管理的、把亲属回避制度当作铁律的人们大跌眼镜：鼓励夫妻一同入职，还配备了公司补贴的"夫妻房"；招聘流程也多采用内推的形式，于是，越来越多地，大家的老乡、同学、亲戚纷纷涌入海底捞工作。为什么要这样做？因为家人之间不仅有亲情，更重要的是信任。在海底捞，200 万元以下的开支由副总级别的员工审批，100 万元以下的开支由大区经理审批，30 万元以下的开支由店长自行决定，甚至一线员工都"大权在握"——只要员工认为有必要，就可以给客人免费送一些菜，甚至免掉一餐的费用。精明独到的管理者不会仅仅遵循让员工机械执行上级命令的传统管理模式，而是另辟蹊径，使员工摇身一变，成为新的"管理者"，让员工全心全意地为他工作。如此放心大胆的授权，实属少见。

除了亲情和信任，海底捞的晋升制度更让员工看到了希望的曙光。学历和工龄不再是晋升的必要条件：只要努力，任何人都有机会晋升。张勇认为，要让员工感到幸福，不仅要提供好的物质保障，还要让人感觉到公平和被尊重。张勇把培养合格员工的工作称为"造人"，同时它也是海底捞发展战略的基石。不同于西式企业管理中严格细致的关键绩效指标（KPI）考核，海底捞对每个店长的考核只有两个指标：一是客人的满意度，二是员工的工作积极性。海底捞这种以人为本、稳扎稳打的发展战略值得不少中国企业借鉴。

思考

　　海底捞的管理中既体现出西方"低权力距离"文化特征下"扁平化"的管理理念，如大胆授权，又体现出中国"高集体主义"文化特征下"重人情"的管理思想，如"把员工当成家里人"、摒弃亲属回避制度等。请结合前文介绍的文化模型和中西方传统文化差异相关内容，谈谈海底捞的管理是如何体现出中西文化交融的。

二、胖东来：极致的人性化管理①

　　胖东来是一家成立于 1995 年，集超市、百货、专卖店、便利店为一体的商业集团公司，产业涉及服饰、珠宝、医药、餐饮等多个全面、系统的领域。在零售这个竞争激烈的行业，胖东来每到一个城市都可以成为巨头，工资高、福利好、公共意识强、品德好的员工团队成为令人羡慕的群体。胖东来坐落在河南省许昌市，其市场最初仅限于许昌和新乡。与沃尔玛、家乐福等世界零售业巨头及其他中国零售业"大腕"的

---

　　① 本部分内容主要参考桑澜菲. 河南胖东来 愿做中国零售业进步"开山斧"[N]，中国商报，2012-06-12；桑澜菲. 胖东来也学不会 [J]，全国商情，2012（13）：28-43；张克然. 胖东来的致"福"路 [J]. 现代企业文化（上旬），2014（9）：34-35。

规模相比，胖东来微不足道，但又盛名在外。

胖东来创新推出了众多服务项目。例如，它率先在国内推出免费干洗、熨烫、缝边等服务，随后又因为独特的企业文化成为业界奇葩。自2011 年 10 月起，胖东来统一规定旗下所有店面每月闭店休息两天，2012 年春节又再次宣布闭店放假 5 天，彻底打破了中国零售业"白天永不歇业""节日即黄金时间"这些不成文的规定。它一次又一次革新了中国零售业的传统商业模式和生存法则。"这绝对是中国最好的店！"——上海连锁经营研究所所长顾国建、中国连锁协会会长郭戈平参观完胖东来后发出如此感叹。

事实上，胖东来从不隐藏自己的管理策略，其管理案例、经营理念，甚至各个岗位的实际操作标准都详细地挂在官网上。值得一提的是，胖东来在官网的显眼位置设有专门的栏目"东来随笔"，老板于东来常常在此分享自己的经营思想和管理理念。

"不要把顾客当上帝，把他们当家人。"于东来一直坚持这样的理念。他常常让员工换位思考——站在顾客的角度，思考应该怎样将工作做得更好。在胖东来，无论是维修师傅、保洁员，还是为顾客熨烫衣服、剪裤边的服务员，其工作积极性普遍较高。

为了提高员工的积极性，于东来力所能及地为其建立起了在业界比较有竞争力的薪酬福利制度，让员工尽可能地拥有舒适的生活。他认为："你要是工资开得太少，员工连最基本的生活都没有保障，那么他们会有未来吗？"但高工资并不是他对员工定位的所有内涵。"员工工作不仅是为了挣钱养家，也是为了使自己的人生更加快乐。"胖东来还为员工配备了体育馆、医疗室，每月还会组织员工观看电影。此外，为了提高员工的生活质量，胖东来逐步规范上班时间：行政人员朝九晚五，每天工作 8 小时，享受双休；商场、超市等营业场所的工作人员保证每周休息一天。同时，胖东来的员工还有带薪年假：工作 3 年以上者可享受 5 天年假；工作 7 年以上者可享受 10 天年假。在这样人性化的管理下，胖东来的员工流失率极小，6 年、8 年以上工龄者比比皆是。

胖东来虽然实施的是典型的亲情式管理，但这并不代表其没有规范的制度。事实上，胖东来的制度建设相当严格，具有科学化、标准化特点。为了培养一流团队，公司制作下发给员工的操作手册就有 4 本以上，详细介绍了各岗位的服务标准、安全标准和服务禁忌等。

"胖东来最终的宗旨是善良和勤奋。"于东来崇尚那些基本的真理，如"敬天爱人，利他之心"，也积极地将自己的信念投射到公司的经营中：2000 年，胖东来进行了股份制改革，在此之前加入的员工都获得了股份。胖东来的企业文化也与时俱进 ：1999 年，胖东来的标语是"满足工薪消费，提升大众生活品质"；2003 年改为"创造财富、播撒文明、分享快乐"；2008 年之后，为了表达对生活、对生命、对真理、对自然的热爱，又改为"公平、自由、快乐、博爱"。

思考

胖东来的管理同样体现出中西方管理理念的交融，比如规范严格的制度建设遵循了西方文化中"普遍主义"和"规则至上"的理念，而亲情式管理和对员工社会公德层面的硬性要求则体现了中国文化中的"情理合一"和"仁""德""义"。请进一步列举胖东来管理中哪些方面体现了西方文化特征，哪些方面体现了中国文化特征。

第三节　和而不同：迈向未来的全球企业管理

一、采用"中西文化双荣"的管理模式

随着亚洲经济特别是中国经济的崛起，加之全球周期性经济危机的影响，全世界都在寻找新的管理理念和管理视角，企业管理逐渐从"西方引领东方"向"东西方交汇"的方式转变，中国传统文化中的管理智慧愈发受到重视。[①] 然而，由于中国和西方国家在地理环境、历史制度、文化价值观等方面均存在着巨大差异，其管理哲学和管理实践上也存在诸多不同。因此，普遍适用的管理理论和管理方法是不存在的，任何国家想要照搬其他国家的做法也行不通。更为重要的是，无论是中国还是西方各国的管理理论和管理实践都各自有优缺点。如何将其在管理中的优势相结合，同时剔除所存在的劣势，即"取其精华，去其糟粕"，从而提出一个更好甚至是最优的管理实践方法，正是"文化双荣管理"（Ambicultural Management）的核心理念[②]。

"文化双荣管理"由陈明哲和米勒（Miller）在 2010 年首次提出。随后，陈明哲教授在 2013 年美国管理学年会主席演讲中做了题为"Becoming Ambicultural：A Personal Quest，and Aspiration for Organizations"的报告，以其亲身经历作为案例，对文化双荣管理做了

---

① Chen M J. Miller D. West meets East：Toward an Ambicultural Approach to Management [J]. The Academy of Management Perspectives，2010（4）：17—24.

② Chen M J. Becoming Ambicultural：A Personal Quest，and Aspiration for Organizations [J]. Academy of Management Review，2014（2）：119—137.

进一步的阐释。

在陈明哲教授和米勒教授看来，"文化双荣"可被定义为一种二元（dichotomies）整合，如东方和西方、全球和本土、竞争和合作等，这种整合在识别两者各自的优势和劣势的基础上，取其精华去其糟粕，从而创造出了一种更好的、优化的甚至具有飞跃性的管理模式。"文化双荣"强调二元的整合而非区隔，关注看似对立的两者之间的相互依赖性，这汲取了中国传统哲学中的"阴阳"和"整体"思想。而文化双荣式管理者（Ambicultural Manager）则指那些既能够从东西方文化中汲取先进的管理理念和经验，又能够摒弃两种文化中管理的劣势，从而创造一种更优的治理、领导和管理模式的管理者。他们在文中分析了施振荣先生（宏碁集团创始人）应用的文化双荣管理策略。他们发现施振荣先生从中国文化中汲取的先进管理理念主要包括：长期导向，和谐和集体主义，以及重视资历和实施导师制。而对于西方管理实践的应用，则避免了短期导向，狭隘的个体主义和由其所产生的偏狭的、金钱驱动的、不进则退的管理理念，以及以多数人的利益损失为代价对少数人进行奖励的制度，但他却有效地将西方文化中的非集权化、扁平化组织结构、员工的自主决定应用到了日常的管理中。

陈明哲教授在接受《中国经营报》的采访时指出："中国的传统智慧接近于西方管理理论之最为核心的'人本管理'。西方语境下的竞争，尽管有着'一起'和'追求目标'的语源，却很容易被理解为对抗和对立。而在中国文化中，则更容易将竞争和合作视为一体的两面，彼此依存、'阴阳相生'，甚至'以敌为师'。所谓'竞合相倚'，就是这个意思。因此，对立只是一时，竞争的终极目标是怎样在动态的环境中创造更多的价值。中国传统的'王道'与'霸道'适合来譬喻东西竞争之别，以霸道思维行事，往往旨在利己，并以你死我活、优胜劣败的丛林法则为本；而王道则站在更高的层面，借由'价值创造'与'竞合共荣'，来兼顾利己与利他的目的，并以'表面有争、实质无争'的方式，来处理相关利益者之间的关系——即使是对手、敌人。"① 另外，陈明哲教授在谈到对东西文化的融合，尤其是涉及管理文化的融合的感悟时提出："无论东西方，都会在文化方面有所渗透。中国的文化传统富有鲜活的生活智慧和人生哲学，西方的社会科学则以方法论、框架和分析思维见长，将二者的优长在管理理论上结合，就成为'文化双荣'理念。在今天这样一个'西方领导东方'慢慢过渡到了'西方遭遇东方'的现代世界，'文化双荣'显得愈发重要，从而也使得一种真正具有全球视野的管理模式得以被展望。在此基础上，我提出'文化—策略—执行'三环链，并提出'专注—坚持—智慧'三元应对结构，冀以解决人—我、内—外平衡的问题。"② 可见，"文化双荣"已成为当今企业管理以及人力资源管理发展和变革的必然趋势。

二、培养"跨文化沟通"的管理技能

沟通是管理过程中的重要一环，其概念并不复杂，即通过语言和动作来发送和接收信息的整个过程。所谓信息，可以是观点、意见，甚至可以是情绪，交换信息就是沟通最基本的功能。从表面上看，沟通的过程非常直接，因此也应非常明了，事实上，当沟通发生在不同国家的人们之间时，经常会发生误解。这是因为信息是观点的承载体，沟通想要有效，只有在

---

① 陈明哲. 当东方碰撞西方［EB/OL］.（2012-07-14）［2023-12-12］. http：//finance. sina. com. cn/roll/20120714/004512564635. shtml.

② 陈明哲. 当东方碰撞西方［EB/OL］.（2012-07-14）［2023-12-12］. http：//finance. sina. com. cn/roll/20120714/004512564635. shtml.

进行沟通的双方对所提及的信息和环境享有共同的知识背景时才能发挥作用，而来自不同文化背景的人之间共享的价值理念是十分有限的。1959年美国人类学家和跨文化研究者爱德华·霍尔（Edward Twitchell Hall Jr.）在其《无声的语言》（*The Silent Language*）一书中最早提出了"跨文化沟通"的概念，即来自不同文化的人之间进行的沟通。[①]

个体所置身的文化背景影响其对事对物的基本假设，而有了先入为主的假设后，又会对个体的感知、态度、情绪的表达方式产生作用，最终影响一个人的行为举措。着眼于这个意义层面，就如同世上没有两片完全相同的叶子那般，没有任何两个个体会在完全相同的背景下长大成人，此处的背景除了文化，还包括性别、家庭背景、所受教育、日常所处环境等。所以，两个人要达到编码、解码过程的完全一致几乎是不可能的，这就是完全依靠心灵沟通的境界难以达到的原因。不同的文化背景加剧了沟通的困难，因为在种种变量之外，又加进了文化这个关键变量。[②] 图 4.1 对沟通的一般过程进行了基本演示。

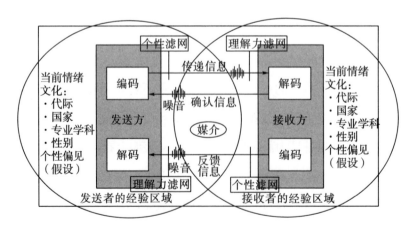

图 4.1　沟通的一般过程

① 苏珊·C. 施耐德等. 跨文化管理 [M]. 张刚峰，译. 北京：机械工业出版社，2019：170.
② 陈晓萍. 跨文化管理 [M]. 北京：清华大学出版社，2016：113-114.

让我们来看一看下面的叙述，了解不同文化背景的人沟通方式上的差异①：

在美国，人们普遍认为最有效、最引人入胜、最受人喜爱的沟通方式是以笑话或故事作为开头，最好与演讲内容直接相关。听众开怀大笑，气氛活跃轻松后，再进入正题，聆听互动的效果就会很好。幽默感在美国文化中的重要性可见一斑。但是，假如去德国做演讲或工作报告还沿用这样的方式，会收到负面的反馈。德国的听众会认为你缺乏必要的严肃和认真，以开玩笑的方式来讲述不能有丝毫差错的科学问题，这是十分不可取的。那么，与之相对的，他们喜欢的开头就显而易见了。不用冗杂的开场白，直接切入主题，呈现基于研究的数字、图表等硬性材料，表情严肃，不讲废话，这才是德国人眼中最有效的说话方式。

再来看看中国人一般的演讲开场白。最为大家所熟知的恐怕就是"很荣幸今天有这个机会来与各位交流。但是，我其实并不是专家，在座的各位才是。所以我在这里只是抛砖引玉，还希望多得到大家的指教"。在中华文化背景下，演讲者谦逊求教的态度会相应地赢得听众的好感。如果面对美国听众依葫芦画瓢，底下的听众难免会想"如果你不是专家，你来干什么？难道来浪费我的时间吗？早点走吧！"，根本不领谦逊的情。除了这个冲突，他们也认为自己来听演讲与给主讲人"面子"这两件事是没有实质关联性的，没必要非得攀扯上不得要领的关系。

同样的道理，深受儒家文化影响的日本也与中国有相通的地

---

① 案例整理自陈晓萍. 跨文化管理［M］. 北京：清华大学出版社，2016：111－112.

方，日本人总是喜欢在开讲之前向大家鞠躬道歉，为准备不周道歉，为招待不好道歉，为天气道歉，有时候实在没什么可道歉的，就为没东西道歉而道歉。看起来可能有些多此一举，但在他们眼里道歉是一种谦虚的表示，也是对客人或听众尊重的表现。这种"文化深意"却无法被美国人理解，他们会信以为真，往不好的方向想：准备不周，招待不好，这不都是不尊重、不重视我吗，怎么还好意思说！从寥寥几个例子就可以看出，想要在不同的文化背景下进行有效沟通，首先要深入了解当地文化。

三、开启全球化经理人的职业旅程

管理学家摩根·麦考尔（Morgan McCall）和乔治·霍伦贝克（George Hollenbeck）自 2000 年起，就注意到了全球化经理人的潜力。他们选取了世界各地的 16 家跨国公司，如壳牌、强生、联合利华、丰田、爱立信、惠普、IBM 等，并对其中 101 位担任高级管理职位的全球化经理人进行了采访，将结果辑录在 2002 年出版的《培养全球化执行人》一书中。这 101 位全球化经理人共来自 36 个国家，许多人具有双重国籍，包括 92 位男性、9 位女性。作者对采访资料进行整理后发现，仅经验教训就有 925 条之多，而与文化学习相关的就占了 15% 以上。[①]那么，如果想要成为一名合格的全球化经理人，在开展文化学习时需要侧重的方面又有哪些呢？

首先是语言。一种文化的种种要素深深地渗透进其语言里，因此，

---

① 吴声怡，谢向英. 企业文化学教程 [M]. 上海：上海财经大学出版社，2008：250.

精通一门语言对于在当地开展有效沟通有极大帮助。但这并不是要求全球化经理人变成语言专家，而是让他们借助学习语言的机会更深刻地了解文化，即便发音不准、语法有误，在当地人眼里，他们也能体会到来自异国的、发自内心的对语言、文化的尊重。其次，要成为全球化经理人，需要对所在国文化的主要维度和差异有所了解。把霍氏和强氏的文化理论牢记在心，或者放在工具箱里随身携带，对理解文化深层的价值信念、应对文化差异有极大帮助。再次，需要掌握在国外生活和工作的一般技能。若一个人有在母国之外的其他国家生活半年以上的经历，那他/她在该国学到的生活、工作技能就能用于别的陌生国度或环境。他们通过访谈得到的经验主要有以下几条：[①]

· 不要事先做任何假设。千万别认为在一个地方行得通的方法在另一个地方同样有用。

· 不要低估国家之间的不信任程度，它可以大得超出你的想象。

· 对个别国家中的管理人员和人民表现出来的民族主义不要太过惊讶。

· 不同民族的人生价值观可以南辕北辙。

· 尊重当地文化习俗，接受当地人的生活方式，不管它与你习惯的方式有多么不同，甚至可能是你认为不好的。

· 适应环境，你无法改变当地的社会结构，而且一个社会中总有积极的东西，找到它们。

· 学习如何妥协，比如在公司文化与当地文化产生冲突时，找到两者的平衡点。

---

① 陈晓萍. 跨文化管理［M］. 北京：清华大学出版社，2016：250.

- 保证你能够理解他人并被他人理解，耐心包容，谦虚谨慎。
- 与他人建立关系，了解你在他人心中的形象。
- 清楚知道自己的道德底线和价值观。

　　自 20 世纪 90 年代以来，大量的学者开始研究成功的全球领导者，意图描述出让他们成功的关键能力。Bird 和 Osland（2004）构建出全球领导力金字塔模型（图 4.2），以金字塔的形式将最具实证支持的能力组织起来，以说明全球领导者需要具备某些基本的知识和特质，作为打造更高层次能力的基础。这个模型由 5 个层次构成，从底部到顶部，需要循序渐进。"全球知识"是对世界的认识和理解，主要通过在国外的生活经历形成。"临界特质"主要指一些基本的领导力特质，如诚实正直、谦逊、好学精神和适应力等。接下来的三层是全球领导力的核心内容，包括态度与基本的信仰、人际关系能力和系统能力。①

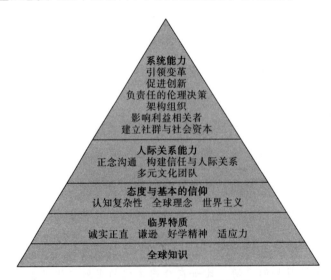

图 4.2　全球领导力金字塔模型

---

　　① 苏珊 C. 施耐德等. 跨文化管理［M］. 张刚峰，译. 北京：机械工业出版社，2019：250－251.

作为一个长期的培养和实践过程，把培养自身的全球化管理能力融入个人职业生涯设计之中，是任何一位全球化经理人的基本素养。格雷（Graen）和同事们在 1997 年曾描述了从管理人发展成全球化管理人的过程模型（图 4.3）。[1]

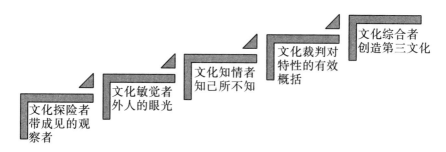

图 4.3　培养全球化经理人的过程模型

可见，从管理人发展成全球化管理人，要经历如下 5 个步骤[2]：

第一步是成为文化探险者。在这个阶段，管理人需要培养自己对自身文化环境以外的文化的兴趣，愿意去国外旅行，尝试异国的食物，了解异国的风土人情。

第二步是成为文化敏觉者。在这个阶段，管理人需要尝试从不同的角度去观察事物，戴上其他文化的眼镜去看待和评价事物。

第三步是成为文化知情者。在这个阶段，管理人不仅需要熟知自己土生土长的文化环境和价值体系，而且需要对所在国的文化了如指掌，能够在那个文化中如鱼得水地生活，对那个文化中潜在的社会规范和文化细节非常熟悉。

第四步是成为文化裁判。在这个阶段，管理人需要同时对两种文化进行有效比较，并总结出最具实质性的差异和相似之处。

①　陈晓萍. 跨文化管理［M］. 北京：清华大学出版社，2016：252—253.
②　陈晓萍. 跨文化管理［M］. 北京：清华大学出版社，2016：252—253.

　　第五步是成为文化综合者。在这个阶段，管理人需要融合两种或多种文化，并创造出不同文化中的大多数人都能接受的"第三文化"，推动所有文化的发展，有效解决跨文化问题。

第五章

Tougher or happier？
教育的理想之花与现实荆棘

根本的问题不在于新教育和旧教育的对比，也不在于进步教育和传统教育的对比，而在于究竟什么东西才有资格配得上"教育"这一名称。我希望，并且我相信，我不仅仅是因为任何目的和方法采用了"进步主义"的名称，就去赞成这些目的和方法。根本的问题在于教育本身的性质，而不在于给它加上什么修饰的形容词。[①]

——约翰·杜威（John Dewey）

当我们讨论教育文化的时候，身为制度文化的教育是匹配一定社会文化的背景和需要的。教育文化在传承、影响和发展中延续过去，铺设现在，保障未来，教育的根系在一国的文化中。同时，教育是包容和开放的，在和其他文化的交流中影响和借鉴，在调整和适应中不断往进步、文明、先进的方向发展，塑造本国特有的教育文化现象，从而带动社会同步向前迈进。然而，每一种文化、每一个时代发展节点，总会有

---

① 约翰·杜威. 我们怎样思维·经验与教育 [M]. 姜文闵，译. 北京：人民教育出版社，2005：23.

与时代同生的教育问题，也必然会出现适应性的教育体制机制调整和改革。

近代教育转型初期，"教育公平"就成了教育家们关注的重要问题："毋徒替少数富人装饰身份，必须使人人能共同享受之。教育而能人人共同享有，教育而能建设社会主义之新国家，不背乎时代之潮流，不背乎人心之趋向，始可谓之完成新使命。"① 教育部党组书记、部长、国家教育行政学院院长怀进鹏在 2022 年国家教育行政学院春季开学典礼的讲话中提出，坚决推动"双减"② 落地，推动学校真正扛起育人使命，充分发挥评价改革的指挥棒作用，提升课堂教学质量，推进义务教育优质均衡，以教育公平促进社会公平正义。③

然而，前进总是会伴随着"阵痛"。近年来，"教育资源平等""教育均衡化""素质教育"等持续成为教育界讨论的热点。当教育遭遇"内卷"，引发了部分家长的焦虑，在理想之花和现实荆棘的矛盾中，我们的教育该去往何方？又该归于何处？

第一节　教育的历史：中西教育史概览

古人云"以史为鉴"，英国哲学家培根（Francis Bacon）也说过"读史使人明智"。学习和了解历史，不但能让人们对过去和现在的事情作出合理的解释，更关键的是可以对未来的发展作出合理的推测。纵观

---

① 朱寿桐. 中国教育文化百年史 [M]. 南京：南京师范大学出版社，2018：221-222.
② 即减轻义务教育阶段学生作业负担、减轻校外培训负担。
③ 教育部. 国家教育行政学院举行 2022 年春季开学典礼 [EB/OL]. （2022-02-28）[2023-03-27]. http://www.moe.gov.cn/jyb_zzjg/huodong/202202/t20220228_603155.html.

人类社会的发展，不同国家历来都非常重视教育问题，并展开了积极的探索。

一、"科举制"与中国传统教育

在我国，"教育"一词最早见于《孟子·尽心上》的"得天下英才而教育之，三乐也"。东汉许慎在《说文解字》中表达了对教育的认知，"教，上所施，下所效也；育，养子使作善也"，即是说"育"要让人为善，而"教"则如《中庸》所言，"修道之谓教"。我国的学校产生于公元前1000多年的商代，其目的一方面是培养古代统治阶级所需要的人才，另一方面是对广大劳动人民进行宗教、道德或政治的教化。①

谈到教育，自然离不开考试。考试作为一种制度，不是西方资本主义国家的创造，而是首先产生于我国古代。② 在奴隶社会和封建社会早期，统治者们任用官员基本采用的是世袭制。后来随着社会的发展和制度的完善，中国传统的教育选拔经历了从选举到科举，从选士制度到考试制度的过程。科举是一种通过设科考试来选拔知识分子任官的制度，在中国历史上存在了一千三百年之久。科举作为一种能延续上千年的考试制度，无论在中国历史还是世界历史上都是绝无仅有的。③

诞生于隋唐时期的科举制度，其本质是一个文官选拔制度，它的出现从根本上打破了豪门世族对政治权力的垄断，使国家行政机构的组成向着尽可能大的社会面开放。著名学者余秋雨将科举制度视为中国文化长寿的重要原因之一：从空间上看，全国统一的科举制度以统一的标

① 全国十二所重点师范大学. 教育学基础 [M]. 北京：教育科学出版社，2014：12.
② 张才君. 中外考试制度比较研究 [J]. 苏州大学报，1991（2）：37—42，36.
③ 李兵，刘海峰. 科举：不只是考试 [M]. 上海：上海教育出版社，2018：13.

准、统一的机构完成统一的选拔，以文化的方式堵塞了分裂的可能，也反过来保护了文化；同时它又从时间上（每隔三年）建立了代代延续的选拔机制，不但提供了源源不断的管理人才，更成为中国文化保持有序延续、有效延续的重要原因。① 科举是中国传统教育浓墨重彩的一笔。孙中山先生在《五权宪法》中指出：

> 现在欧美各国的考试制度，差不多都是学英国的。穷流溯源，英国的考试制度原来还是从我们中国学过去的。所以，中国的考试制度，就是世界上用以拔取真才的最古最好的制度。

千年科举制度形塑了中国的考试传统，形成了高度筛选型社会，每一步都在"筛人"。被筛下来，就意味着绝缘——和上一层的优质教育绝缘。教育不可不受学生的社会流动志向影响，学习虽然有其本身的价值与目的，而且学习者也应该尽情享受学习本身的乐趣，但大多数人是希望通过教育取得生计的改善、社会地位的提高以及实质的政治势力。自唐代开始，五代、宋、元、明各朝都陆续有外国读书人到中国参加科举，这便形成了东亚世界的各国人士共同参加中国科举考试的盛况。②

这一制度本身并非完美无缺，特别是到后来，其考试范围以儒家经典为主，不但禁锢了人们的思想，而且通过限定的"八股"模式，日渐形成了一种刻板格式，阻碍了社会的发展。"至清末，变法以来，才有所谓新式的教育，就是现行的制度。学校初兴时，还有所谓奖励。太学毕业视进士，太学预科、高等学堂视举人。中等学校以下，分别视贡生及附生等。民国时代，把奖励章程废去，才全和科举绝缘。"③ 1905 年，

---

① 余秋雨. 中国文化课 [M]. 北京：中国青年出版社，2019：458-459.
② 李兵，刘海峰. 科举：不只是考试 [M]. 上海：上海教育出版社，2018：57-58.
③ 吕思勉. 中国文化史 [M]. 北京：北京日报出版社，2018：226.

科举制被彻底废除。时至今日，尽管这一制度的形式早已荡然无存，但是它对我国教育，尤其是对考试制度、观念、形式等方面产生的影响却依然深远。

二、西方传统教育的思想与理念

西方教育的实践可以追溯到古希腊时期，苏格拉底（Socrates）、柏拉图（Plato）和亚里士多德（Aristotle）以及智者派总结了以雅典和斯巴达为代表的城邦国家的教育实践经验。随着古代希腊经济繁荣、奴隶制民主政治的确立及文化科学艺术的昌盛，在这里出现了最早的职业教师（智者），教育在平民中进一步得到普及，教育内容、方法不断趋于正规化。教育在社会生活中的地位也不断提高，促使人们对教育加以关注和思考。[①] 在希腊文化的影响下，古代罗马的文化教育发展迅速，建立了包括初等学校教育、中等学校（又称文法学校）教育以及专业学校（又称修辞学校）教育等在内的相对完备的学校教育制度。

在公元 5 世纪至 13 世纪，西欧封建社会形成和发展的"中世纪"时期，以奥古斯丁（Aurelius Augustinus）和阿奎那（Thomas Aquinas）为代表的经院哲学成为学校教育的主要内容，他们重视德育教育，推崇严密而烦琐的教学方法，以培养虔诚的教徒为目的，因此，这一时期的教育具有浓厚的宗教神学色彩。此后，随着文艺复兴的来临，在封建社会向资本主义社会过渡的过程中，一种提倡"以人为中心"，包括语言、文学、艺术、伦理、历史、哲学等在内的"世俗的人文学科"的"人文主义教育"迅速发展，并奠定了近代西方教育的基

---

① 单中惠. 外国教育思想史 [M]. 北京：高等教育出版社，2000：1-3.

础。人文主义教育的代表人物之一，法国作家、教育家蒙田（Michel Eyquem de Montaigne）提出的教学方法包括了不要死记硬背，不要盲从，不要轻易服从权威，不要只学习书本知识，而要因材施教，培养学生探索事物的好奇心以及学习的兴趣和爱好等。[①]

近代以来，西方的教育家和学者先后提出了泛智教育、绅士教育、自然教育、国家主义教育、空想社会主义教育、科学教育等理念，并将其付诸实践。尤为值得一提的是，马克思和恩格斯在对资产阶级的教育理念批判性继承的同时，系统总结了有史以来的各种教育理论，进而创立了马克思主义教育思想，成为无产阶级和社会主义教育的指导思想。

20 世纪初，欧美国家科学技术的变革极大地推动了经济、社会的全面发展，不仅给人们的生产生活带来了巨大的变化，而且对学校教育提出了新的要求。美国教育家杜威（John Dewey）成为这一时期的集大成者。作为实用主义教育的代表人物，他先后出版了《学校与社会》（1899）、《民主主义与教育》（1916）、《经验与教育》（1930）等著作。对于什么是教育，杜威提出了"教育即生活""学校即社会""教育即生长"等观点。就教学论而言，他提倡"从做中学"，就是从活动中学、从经验中学。第二次世界大战结束后，民族国家的独立、"冷战"的持续、核战争的威胁，以及电子工业、生物技术的创新等，都不可避免地对教育界产生了深远的影响，集中体现为多元化的教育理念，在经过不断地冲突、碰撞后获得了融合发展，新行为主义教育、结构主义教育、人本化教育、估计理解教育以及全民教育、合作教育、终身教育等各种教育思想层出不穷。21 世纪以来，随着全球科技革命和世界各国的社

---

① 参见华东师范大学教育系，杭州大学教育系. 西方古代教育论著选 [M]，北京：人民教育出版社，1985：379-400.

会进步，中西方教育进入了新一轮的大融合、大发展时期，教育对于全球的政治、经济、文化等正持续产生着重大的影响。

第二节 教育的现实：跨越时空的共情

现代意义上的"教育"，是指在一定社会背景下发生的促进个体的社会化和社会的个性化的实践活动，包括了教育者、学习者和教育影响三种基本要素。[①] 而随着全球经济一体化，特别是科学技术的迅猛发展，如何让孩子通过教育学到更多更好的技能，以应对全球化的激烈竞争，逐渐跨越国家、民族、阶层等界限，成为世界各国的一个共性话题。

一、望子成龙的世界家长

2021 年底，《咬文嚼字》编辑部发布了年度十大流行语，"鸡娃"与"百年未有之大变局""小康""赶考"等词一并上榜。所谓"鸡娃"，是家长催促孩子学习的一种新说法，就是指家长为了不让孩子"输在起跑线上"而不断给孩子"打鸡血"，让他们去努力学习、不停拼搏。

"鸡娃"现象在一定程度上反映出的，是现代社会家长们对孩子前途和教育之路不确定性的恐惧和焦虑。一方面，家长有望子成龙、望女成凤的期待，是人之常情。"鸡娃"的家长们普遍认为"一代更比一代

---

① 全国十二所重点师范大学. 教育学基础 [M]. 第 3 版. 北京：教育科学出版社，2014：12.

强"，并坚信"我的孩子不能比人差"，于是他们在孩子身上付出了很多的时间、金钱、精力等，这样的付出是希望获得好的回报，比如高分、名校、成绩名列前茅等。而一旦孩子的学业表现不如所愿，家长就会陷入一种不可名状的焦虑。事实上，一些家长对孩子的期待并未建立在尊重孩子意愿的基础之上，而是想借助孩子弥补自己曾经未完成的理想和抱负的缺憾，让孩子继承自己理想。[①] 另一方面，也有一部分家长对教育和教育规律的认知存在偏差，客观上也会导致"鸡娃"行为。必须指出的是，这并不是中国独有的教育现象，教育焦虑问题在世界各国都有不同程度的体现。

案例1

我是个妈妈，我需要铂金包

在美国，每个城市都有一个"上东区"，那是精英阶层居住、社交和购物的地方。

为了让孩子接受最好的教育，耶鲁大学人类学博士温妮斯蒂·马丁和丈夫决定把家搬到美国纽约曼哈顿的上东区，这里也是美国顶尖的富人居住区。当温妮斯蒂来到曼哈顿上东区时，她对那里的生存规则一无所知。

从购买学区房、给孩子申请私立学校开始，她打响了一场艰苦卓绝的"战争"，其紧张激烈程度绝不亚于竞选美国总统。

这场"战争"持续了6年，为了让孩子迅速实现阶层跃迁，她又排除万难买到了爱马仕的铂金包，以显示自己的身份，更好地融入社交

---

① 蒋巍巍，王春玲. 情绪援救 直面焦虑与恐惧 [M]. 北京：中华工商联合出版社，2023：188—189.

圈。买包的起因是有一天她正在街边走着，一个女人从对面直直地向她撞过来。她站在路边，那位妆容精致的女人耀武扬威地与她擦肩而过，并用手里的包包撞了她一下。这是怎么回事呢？发生了什么？人类学家的职业兴趣让她主动观察，她发现这样的"遭遇战"在上东区十分常见。主动进攻的一方无不具备一样武器——爱马仕的铂金包。在这个阶层压力无所不在的城市，一个好包包就像一副保护你不被进攻的铠甲。在经历无数次攻击后，她决定买一个铂金包。[①]

案例 1 用"战争"来形容美国父母为了子女教育想尽办法融入顶级富人圈的努力。由此可见，在作为发达国家的美国一样存在教育焦虑。

案例 2

一位日本妈妈放弃"鸡娃"：逃离精英教育的深渊

槙原久美子的《私立小学闯关记》讲述了她跟日本著名私立小学"搏斗"的 6 年。她的家庭背景很难让普通人产生共鸣——她的父亲担任过三菱商会的会长，母亲是三菱创始人岩崎弥太郎的曾孙女，这在大资产阶级家庭也称得上是"顶级"配置。

虽然她是一位单亲妈妈，但对她来说钱从来不是问题。孩子的学费、补习费，在美国欧洲度假、看医生，所有花费都不必计较。

可是，即使处在这样优裕的地位上，在孩子在日本私立小学就读后，这位妈妈也经历了酸甜苦辣，比如：日本的学校给孩子们在假期里也布置大量作业，一年里只有几天没有作业。这些作业，无论是重复型

---

① 参见薇妮斯蒂·马丁. 我是个妈妈，我需要铂金包 [M]. 许恬宁，译. 北京：中信出版社，2019.

的还是创意型的，都需要家长的大量参与，学校也公开鼓励这种做法，认为是家长负责任的表现。这需要家长付出极大的心血。

6年后，她和孩子退出了，远走美国。①

案例2从另一个层面反映出，在日本社会，即使是出身精英阶层的妈妈也不得不面对"鸡娃"与否的抉择。

案例3

《天空之城》：现实比戏剧残酷

聚焦升学话题的韩剧《天空之城》日前播出大结局，再次刷新韩国付费有线台的最高收视纪录。这部黑色喜剧以五个家庭的子女教育，尤其是升学问题为切口，反映当下韩国老百姓的焦虑情绪。

《天空之城》设置了一个叫"SKY"的虚拟社区，"SKY"其实代表着韩国三个顶尖大学——首尔大学（Seoul National University）、高丽大学（Korea University）、延世大学（Yonsei University）。资料显示，韩国70%大企业的总裁、80%司法机构公务员毕业于这三所大学。要进入这三所名校，需要通过残酷的入学联考。备考生往往需要早上6时前起床，用一整天时间学习，仅留出吃饭时间，学到午夜是家常便饭。首尔江南区因私人教育培训而闻名，这里有不少收费颇高的课外补习学校，而"江南妈妈们"则因强迫孩子参加补习班到深夜而闻名。

《天空之城》在韩国的火爆盛况空前。这部剧的收视率从开播时的1.7%飙升到最后一集的23.8%，与其戳中社会痛点而口碑发酵密不可

---

① 改编自孙欣. 一位日本妈妈放弃鸡娃：逃离精英教育的深渊 [EB/OL]. (2021-11-14) [2021-11-19]. https://cj.sina.com.cn/articles/view/2094823017/7cdc7669001019ptl.

分。在《天空之城》播出之际，播出平台 JTBC 也播出了反映韩国高考现状的纪录片。原来，现实比剧里更残酷。有家长公开了自己和高中生孩子每天的生活：家长凌晨 1 时去补习班接孩子，到家大概凌晨 2 时，孩子要整理学习内容，凌晨 3 时入睡，早上 6 时再叫醒他，如此循环……《天空之城》的不少情节都有真实案例支撑，反映出了韩国一代人的"升学焦虑"。[①]

思考

1. "鸡娃"是不是中国特有的教育现象？你还知道哪些反映教育焦虑的现象？

2. 你认为什么是优质教育？幸福教育的标准有哪些？

二、教育焦虑的背后

教育焦虑的背后是教育资源特别是优质教育资源的公平获取问题。当大多数人只能获得"少数资源"，并感到"大多数资源"被集中在少数人手中时，一种由资源分配不均造成的不公平感、失落感会无形中加剧教育焦虑。

当教育本身的公平性遭受质疑时，应该如何解决这一问题？法国思想家布尔迪厄（Pierre Bourdieu）提出的"文化再生产理论"——聚焦社会不平等的再生产机制，可以为我们提供一种思路。在《布尔迪厄访谈录：文化资本与社会炼金术》中，布尔迪厄提到了一个关键词——

---

① 改编自龚卫锋."升学焦虑"有多可怕？[N]. 羊城晚报，2019-01-15.

"文化资本"，它是经由投资者通过教育等形式亲力亲为才得以传承的。在他看来，各种社会特权主要是通过文化领域，具体地讲，是通过文化资本的传递得以继承的，社会的不平等结构也由此得以再生产。① 教育如何影响文化资本的传递和分配？如何影响文化再生产，进而带来社会结构的不平等？这正是再生产理论分析的问题。

归结起来可以从三个方面来理解。第一，同质性和延续性。具体体现在文化传承是父辈到子辈的一脉相承。第二，可能性。学校教育是再生产得以实现的重要途径，并拉大了社会阶层之间的差距，再制造了社会的不平等。第三，固化。通过学校教育，中上社会阶层的家庭得以如愿以偿地将父辈的文化资本传递给子辈，而下层社会阶层的家庭则沮丧地看着自己的子女心不甘、情不愿地重复着父辈的文化缺损。② 可见，教育再生产的结果是强化了阶层内的稳定，弱化了阶层间的流动，教育再生产了社会的不平等。

布尔迪厄通过对法国高等教育学科及专业选择的深入研究，以数据证明了一个判断。他提到，一个较为明显的例子是身处底层社会的子女选择法学院、医学院、药学院这些具有较高收益及回报，但同时需要较强的社会资本投入和支撑的专业的机会较少。其中，上层阶级的子女攻读这三个学院的比例为 33.5%，而以工人和农民为主要阶层构成的底层子女选择这三个学院的比例仅为 17.3% 和 15.5%。③

但是，这就意味着通过教育的再生产不可能实现阶层跨越吗？答案

---

① 贺晓星. 日本"聋文化宣言"：权力政治、社会不平等与文化再生产［J］. 北京大学教育评论，2008（4）：78—92+190.

② 贺晓星. 日本"聋文化宣言"：权力政治、社会不平等与文化再生产［J］. 北京大学教育评论，2008（4）：78—92+190.

③ 黄俊，董小玉. 布尔迪厄文化再生产理论的教育社会学解读［J］. 高教探索，2017（12）：35—40.

当然是否定的。真正的情况是，教育是个人社会化的重要途径，它通过对个体的赋值，能够加速社会流动，是解决贫困代际传递的关键。

美国社会学家奥斯卡·刘易斯（O. Lewis）提出了"贫困文化"的概念。贫困文化经由父辈子孙代际流传，但在这种文化的"传承"当中，父辈留给后代的经验往往只是如何接受、安身于贫困而不是如何争取发展个人技能以求改变贫困的现状。根据大量实证调查，长期处于贫困中的人不仅知识贫乏，而且也常处于一种消极的、宿命论式的心理状态。① 贫困代际传递如何解决？扶贫要扶智和扶志——二者的终极指向都是教育。

全国优秀教师、云南省丽江市华坪县女子高级中学校长张桂梅的故事就是一个鲜活的例子。2008年，她创办了全国第一所全免费的女子高级中学，主要招收丽江市内边远乡镇、高寒山区及云南省内其他市、县贫困边远乡镇山区和周边省、市贫困山区的学生。十余年来，已有近2000名学生从这里走出去，圆了自己的大学梦，也彻底改变了自己和家人积贫积弱的面貌。

教育焦虑还来源于对学校所教授内容的担忧和顾虑。当所有的教学都围绕应试而展开，当所有的评价都以成绩作为唯一标准时，家长和学生的焦虑情绪就变得越来越严重。因此，素质教育、博雅教育、博放教育等新的教育理念应运而生。

素质教育的概念产生于20世纪90年代，它是相对于应试教育而产生的。1994年6月，时任国务院副总理李岚清在全国教育工作会议上指出："基础教育必须从'应试教育'转到素质教育的轨道上来，全面贯彻教育方针，全面提高教育质量。"此次会议提出的全面提高教育质

---

① 周晓虹. 现代社会心理学 [M]. 上海：上海人民出版社，1997：544－545.

量的目标，加速推动了从应试教育到素质教育的转变。同年 8 月，《中共中央关于进一步加强和改进学校德育工作的若干意见》第一次正式在中央文件中使用了"素质教育"的概念。1997 年 10 月，国家教育委员会制定了《关于当前积极推进中小学实施素质教育的若干意见》。从素质教育概念的提出，我们就可以看到，素质教育与应试教育本身就是"一对相互依存的阴阳合体"①。素质教育的提出是中国教育发展的阶段性产物，促使中国教育在扬弃中传承。

应试教育与素质教育呈现的是对优质教育的理解，以及具体的办学实践中所客观存在的两种"对立"的"理念"："一种为'精约教育'，它强调严格的制度与纪律，养成习惯，砥砺品格，磨砺意志，用'苦中苦'或'苦中乐'以实现做'人上人'的目标；另一种为'博放教育'，它努力将约束降到最低，主张解放学生，提出让学生在集体之外成长，让每一个学生可以变得伟大"②。

有人为"博放教育"的理想之花而鼓掌，自然也有人为理想之下的现实荆棘而焦虑。因此，在很长一段时间里，"博放教育"和校外教育培训机构的"精约教育"组合在一起。当教育提出要培养"终身运动者、责任担当者、问题解决者、优雅生活者"，提出要"多元评价"时，当"双减"③坚决全面落实落地时，家长们反而不知所措了。

---

① 刘云杉. 自由的限度：再认识教育的正当性［J］. 北京大学教育评论，2016（2）：27 −62，188−189.

② 刘云杉. 自由的限度：再认识教育的正当性［J］. 北京大学教育评论，2016（2）：27 −62，188−189.

③ 2021 年 7 月，中共中央办公厅、国务院办公厅印发《关于进一步减轻义务教育阶段学生作业负担和校外培训负担的意见》，要求各地区各部门结合实际认真贯彻落实。2021 年 8 月，中共北京市委办公厅、市政府办公厅印发《北京市关于进一步减轻义务教育阶段学生作业负担和校外培训负担的措施》。

案例 4

"双减"后的家长们……

"双减" 90 天，上海建平中学西校（简称"建西"）被一位家长举报，起因是开学后学校进行了一次"月考"。

举报家长的诉求是：要求学校取消"月考"和"分班"，要求学校严格执行国家"双减"政策。此举立刻引发该校其他家长们的强烈反对。举报家长不甘心被骂，于是写了一封长信来详细说明自己的理由（举报的家长直接在信中坦言自家孩子"成绩不那么优秀"）。在这位举报学校的家长发了公开信后，有道是来而不往非礼也，另一位家长也写了一封信进行反驳，标题直接叫《震惊愤怒以你为耻》。

建西在浦东算是"航母级"学校，一个年级一两千人，因而这个学校的前几名还被称为"千人斩"。在建西这样的学校，只要能排进年级前列，将来进"四大名校"（类比北京的"六小强"）是妥妥的。但因为当初学生基本都是依照划片方式入学的，学生的水平参差不齐，成绩分化比较严重。

支持分班的家长人认为：如果教学难度进度都一样，会导致学习好的"吃不饱"，学习差的"跟不上"，所以学校的"分层"教学，就显得特别重要了。而举报"月考"的家长则说："重点班"和"阶梯班"设立的目的无非就是向那些被捧在手心的"尖子生"优先配置好的教学资源，这样做难道没有打破公平竞争的环境氛围吗？可以预见未来相当数量的"示范性高中"的录取名额将提前落入"阶梯班"学生怀中。学校表示"阶梯班"可进可出，但非"阶梯班"学生和"阶梯班"学生参加同样的考试、排名，是不公平的竞争。

教育改革任重道远，结果怎样，多给一些时间拭目以待。

　　"双减"不能一蹴而就，当然也不是"简单、粗暴、直接"的单方面行动，需要集合各阶段教育的利益相关方的力量，从教育的系统性改革来重构更加顺应人的成长和发展规律、更加遵循教育规律的教育生态，从而实现"双减"的真正意义。可以说，"双减"是国家在教育领域的改革从基础教育阶段切入的具体行动。任何一种改革都会经历阵痛，"双减"也不例外。当挑战"习以为常"的改革在初期引发轩然大波也不足为奇。但是，当我们开始探索与"双减"匹配的其他教育阶段的改革和国家招生考试制度的改革，以及教育改革背后的意义，会发现，教育引领先进文化和先进生产力的发展方向，服务经济社会发展需要，最直接的体现是满足国家对各级各类人才的需求。因此，我们的教育类型应该是多层次和多样的，以回应人才的多层次和多样化需求。改革背后的第二个重要动因是尊重个体的成长和发展需求，充分尊重和激发个体的特质潜能，让每个个体选择最适合的教育成长路径，匹配最适合的人才岗位，最大化发挥人才价值和潜能。这才是改革更深层次的意义和价值所在。

　　在西方国家，其实早在 17 世纪，夸美纽斯（Johann Amos Comenius）在教育学的奠基之作《大教学论》（*Magna Didactica*）中就构建了一套较为完善与严格的学校和教学体系，对学年制、学日制、班级授课制、考试及考察制、督学制都进行了深入的阐述。白璧德（Irving Babbit）在其著作《文学与美国的大学》（*Literature and the American College*）中就提道："自由教育是一种在最高形式上的温顺中的锻炼——虽不能说这温顺就是谦卑……在这温顺与谦卑中，自由教育恰是最严格的教育。"① 可见，西方也并不是"严格教育"的绝缘体。

---

① 白璧德. 文学与美国的大学［M］. 张沛，译. 北京：北京大学出版社，2004.

案例 5

记者卧底美国高中，揭露精英教育骗局：

4 小时睡眠，4 杯咖啡，4.0GPA

2001 年，曾经的普利策新闻奖获得者爱德华·休姆斯"卧底"加州一所公立学校惠特尼高中（Whitney High School），亲身体验学生和老师的每日校园生活。在长达一年的时间里，他在这所北美顶尖高中"蹲点"采访，和学生一起听课、参与活动，甚至还同场考试。最终写成了一本《美国最好的中学是怎样的》（School of Dreams）。

先来了解一下惠特尼高中。根据 U. S. News 2018 年排名，惠特尼高中位列加州第 1，全美排名第 33，在全国最好 STEM 高中里排名第 12。父母们千里迢迢举家搬迁到惠特尼高中附近的学区，只为孩子能有机会进入这所大名鼎鼎的模范学校就读。

4 小时睡眠，4 杯咖啡，4.0 的 GPA 成绩。

这难道不是在说中国的高三生？不，这说的是惠特尼高中的学生日常：为了拿到最高的 GPA 成绩 4.0，惠特尼高中的学生们一天只睡 4 个小时，每天灌下 4 杯咖啡，保证自己可以精神充沛地进行学习。

美国的中学早晨 8 点上课，下午 3 点放学。似乎学业并不繁重？然而很多学生每天凌晨 1、2 点睡下，早上 6、7 点醒来，一天只睡四五个小时。这可一点没比国内高三考生轻松啊！

有人测算过，惠特尼高中的学生一年要背 112 磅（50.8 公斤）的课本，约等于 102 斤。这与印象中的美国教育大相径庭。美国学生为了申请大学，同样需要"头悬梁、锥刺股"般的努力。①

---

① 新地平线. 记者卧底美国高中，揭露精英教育骗局：4 小时睡眠，4 杯咖啡，4.0GPA [EB/OL].（2019－04－01）［2021－05－15］. https://ww w. xim alaya. com/qinggan/20517862/172879585.

现在，西方越来越意识到严格教育模式对于教育质量的贡献，尤其是在基础教育领域。在中国学习和借鉴国外重视人的生长规律与自然发展的同时，国外也开始出现学习和尝试中国传统精约教育的趋势。博放教育和精约教育在这种学习借鉴中，仍然如历史一样，在平衡、失衡、再平衡中不断向前，不断接近当下人类发展的本质与需求。

第三节　教育的未来：回归与传承

放眼全球，教育改革成为 21 世纪教育文化的重要内容。从中外教育发展的点滴中勾勒出教育文化的世界图谱，以及教育与社会交错发展而又相互影响的历史轨迹。立足当下，在纵横两种视野和格局下，面向未来，我们重新审视教育，回归教育初心，坚定教育使命，在实现人的发展中，在文化传承中，在文明交融互鉴中，求同存异，达成人类共同利益，实现人类意识的扬升，促进人类的进步。这是教育的更高目标，也是教育文化的使命所在。

一、回归教育的本质

老子的《道德经》说："天得一以清，地得一以宁，神得一以灵。"这里的"一"，就是教育之根，具体而言，就是提升生命质量、寻求教育之根。当前教育的出路在于——回归到教育纯真，重新建立教育价值观，包括进一步反思——教育是什么？① 对于教育的本质，不同的人有

---

① 林格. 回归教育本质 [M]. 北京：清华大学出版社，2015，前言：1.

不同的看法，但是任何一个角度的阐释都离不开人，人的发展是社会各项事业发展的中心，回到人的发展，也即是回到了教育的本质。德国著名学者雅思贝尔斯（Karl Theodor Jaspers）即认为，"人的回归才是教育改革的真正条件"①。

　　教育包含了一个多元的世界，古今中外的思想家、哲学家、教育家有主张教育目的的社会本位论，有主张教育目的的个人本位论，也有主张教育目的的协调论的。在教育如何实现人的发展上，"有从人的机体来寻求答案的，也有从人的奇妙的大脑来寻求答案的，也有从人与自然的关系来寻求答案的，更有从灵魂与生命的关系来寻求答案的"②。这些多样的答案"成就了人类教育思想的丰富和现实教育行为的多样"③。英国教育家、哲学家怀特海（Alfred North Whitehead）在《教育的本质》（The Essence of Education）一书中曾提出，"我们的目标，应该是让人们既拥有文化素养，也拥有某方面的专业知识。如此一来，他们便能以专业知识作为自我发展的基础，在文化素养的引领下，达到哲学的深度与艺术的高度"④。

　　可以看到，无论是社会本位论、个体本位论还是协调论，无论是从机体、大脑、人与自然的关系，还是灵魂与生命的关系来寻求教育促进人的发展，教育的目标由始至终都有着"实现人的发展"这一主线。唐代韩愈的《师说》提出，"师者，传道受业解惑也"，其实这又何尝不是

---

　　① 转引自魏贤超等. 教育原理散论 ［M］. 杭州：浙江大学出版社，2013：6.
　　② 檀传宝. 教育思想的花园：教育基本理论前沿讲座 ［M］. 北京：教育科学出版社，2020：107.
　　③ 檀传宝. 教育思想的花园：教育基本理论前沿讲座 ［M］. 北京：教育科学出版社，2020：107.
　　④ 阿尔弗雷德·N. 怀特海. 教育的本质 ［M］. 刘玥，译. 北京：北京航空航天大学出版社，2019：59.

对教育的阐释。印度哲学家克里希那穆提（Jiddu Krishnamurti）也指出"教育就是解放心灵"。最好的教育不是仅传授知识，而是在教育的过程中帮助学生和教师自然地绽放，让每个人的天性得以健康发展，在主动学习中实现自由成长。法国电影《放牛班的春天》（*Les Choristes*）、美国电影《死亡诗社》（*Dead Poets Society*）都是这样打动观众的。①

美国作家大卫·福斯特·华莱士（David Foster Wallace）2005 年在肯扬学院毕业典礼上发表了一场演讲。这场演讲在当时反应平平，之后却突然"逆袭"，被《时代》（*Times*）杂志誉为有史以来伟大的演讲之一。该演讲录音通过邮件和博客在网络上不断流传，引发广泛共鸣。后来，The Golssary 工作室根据录音制作了一个长约 9 分钟的短视频，发布在Youtube 上，短短一周就有超过 400 万人浏览。演讲从一个鱼缸开始：

> 两条小鱼在水里游泳，突然碰到一条从对面游来的老鱼向它们点头问好："早啊，小伙子们。水里怎样？"
>
> 小鱼继续往前游了一会，其中一条终于忍不住了，它望着另一条，问道："水是个什么玩意？"

华莱士说："你们若一问，我会将自己喻作智慧老鱼，向你们这些小鱼儿阐释水的含义，那还是省省吧。我可不是什么智慧老鱼。"随后，他在演讲中谈到这个故事的内涵："如果你自然而然地就能确定自己知道实际情况……可能不会去考虑那些并非毫无意义且恼人的可能性。但如果你真正学会了如何思考，如何关注，那么你就会明白，你还有其他选择。"如何看待教育？华莱士在演讲的最后提出他的看法："这，就是

---

① 朱寿桐. 中国教育文化百年史 [M]. 南京：南京师范大学出版社，2018：245.

真正教育的自由，以及学会如何更好地使用自由：你会有意识地决定什么有意义，什么没有。由你来决定信仰什么。"①

华莱士的演讲告诉我们，教育真正的自由是学会如何思考、如何关注，而后进行选择。这既启发我们如何看待和研究教育本身，又何尝不是在启发我们，如何看待教育的其他："如果你自然而然地就能确定自己知道实际情况……可能不会去考虑那些并非毫无意义且恼人的可能性。"

二、传承文化的脉络

具有西方精神源泉般影响的古希腊神话中，"铁面无私"的神王宙斯"不近人情"地推翻了父亲的不义统治，诸神之间不受人情约束。而在远古传说中，舜生活在"父顽、母嚚、弟傲"的家庭环境里，因才干过人，威望日盛，引起家人嫉恨。舜明知父亲、继母和弟弟几次三番设计谋害自己，依然践行孝举，甘冒生命危险也要与家人处好关系。"其孝感如此。帝尧闻之，……遂以天下让焉。"②

在文化与精神的源头中，我们看到了西方推崇的理性与中华民族崇尚的仁德各有其生长的根基与脉络。在文化的脉络下，我们发现中西方对于教育的目的、教育的人有着不同的思考。

亚里士多德说："我们身上所存在的最优秀的品质……就是以理性为根据的生活，因为它才使人成为人。"相较之下，在《论语·公冶长》一篇中，关于学习的志向，孔子则提出"老者安之，朋友信之，少者怀

---

① 马修·萨伊德. 多样性团队 [M]. 季丽婷，译. 天津：天津人民出版社，2021：18.
② 马修·萨伊德. 多样性团队 [M]. 季丽婷，译. 天津：天津人民出版社，2021：18.

之"，即使老人安享晚年，使平辈的人信任我，使年少的人得到关怀。

公元前 500 年的中国，孔子主张"有教无类"；公元前 400 年的古希腊，苏格拉底主张"美德即知识"，无论是谁，都必须接受教育，才能真正成为一个有德行的、有善性的人；17 世纪的捷克，扬·阿姆斯·夸美纽斯（Johann Amos Comenius）主张我们在这个世界上追求学问、德行与虔信，我们就是相应地在向我们的终极目标前进，并认为只有受过恰当教育之后，人才能成为一个人。①。可见，古今中外教育的基础和目的有着共通之处，在于激发人的自我发展。

而在何谓人的自我发展、如何激发这种发展的问题上，中西方在历史的发展中显然也形成了各自的看法：西学立足个人，支撑个体成为自由之人，探寻自由、理性、真理，我们也看到西方的博放教育发展更盛；中学则由人及关系，以立心—立命、治国—平天下为人的发展之道，推动着精约教育的不断发展。这是一个有趣的现象，教育作为人类特有的传承文化的能动性活动，也在被文化影响着成为文化的一部分。我们再回看博放教育与精约教育的相互依存、此消彼长，教育文化在共通的基础与目的之上，互相借鉴、相互融合，也正是西学之"自由、理性、真理"，与中学之"人—关系"的碰撞、交流、借鉴。

根植于特定文化的教育在历史的演进中，在和不同文化的教育思想互鉴交流中传承和发展。教育从人类诞生之初就伴随产生，在人类发展过程中担负着最重要的文化传承的功能，在国家民族危难之际更是担负民族精神文化生死存续之功能，也在和世界的互动中变化和发展。② 面向未来，拥抱变化，在比较中发现共通、发现差异，发现教育思想的变

---

① 参见夸美纽斯. 大教学论 [M]. 傅任敢，译. 北京：教育科学出版社，1999.
② 朱寿桐. 中国教育文化百年史 [M]. 南京：南京师范大学出版社，2018：244.

与不变。教育同时需要坚定与开放的心态。在不同的文化土壤上，在特定的时代用前瞻性的眼光探求教育改革之路，恰恰是教育文化的一种传承和创新。

三、人类的共同利益

这是一个动荡的时代，世界变得越来越年轻，对于人权和尊严的渴求正在上升。不同社会之间的联系比以往任何时候都更加密切，但不宽容现象和冲突依然层出不穷。新的权力中心正在形成，不平等正在走向深层，地球正承受着压力。虽然可持续和包容性发展的机会广阔，但是挑战也是严峻和复杂的。

....

再没有比教育更加强大的变革力量，教育促进人权和尊严，消除贫穷，强化可持续性，为所有人建设更美好的未来。教育以权利平等和社会正义、尊重文化多样性、国际团结和分担责任为基础，所有这些都是人性的基本共同点。

所以，我们必须高瞻远瞩，在不断变化的世界中重新审视教育。为此，我们需要开展广泛的辩论和对话，这正是本出版物的目标——满怀憧憬，鼓舞人心，对话未来。[①]

——联合国教科文组织总干事　伊琳娜·博科娃

继《学会生存：教育世界的今天和明天》（《富尔报告》，1972）和

---

① 联合国教科文组织. 反思教育：向"全球共同利益"的理念转变？[M]. 北京：教育科学出版社，2017：3-4.

《学习：内在的财富》（《德洛尔报告》，1996）两部具有里程碑意义的报告发布后，联合国教科文组织在 2015 年发布了 21 世纪的第一份报告《反思教育：向"全球共同利益"的理念转变？》。报告提出，"在重新审视教育目的时，对于可持续的人类发展和社会发展的密切关注，主导着我们的思绪"。随着全球化的深入发展，世界的快速变化也在推动着教育的反思与变化，更加回归到教育本真，中西方教育文化的相异与会通也在这种反思与变化中融合为一个新的视角，一种全球化、全人类的视角——知识和教育是人类的共同利益。遵循这一共同利益的原则，我们可以尝试去做一些关于未来的思考：中外教育在共担"创造可持续的未来"的责任中，用什么、以怎样的姿态继续交流、碰撞与融合？怎样求同存异？我们的教育如何在这种交流、碰撞与融合中朝着更加公平、更加优质的方向前进，对社会文化产生重要影响，从而推动我们社会的进步？我们的教育如何更具文化的定力与人文的精神，让优良的教育传统和创新的教育改革在新的全球学习格局中发光？最终，在全球化的时代，我们终将实现教育文化的"各美其美，美人之美，美美与共，天下大同"。

第六章

Cross the bridge or bump onto the wall：
社会交往中的"桥"与"墙"

人是最名副其实的社会动物，不仅是一种合群的动物，而且是只有在社会中才能独立的动物。[①]

——卡尔·马克思（Karl Marx）

如果一个月不和任何人打交道，我们能否自给自足地生活？我们和亲人朋友联系时使用最多的工具是什么？如何知道我们的偶像最近在干什么？怎么"关心"你爱慕的人？

现代社会人与人的交往，固然基于亲人、朋友、同事等"人情"，但随着通信技术的发展和各种社交媒体的使用，即使我们偏安一隅，也可以轻松找到与自己志趣相投的"有缘人"。"世界是平的"，只要我们用心去交流，就可以打破地域、语言和文化之"墙"，在全球范围内架起精神沟通与情感交流的友谊之"桥"。

社会交往与人际关系是传播学、社会学、心理学等学科研究的重要

---

① 马克思恩格斯选集：第2卷 [M]. 北京：人民出版社，1995：2.

问题之一，是其共同关注的主要领域。马克思说过："社会——不管其形式如何——究竟是什么呢？是人们交互作用的产物。"[①] 人与人之间的交往是形成社会的基础，社交是人的本性之一。通过社会交往，人们被连接在一个巨大的网络中。这种连接关系不仅仅是与生俱来的，也是生活中必不可少的，更是一种永恒的力量。[②]

第一节 连接与沟通：社会交往的行为运作

美国学者马修·利伯曼（Matthew D. Lieberman）在《社交天性：人类社交的三大驱动力》（*Social: Why Our Brains are Wired to Connect*）一书中指出，以一定的兴趣为基础，每个人都天生与他人相互连接。对于人类来说，这种连接同肉体所感受到的痛苦与快乐一样基本。我们天生就是爱社交的社会动物，被深层次的动机驱动着的我们喜欢与亲朋好友待在一起。[③] 通过社交，人类得以构建庞大的关系网络，从而分享事物和信息，交流思想，沟通感情；它不仅把我们彼此连接在一起，也连接着我们的过去和未来。

一、差序：中国人的社交之"道"

合成词"社会交往"（Social Intercourse，或称 Social Contact）由

① 马克思恩格斯选集：第4卷 [M]. 北京：人民出版社，1972：320.
② 参见尼古拉斯·克里斯塔基斯，詹姆斯·富勒. 大连接：社会网络是如何形成的以及对人类现实行为的影响 [M]. 简学，译. 北京：北京联合出版公司，2017.
③ 马修·利伯曼. 社交天性：人类社交的三大驱动力 [M]. 贾拥民，译. 杭州：浙江人民出版社，2016，前言：1.

"社会"和"交往"两个词构成。据考证，"社会"一词出现得较早，它一方面指古时社日、里社举行的赛会，后泛指节日演艺集会。宋代的孟元老在《东京梦华录·秋社》中曾记载"八月秋社……市学先生预敛诸生钱作社会"。另一方面，它也指志趣相同者结合的团体。[①] 而现代意义上的"社会"作为一个外来词，是指"以共同的物质生活为基础而相互联系的人们关系的总体。也泛指由于共同物质条件而互相联系起来的人群"[②]。所以，人是社会的主体，人与人之间关系（relationship）的构成和演变，就成了社会交往。

很多著名学者都曾对这一现象提出自己的看法和观点：梁漱溟先生提出了"伦理本位"，并将它与"以个人为中心"的西方社会的人际关系进行对照；费孝通先生创立的"差序格局"，成为公认的研究中国人际关系的核心概念；许烺光先生提出的"情境中心论"，直接指出中国人大多是在社会交往中寻求安全或是信任感，这种相互依赖的人际关系是中国人生活方式的关键。

事实上，"关系"在中外社会运作和人际交往中都占据着重要的位置。西方不但有公共关系（public relations），而且有人际关系（interpersonal relationship）、朋友关系（friendship）等，也会把关系看作一种交往联系（connection）或者交易（exchange），乃至社会资源或社会资本（social capital），但它远远没有获得在中国这样"高"的关注度。究其原因，这与源远流长的中国文化有着密切的关系。

中国传统思想文化中有很多内容都是对人与人关系的阐述。"仁义礼智信"作为"五常之道"，既是做人基本的道德准则，也是用于建立

---

① 辞源：第3册 [M]. 北京：商务印书馆，1992：2263.
② 史有为. 新华外来词词典 [M]. 北京：商务印书馆，2019：1012.

和评价人际关系和谐与否的标准之一。《论语·学而》中的"吾日三省吾身，为人谋而不忠乎？与朋友交而不信乎？传不习乎？"，《孟子》中的"老吾老以及人之老，幼吾幼以及人之幼"，《论语》中的"己所不欲，勿施于人""忠恕"等论述，都揭示了中国自古以来就较为重视社会交往和人际关系。

"关系"是中国社会运作的核心概念，无论是婚丧嫁娶、升学升迁，还是求医问药、奠基竣工等，无论是个人之间还是个体同组织之间，其中所蕴藏的社交行为，无不反映出背后亲疏远近的关系，这恰恰体现了中国人社交关系中的差序性。

"差序格局"是费孝通先生提出的用于表示中国人际关系结构的一个概念，指中国人在交往时以己为中心，逐渐地向外推移，以表明自己和他人的远近关系。他用非常生动的例子解释了这个概念。

> 好像把一块石头丢在水面上所发生的一圈圈推出去的波纹，每个人都是他社会影响所推出去的圈子的中心，被圈子的波纹所推及的就发生联系。

> 这个网络像个蜘蛛的网，有一个中心，就是自己。我们每个人都有这么一个以亲属关系布出去的网，但是没有一个网所罩住的人是相同的。[①]

其实，波纹也好，蜘蛛网也罢，都是用于标示社会关系的一种形象说法。一般来说，包括父母、兄弟姊妹等在内的直系亲属肯定是一个人最亲近、最核心的社交圈层，而后逐渐扩大到旁系亲属、同学、同事、朋友等。但是，随着中国城市化和现代化的发展，越来越多的人"背井

① 费孝通. 乡土中国 [M]. 北京：人民出版社，2008：28.

离乡"后，也出现了所谓"远亲不如近邻"的情况。可见，差序式的社交关系并非一成不变，而是同时具备了"绝对稳定"和"相对稳定"的双重属性。前者是指个体从出生到求学、工作等天然具有的关系属性，父母子女、兄弟姐妹、同乡、同窗等即属此类，它不以个体年龄、身份、地位的变化而变化。后者则更多体现在某一特殊事件发生过程中。例如，在医院，病人和医生、护士之间很容易建立一种比较亲近的社交关系，而随着病程的终结，这种关系在多数情况下会自然终止。

二、直面：西方人的社交之"法"

在英国，有一句家喻户晓的谚语"Manner Maketh Man"，这句话出自英国教育家、伊顿公学前校长威廉·霍曼（William Horman）之口。它的意思是说，一个人的礼仪、举止和态度，可以体现一个人的见识、素养与价值。这其实与孔子所倡导的"不知礼，无以立也"有异曲同工之妙。

事实上，世界上任何一个国家都有自己的礼仪文化，也重视社交礼仪，只是由于"中西文化是两种不同性质的文化"①，因此形成了社交方式方法的差异。对于西方人来说，其社交行为最突出的体现就是"直、面"二字：无论是言语还是行为，很多时候他们都是直来直去，直言不讳，即使有不满意，也要当面指出，而这些都是自古以来倡导以谦和、低调为美德，生活在儒家文化影响之下的国人所不"擅长"的社交行为。

例如，中西方人都同意"眼睛是心灵的窗户"这一观点，但孟子说

---

① 陈乐民. 中西之交 [M]. 北京：北京出版社，2017：6.

"存乎人者，莫良于眸子。眸子不能掩其恶……"（《孟子·离娄章句上》），是表示我们在观察一个人的时候，要透过眼睛看到他的本心。这与大部分西方文化所提倡的"交流时更注重人与人之间眼神的接触"有所不同。在与人交往的过程中，西方人常常会看着对方，因为他们认为这代表着心灵的沟通，而如果不注视对方，则会被认为是害怕、轻视对方，又或者漠不关心甚至内心有愧等。当然，这里要注意把握"度"。如果长时间盯着对方，可能会被误读为有敌视的情绪；特别是如果被凝视的是异性时，也有可能被误解是有性企图。所以，在交流、谈话与人对视时，一定要把握好时间的长短。

而人们在进行面对面的社交时，身体接触与否更直接体现出不同的文化传统和礼仪。四年一度的奥林匹克运动会不仅为来自世界各地的运动员提供了同场竞技的平台，也是他们跨越国界、跨越文化交流的场所。每一项比赛结束后的颁奖典礼无疑是激动人心的时刻之一，在颁奖仪式上我们可以观察到具有中西不同文化背景的人对于肢体接触的反应。很多中国运动员对于来自异性的亲吻都表现出明显的退缩和回避，而一些西方国家的运动员则坦诚地接受这种礼节。

著名社会学家爱德华·霍尔根据不同文化是否鼓励身体接触方面的差异，划分出接触文化和非接触文化两个类别。接触文化通常鼓励身体的接触，允许对话双方身体的接近甚至触摸、亲吻；而非接触文化通常不鼓励身体的接触，对话双方隔得较远。霍尔发现，有接触文化的国家通常包括阿拉伯地区的伊拉克、科威特、叙利亚、阿拉伯联合酋长国，南美的玻利维亚、厄瓜多尔、乌拉圭、秘鲁、委内瑞拉，欧洲的法国、意大利；有非接触文化的国家包括东亚的中国、日本、韩国，东南亚的泰国、菲律宾、印度尼西亚，南亚的印度和巴基斯坦，北美的美国和加拿大，欧洲的奥地利、英格兰、德国、荷兰和挪威。①

　　从这一"名单"我们可以看到，对于西方国家不能"一概而论"。同样是见面，法国人能够接受成年人在见面时拥抱，甚至两个男人之间也可以亲吻双颊表示欢迎。而英国人在与客人见面时，普遍采用的是握手礼，有时候女性会施屈膝礼，他们在跟人交谈时，不喜欢距离太近，一般要保持 50 厘米以上距离。这一点与美国人相似，他们即使在跟熟悉的朋友谈话时，也会尽量避免出现身体的触碰。而如果不小心碰到了对方，他们会立即表示歉意等。

三、中西社交文化差异之"源"

　　中西方在社交行为上有很大的不同，翟学伟教授在《人情、面子与权力的再生产》一书中，从前提、方法、背景、特征和表现形式等方面对中西社交行为进行了对比（表 6.1）。其中，"表现形式"一栏较好地总结概括了中西方社交行为差异。②

表 6.1　中西社交行为对比

	中国（传统）	西　方
前提	心相同 心相通	心各异 心相隔
方法	以情感（体验）	以理论（实证）
背景	天命观 家族主义 等级伦常	宗教观 个人主义 正义平等

① 彭凯平. 吾心可鉴：跨文化沟通 [M]. 北京：清华大学出版社，2020：260.
② 翟学伟. 人情、面子与权力的再生产 [M]. 北京：北京大学出版社，2013：109.

续表

	中国（传统）	西　方
特征	命中注定（缘） 人情法则（情） 人伦秩序（伦）	上帝赋予（神） 人际定律（理） 社会契约（法）
表现形式	血缘亲情 长久稳定 报大于施 相互依赖 他人取向 差序格局 乐天知命 安分守己 ……	权利义务 短暂波动 施报相等 自我独立 自我取向 团体格局 积极进取 无拘无束 ……

　　如果从文化的视角分析中西方社交文化差异之成因，美国当代著名文化人类学家鲁思·本尼迪克特在代表作《菊与刀》中所提出的关于"耻感文化"（Shame Culture）与"罪感文化"（Guilt Culture）的论断，为我们提供了一种很好的思路。她认为，耻感文化指向"公认的道德标准借助于外部强制力来发展人的良心的社会"，而罪感文化"提倡建立道德的绝对标准，并且依靠其发展人的良心的社会"。① 由此，她将日本文化归类为耻感文化，将美国文化归类为罪感文化。

　　耻感文化社会的人依照外人的观感和反应行事，当个体行为被群体鄙视时，就会产生羞耻之心。罪感文化社会的人按照自己的道德标准行事，一旦违背了这种标准，便会产生深重的罪恶感。中国文化崇尚"性本善"，并由对人性善的认知形成了一种耻感文化，而西方却崇尚"原罪说"，并由对人性恶的认知形成了一种罪感文化。②

---

① 鲁思·本尼迪克特. 菊与刀［M］. 吕万和，等译. 北京：商务印书馆，2012：58.
② 柳士同. 耻感文化与罪感文化［J］. 社会科学与论坛，2012（3）：156－158.

日本汉学家森三树三郎等人进一步指出，与日本相比，中国文化中的耻感意识更强，耻感文化真正的发源地是中国。[①] 学者朱岑楼在对儒家经典四书中"耻"的观念进行深入分析后认为，中国社会是"耻感社会"，中国人的人格是"耻感取向人格"，中国文化是"耻感文化"，或者至少可以说中国文化是"耻感"占据优势的文化。[②]

与"耻感文化"主要依赖于"他律"不同，西方文化所呈现的"罪感文化"着眼点在于"自律"。罪感文化的前提是承认人类自身的不完美，只有通过忏悔甚至惩罚，人的灵魂才能得到救赎，免受心灵的折磨。正如本尼迪克特所写：

> 羞耻是对别人的批评的反应。一个人感到羞耻，是因为表现可笑而遭到别人公开的嘲笑、拒绝，或者自己感到被嘲笑。……这是一个潜在的强制力，但它需要一个听众在场，感觉到有外人在场才能发挥作用。但罪恶感就不是这样。荣耀意味着按照自己心目中的理想自我而生活，一个人即使在没有人知道他的错误行为的情况下也会受到罪恶感的折磨。[③]

在俄国作家陀思妥耶夫斯基（Fyodor Mikhailovich Dostoevsky）的代表作《罪与罚》中，主人公拉斯柯尔尼科夫是一个穷困潦倒的大学生，在杀死放高利贷的当铺太太和无意间目击现场的妹妹，并拿走珠宝和钱财后，他开始了漫长而痛苦的自我惩罚的心路历程。即使他后来倾尽所有帮助那些穷苦的人，做好事也不留名；即使有人当"替罪羊"，

---

① 森三树三郎，王顺洪. 名与耻的文化——中国、日本、欧洲文化比较研究 [J]. 中国文化研究，1995（2）：7.

② 李亦园，杨国枢. 中国人的性格 [M]. 台北：桂冠图书股份有限公司，1988：114.

③ 鲁思·本尼迪克特. 菊与刀 [M]. 吕万和，等译. 北京：商务印书馆，2012：103.

他也无法感受到轻松。他所有痛苦的根源，来自其内心深处的犯罪感。最终，在他人的引导下，他选择自首，被判流放后，内心才真正得以平静。

可见，在罪感文化与耻感文化不同的价值取向下，中西方的社交行为自然也就有了很大的差异。

思考

你还知道哪些国家有意思的社交行为或者社交禁忌？你觉得为什么中西方社交礼仪和社交文化会有这些差异？

第二节　选择与建构：全球视域下的
中国网络社交

美国麻省理工学院媒体实验室创办人尼葛洛庞帝（Nicholas Negroponte）在 1996 年出版的《数字化生存》（*Being Digital*）一书中指出："从原子到比特，数字技术作为一种先进生产力的代表，使得人与人之间的交流方式、生产方式、生活方式、思维模式以及行为方式都被深深打上了数字化的烙印。"[①] 数字化技术改变了整个世界的时空距离，让现代人生活在"地球村"（global village）中，人们不仅在交流的对象、交往的方式上有了更多选择，也重新建构了自己的社交圈层，建立了新型的信赖关系。

---

① 尼葛洛庞帝. 数字化生存 [M]. 胡泳，等译. 海口：海南出版社，1997：184.

一、从模仿到超越：中国社交媒体发展

英文术语"social media"在汉语中有"社交媒体""社交媒介"以及"社会化媒体"等多种译法。① 目前普遍认为这个概念源自美国学者安东尼·梅菲尔德（Antony Mayfield）在 2007 年出版的《什么是社交媒体》（*What Is Social Media*）一书。那么，到底什么是"社交媒体"，它是自古就有的概念，还是现代社会创造的新事物？其实，从技术特性的角度来看，任何一种物体，只要具备了社交的功能与作用，就可以称其为"社交媒体"，因为人才是社会交往的执行者和实践者。不同的历史时期人们赋予了不同的"物"社交的功能，是人的创造性使用让物成为社交媒体。正是从这个层面来讲，英国学者汤姆·斯丹迪奇（Tom Standage）在《社交媒体简史：从莎草纸到互联网》（*Writing on the Wall: Social Media－The First 2000 Years*）一书中，将莎草纸、羊皮纸、书信和印刷术出现后的小册子、报纸，以及电报、电视、互联网甚至咖啡馆等一切用于分享与交流信息的介质，都称为社交媒体。可见，这是对"社交媒体"一词的广义理解，其本质更接近于媒体（media）的概念。

就现代意义上的"社交媒体"，传播学者安德烈·开普勒（Andreas Kaplan）和迈克尔·亨莱因（Michael Haenlein）认为是"一系列建立在 Web2.0 的技术和意识形态基础上的网络应用，它允许用户生成内容（UGC）的创造和交流"，形成了人们组织生活新的在线层。这一层平

① 有学者专门考证了"social media"中文译法的区别，详见赵云泽，张竞文，谢文静，等."社会化媒体"还是"社交媒体"？——一组至关重要的概念的翻译和辨析 [J]. 新闻记者，2015 (6)：63–66。除引文外，本书统一采用"社交媒体"的译法。

台在个人和社区以及更大社会层面上影响人际互动，而线上和线下的世界越来越相互渗透。① 因此，狭义的社交媒体强调基于数字技术的用户生成内容与交互，是伴随着互联网技术的发展而出现的"一系列在线媒体的总称，这些媒体具有参与、公开、交流、对话、社区化、连通性的特点，赋予每个人创造并传播内容的能力"②。中国人民大学彭兰教授总结了社交媒体的两大特征：一是内容生产与社交的结合，也就是说，社会关系与内容生产两者间是相互融合在一起的；二是社会化媒体平台上的主角是用户，而不是网站的运营者。③ 人数众多的用户通过自发传播，实现了信息内容与社会交往的结合，这是社交媒体得以迅速发展的重要原因。时至今日，建立联系、分享交流已经成为网络空间较为核心的文化价值之一。各种社交软件的出现和普及，既是这一理念作用下的技术产物，又反过来促进了其盛行。

从 20 世纪 90 年代后期开始，社交媒体便陆续涌现。1997 年，世界上首个真正的社交媒体网站"六度空间"（SixDegrees. com）诞生。此后，众多社交媒体网站和应用软件在推出时，都提供了在线沟通的功能。1994 年，中国成为全球第 77 个全功能接入互联网的国家，网络在整个中华大地全面铺开。随着中国网络技术的飞速发展，国内的社交媒体发展也与世界趋于同步，博客、豆瓣、人人网（初名"校内网"）、优酷、微博、微信、抖音等社交媒体次第登场。

尽管梳理中国社交媒体的演变历史，并准确描述其特征是几乎不可

---

① 何塞·范·迪克. 连接：社交媒体批评史 [M]. 晏青，等译. 北京：中国人民大学出版社，2021：5.

② 谭天，张子俊. 我国社交媒体的现状、发展与趋势 [J]. 编辑之友，2017 (1)：20—25.

③ 彭兰. 社会化媒体、移动终端、大数据：影响新闻生产的新技术因素 [J]. 新闻界，2012 (16)：3—8.

能的，但对社交媒体进行类型划分仍然具有显著的意义。社交媒体主要可分为以下 3 种类型：第一类是社交媒体网站及应用软件，如博客、微博、微信等，其目的就是促进人与人之间、个人与团体/组织之间的联系，同时倡导建立弱关系。第二类是以用户生成内容为主的网站及应用软件，如优酷、豆瓣、知乎、哔哩哔哩网站（简称"B 站"）等，它们鼓励创新，支持创意，以加强用户之间基于专业或业余内容交流的联系。第三类是以贸易与营销等为主营业务的网站及应用软件，如淘宝、京东、当当以及闲鱼等，它们在销售或交换产品的同时，客观上也促进了用户之间的社交与互动。此外，各种游戏网站及应用软件也可以被视为一种特殊类型的社交媒体，玩家为了取得游戏的胜利，需要在协同"作战"的过程中不断商量战略战术，客观上也加强了相互之间的联系。

值得注意的是，各种社交媒体和平台之间并没有明显的界限，因为只有占据多个特定的细分市场，才有可能在激烈的竞争中胜出。例如，新浪微博起初以文字内容为主，图片为辅，且用户在发布内容时不得超过 140 个字。时至今日，新浪微博不但取消了信息发布的字数限制，还积极鼓励用户添加照片和短视频等创意产品。B 站也如此，它早期是一个以动画、漫画、游戏等二次元文化为主的内容创作与分享的视频网站，而现在它已经围绕用户、创作者和内容，构建了一个涵盖生活、游戏、时尚、知识、音乐等数千个品类和圈层，能够源源不断产生优质内容的生态系统。值得一提的是，受 B 站影响，"弹幕"作为用户观看视频时进行评论的重要方式，已然成为用户间交流和互动的一种有效手段。

经过 20 多年的发展，现如今中国的社交媒体网站和应用软件无论在功能设计、用户体验，还是下载排行、月活跃用户数量等方面，在世界各国中都居于领先地位。其中尤其值得关注的是字节跳动旗下的

TikTok。作为一个靠短视频起家的社交平台，根据 Statista 最新发布的数据，截至 2024 年 4 月，TikTok 在全球拥有 15.6 亿月活跃用户，仅次于 Facebook、YouTube、Instagram 和 WhatsApp，在最受欢迎的社交媒体平台中排名第五。① TikTok 之所以能够受到全世界用户，特别是年轻用户的喜爱，固然是因为其在内容方面具有颇多特色，但便捷的操作和强大的功能也是重要的原因。评论文章《为什么 TikTok 取得巨大成功》指出，用 TikTok 编辑和上传内容要比用 Instagram 或 Snapchat 等其他软件容易得多，只要拥有智能手机人们就可以轻松地创建和发布内容；《纽约时报》的分析也认为，TikTok 没有广告、新闻，没有攻击者和霸凌者，可能是现存唯一真正令人愉悦的社交网络。②

二、从引入到创新：网络社交表情符号的中国化

起源于 20 世纪 80 年代的网络表情符号（emoticons），现在已成为人们网上冲浪时必不可少的交流内容，更是在线社交的重要符号。1982 年 9 月，美国卡耐基·梅隆大学计算机科学学院的斯科特·法尔曼（Scott Fahlman）教授将一串 ASCII（American Standard Code for Information Interchange）字符"：－)"输入电子公告板，就此诞生了人类历史上第一张电子笑脸，也开启了人们将键盘上的数字、字母和标点符号进行创意组合，创作表情并表达情绪的大门，很快就受到了互联

---

① 电商报. TikTok 全球用户数量突破 20 亿 [EB/OL]. (2024－05－08) [2024－09－12]. https://www.dsb.cn/244476.html.

② 王妤心泓. TikTok 为什么在海外如此火爆？[EB/OL]. (2024－08－05) [2024－09－12]. https://www.shobserver.com/staticsg/res/html/web/newsDetail.html?id=276703&sid=67.

网用户的广泛欢迎。

网络表情符号发端于 ASCII 字符，但它需要从侧面进行观看，后来又出现了更为直观的键盘表情，如用"(ˆ＿ˆ)"表示微笑的颜文字。如今，较具代表性的网络表情符号是绘文字 emoji。emoji 在日语中的意思是"图片信息"，其中"e"指图片，"moji"指字母、字符。

1999 年，日本人栗田穰崇（Shigetaka Kurita）及其团队为了应对传呼机发送信息的字数要求，为电信公司 NTT DoCoMo 开发设计了一共有 176 个 12×12 像素的图标，成为人类历史上第一套 emoji。在统一码联盟（Unicode Consortium）的大力推广下，2010 年首个标准化版本的 emoji 6.0 问世，共有 722 个符号。从 2011 年到 2013 年，随着苹果、三星等主要手机制造商开始在终端设备的操作系统中支持使用 emoji，其在全世界范围的传播越来越广。2013 年，杰里米·伯格（Jeremy Burge）创建了 emoji 百科（emojipedia），并在次年将 7 月 17 日定为世界表情符号日。2015 年，《牛津英语词典》更是将"😂（喜极而泣）"评为该年的年度词汇，这是《牛津英语词典》首次将非文字类的表情符号评选为年度词汇，足以证明 emoji 的非凡影响力。

作为一种世界通用的交流符号，emoji 种类繁多，样式齐全，不仅有面部表情，还包括了人的身体部位和动作手势、家庭建筑、生活用品、动植物、食物，以及各种抽象的概念和想法等。它既可以单独使用，也可以和文字等一起嵌入信息、电子邮件、帖子或其他社交媒体中，作为一种非语言的补充，用于表达情感，维持或促进人际关系等。

在 emoji 走向世界的同时，也结合不同国家的具体情况出现了本土化改造，比如一些具有中国元素的 emoji。但需要注意的是，在使用 emoji 时必须考虑交流双方的文化差异。例如，在亚洲和北美国家，当我们想赞扬某个人或某件事时，习惯用竖起的大拇指，但在一些阿拉伯国家，这是一个侮辱性动作，在希腊和澳大利亚等国，该动作也含有轻视的意味。

拓展阅读

1999 年，emoji 诞生；

2008 年，第一本 emoji 书——《白鲸》emoji 翻译版问世，并于 2013 年被美国国会图书馆收藏；

2014 年，牛津在线词典（Oxford Dictionaries Online）将 "emoji" 添加到了新词汇中，这也意味着它成为一个正式词汇；

2016 年，纽约现代艺术博物馆将 emoji 列为永久收藏，其中包括 176 个诞生于 1999 年的最初版本 emoji；

2019 年，澳大利亚昆士兰州允许车主在车牌上增加一个 emoji 表情；

2019 年，emoji 中文网 emojiall 上线，被视为国内版 emoji 百科，该网站于 2021 年推出了 emoji 情绪分析等前沿相关研究成果；

……

你还知道哪些关于 emoji 的有趣事情？

如果说 emoji 是网络空间，特别是社交媒体网站或应用软件中的 "世界通用语"，那么以互联网迷因（meme，又译作模因）[1] 为代表的表情包，因为自身更具地域性、领域性以及亚文化的特色，而可以被看

---

① 目前国内外对于迷因是否属于网络表情符号，尚有不同看法。本书认为可以将其视作网络表情符号的一种特殊形式，因为它们本身具有表情符号基本特质，只不过获得了被网友自由发挥创作的机会，所以才有了更为多样的形式。

作人们网络社交时的"地方语"。简单地说，"迷因"是用图片与文字的结合来传递信息的贴图类产品，如被国内网友广泛使用的"黑白熊猫""蘑菇头"表情包等即典型代表。

"迷因"一词最初是在 1976 年由英国科学家理查德·道金斯（Richard Dawkins）在《自私的基因》（*The Selfish Genes*）中创造的一个术语，生物学上被认为是强烈决定个体特征的基因，文化上指通过模仿和占有的方式在人与人之间传递的产物。[①] "基因"是迷因的核心，它在本质上强调的是"文化的传递"，因此，可以从某种程度上将其理解为"文化的基因"，凸显的也是在同一个文化氛围中，不同人之间所进行的思想、行为的分享与传播。

例如，在欧美国家的文化里，佩佩蛙（Pepe the Frog）因其夸张的表情成为社交媒体用户普遍喜欢的一款表情包。由于它的眼里总含着泪水，也被中国用户亲切地称为"悲伤蛙"。尽管它是全球较火的表情包之一，但鉴于文化的差异，相比较而言，国内的用户更喜欢具有本土特色的表情包。

迷因表情包的使用偏好差异，一方面反映出国家、地域文化的不同，另一方面也体现出用户兴趣爱好的差异，以及一些亚文化的特征。例如，从 20 世纪 90 年代风靡至今的美剧《老友记》（*Friends*，又译为《六人行》），因为其贴近生活的内容和演员们生动形象的表演，在全世界俘获了众多粉丝，围绕剧中每一位演员都产生了大量表情包，并被粉丝们在社交媒体上广泛使用。这一类表情包能够跨越国界和时空的界限，为"老友粉丝"所喜爱，但那些缺乏对该剧基本认知的用户，却不

---

① 王沧，何双百. "奇怪的满足感"：社交媒体上疗愈视频的审美范畴迷因探究 [J]. 编辑之友，2021 (7)：58-63.

会选择使用这种迷因。

从形式上来看，迷因可以是静止的图片（采用 jpg 格式），也可以是动态的图像（采用 gif 格式）。对于前者来说，夸张、滑稽、搞怪的面部表情自带一种心情或态度，而文字话语却无法表达出这种"难以言状"的情感。后者则成为青年表达自我的一种言说方式。①无论静态还是动态，它们的模板和主题都是相同的。有研究者指出，表情包在网络社群日益流行，成为青少年网民在社交空间频繁使用的一种话语符号。一言不合就"斗图"，是青少年网民日常社交实践中的普遍现象。②

与此同时，蓬勃发展的中国网络社交实践又产生了一种新的表情符号，即以文字/数字来替代一些具有典型特征的表情包。例如，当聊天的一方说"地铁，老人，手机"时，他想表达的是一个常用表情包所反映的内容，这时就不能单纯地从字面意思去理解上述几个词。类似的情况还有"233333""doge"等，这些都是基于表情包而形成的"文字"。如果缺少对相应文化背景的了解，沟通时就有可能产生误解，无法有效交流。

基于互联网技术的社交媒体凭借其庞大的用户群体、即时的传播效率和强劲的互动性能等，连接着真实世界和虚拟空间的一切，成为人们重要的社交平台。以 emoji 和迷因表情包为主的网络表情符号，可以在一定程度上弥补网民在线交流导致的非语言线索缺失，因此成为人们日常社交实践的一种独特话语形式，也为网络社会增添了一道流行的文化景观。而中外不同的文化传统、价值观念和使用习惯等，又使网络表情

---

① 林爱珺，张博. 作为话语的表情包：网络表情的符号消费与社会学反思 [J]. 现代传播（中国传媒大学学报），2019（8）：35—40.

② 林爱珺，张博. 作为话语的表情包：网络表情的符号消费与社会学反思 [J]. 现代传播（中国传媒大学学报），2019（8）：35—40.

符号在文化底色、表达方式和语法逻辑等方面体现出各自独有的特性。

三、从关注到关乎：关系成就的"网红"

意大利社会学家多纳蒂（Pierpaolo Donati）认为"太初即关系"（the beginning is the relation）[1] 是社会学的准则，"关系"在社会运行和人类发展中扮演着重要的角色。纵观中外社交媒体的发展历程可以看到，虽然技术客观上推动着社交媒体功能的变迁，但从本质来说，这就是一个不断为"人"赋权、为人际沟通建立关系的过程。"有关系"意味着社交之始，"没关系"代表着社交终止。

网络社会中，依托社交媒体建立的关系，不仅将越来越多的人连接在一起，造就了各种各样的新圈子，更形成了新的中心，并被重新赋予了权力。近年来，大批中国网络主播走红，将影响力辐射到全球。这些网络主播的出现，除了他们自身具备某种能力和素质，社交媒体的平台效应也功不可没。

"网红"（online influencer 或 micro celebrities），即网络红人，是指在网络中因为某个行为、某些言论或某个事件被网民长期关注而走红的人。

社交媒体为形形色色的各界人士成为潜在的网红提供了平台，为他们在虚拟空间中记录、展示、再创造他们的日常生活提供了渠道，由此产生了在传统媒体时代不太可能被看见的创造力（unlikely creativity）。作为当代最具代表性的网红之一，李子柒最初是通过拍摄制作美食类短

---

① 皮耶尔保罗·多纳蒂. 关系社会学——社会科学研究的新范式 [M]. 刘军，等译. 上海：格致出版社，2018：32.

视频走红的，其作品展现了田园诗般的中国乡村生活，吸引了国内外大量网友的关注。网友的关注、观看、点赞、评论、转发等造就了李子柒，网络的影响力也让她在现实世界"名利双收"——一方面通过创立个人品牌售卖商品变现，另一方面，她也相继成为"成都非遗推广大使""中国农民丰收节推广大使"，并在 2020 年当选第十三届全国青联委员，荣获"中国非遗年度人物"等称号。2021 年 2 月，她以 1410 万的 YouTube 订阅量刷新了由其创下的"YouTube 中文频道最多订阅量"的吉尼斯世界纪录。

与此同时，一大批外国"网红"在国内走红，他们在社交媒体发布的内容受到了国内外网友的喜爱，也在不同的网络社交平台收获了数千万粉丝。他们用短视频全方位展现个人特质，用个性化的内容准确地把握受众心理，以国家间对比的客观性和表演性以及主流媒体的认同加快了自身的走红速度。① 其中比较有代表性的有高佑思（Raz Galor）和郭杰瑞（Jerry Kowal）。高佑思是一名毕业于北京大学的以色列人，同时也是自媒体"歪果仁研究协会"的创始人。"歪果仁研究协会"是第一个在国内针对外国人做街头采访的自媒体，在 B 站、抖音等平台上发布了大量有趣又能促进文化理解的内容，也受到了包括《人民日报》《纽约时报》等中外媒体的关注。郭杰瑞是一名美国人，他在各大社交媒体平台上以"我是郭杰瑞"的账号，发布了很多关于中美两国经济、社会之比较的相关内容。他认为"人类历史发展了几万年，每个国家的人有很多不同，我们不只是国籍不同、外表不同、语言不同，最重要的是我们的思维方式、价值观也都不一样。我们不要把自己的文化和价值观强

---

① 王国华，高伟，李慧芳.《洋网红》的特征分析、传播作用与治理对策——以新浪微博上十个洋网红为例［J］. 情报杂志，2018（12）：93－98，117.

加于他人，也不要用自己的思维方式去揣测别人的想法，只有了解和尊重别人的文化，人和人之间才能更好地沟通，更好地和平共处"①。

　　无论是中国的本土"网红"还是外国"网红"，随着其影响力在全球范围的扩大，他们已经成为关乎国家形象、不可忽视的力量。政府、普通民众和"网红"都应对此有正确认识，要在承担起构建和传播良好国家形象的同时，通过创作更多优秀的文化产品，提升国际传播效果，促进人类文明互鉴。

第三节　缺席与在场：技术的发展与社交的未来

　　"在场的缺席"或"缺席的在场"，是人们通过社交媒体与他人联系时的一种日常状态：我们明明围坐在一起，却常常通过手机和远方的人聊天；虽然我和你隔着千山万水，也可以无时无刻保持在线的联系。社交媒体"是一种受交流引导的媒介形式，而不是受信息驱动的媒介形式，它突出的是互动参与的心理动机和个人动机"②。无论在中国还是在其他国家，无论使用何种社交媒体，基于互联网技术的现代意义上的"社交"已经并将持续改变人们的交往方式。

---

① 李秋莹，李佳佳. 只有事实才能经得起考验"，这个美国人，比你还了解中国！[EB/OL]. （2022－02－02）［2024－09－17］. https://www. shobserver. com/staticsg/res/html/web/newsDetail. html?id＝448008&sid＝67.

② 詹姆斯·柯兰，娜塔莉·芬顿，德斯·弗里德曼. 互联网的误读［M］. 何道宽，译. 北京：中国人民大学出版社，2014：127.

一、混合人生：虚拟与现实的多向度社交

如果要选出一个最能体现生活在"前/后互联网时代"的现代人社交方式差异的物品，那一定非名片莫属。在互联网尚处于实验阶段时，遵从现代社交礼仪的人们总会在初次见面时互相交换名片——一张印有名字、电话和工作单位等信息的小卡片。随着互联网的普及，名片上的内容逐渐增加了电子邮件抑或是微博、微信等社交媒体的账号。而在"后互联网时代"，人手一机（手机或其他终端）成为现实后，更为便捷的方法是，大家直接拿出手机互相添加好友，有空的时候再去进行一下"网络家访"①，通过其网络人设了解更多的信息。每一个人在网络空间的身份和在物理时空中的同等重要，虚拟和真实两个世界就这样被无缝连接在了一起。

在人生的整个历程中，其实我们一直都在处理关于"身份"的问题。古希腊哲学家柏拉图提出的"终极三问"，第一个就是"我是谁"。互联网技术的发展让我们有了更多的方法和手段，可以在网络空间中塑造一个理想的"我"，而这一切的本质都是为了满足人们的社交需求。

美国社会心理学家马斯洛（Abraham Harold Maslow）早在 1943 年提出的"需求层次论"（Hierarchy of Needs）就明确将人的需求划分为生理需求、安全需求、社会需求（爱与归属）、尊重需求和自我实现需求五个层级。当现实世界中不需要为吃穿、安全而担忧的人们，无法获得社交、尊重等更高层级需求时，转向虚拟空间构建一个"完美的自我"，进而与他人建立关系，寻求满足就成为一种理想而有效的选择。

---

① "网络家访"形容进入对方的社交媒体主页参观，想全方位了解对方的一种行为。

网络技术说到底其实就是一种建立关系的技术，这从互联网的始祖——阿帕网（Arpanet）诞生之初即如此。最初，美国的科学家们设计阿帕网是为了跨越地域的局限分享信息，提高交流的效率。但是很快在这一功能之外，用于融洽关系、提升亲密度的其他功能被开发出来，人们在网上聊天、分享八卦甚至打情骂俏。到了 20 世纪 90 年代中后期，互联网上出现了越来越多诸如网络寻呼机（ICQ）、MSN Messenger 等兼具聊天、分享、电子公告等功能，实现了多用户同时在线的社交工具和场所。此后，一些角色扮演类网络游戏因为能够带给用户虚拟与现实的双重体验也受到了广泛欢迎，从早期的《无尽的任务》（*Ever Quest*）、《第二人生》（*Second Life*），到后来风靡全球的《魔兽世界》（*World of Warcraft*）莫不如是。这些游戏都有一些共同的特征：每个用户都有一个虚拟形象，不但可以通过服装、道具等装饰他们的外表，还可以通过配置不同的装备提升战斗力。更重要的是，每一个虚拟形象的性格、能力都是在与他人的交流行为中不断发展变化的。在《第二人生》中，玩家可以与其他玩家谈情说爱、"结婚生子"；在《魔兽世界》中，玩家需要与其他人结成同盟才能消灭怪兽，征服世界。而这些都不是仅仅依靠个人的单打独斗可以完成的，因此，通过电子邮件、信息聊天或其他方式与人交流就成为必要的手段，社交生活也由此展开。

从历史的角度来看，读小说、看影视剧、玩游戏之所以能吸引人们乐此不疲地深陷其中，背后一个重要的逻辑就是它可以让每一个人"假装"成为另外一个人。而如今众多的社交媒体应用提供了构建理想"人设"的更加多元化的平台选择。这样融合了线上与线下、虚拟与现实的"混合人生"正逐渐成为我们每一个人的生活常态。

与此同时，随着手机、智能手表和其他可穿戴设备等移动终端的普及，每个人逐渐变成了随时"可暂停的人"——我们面对面的交流、谈话经常都会被突如其来的电话和信息打断。这种行为在十多年前还被认为是非常不礼貌的，而现在大家已经都默许并习惯了。

二、随时连接：现代人的社交焦虑与倦怠

如果你的手机提示有新消息，你会第一时间查看吗？如果这个时候你正在做别的事情呢？对于大多数网络"Z世代"① 来说，作为"互联网的一代"，他们习惯了随时随地查看手机，第一时间接收信息。从某种程度上说，他们甚至是期待"被打扰"，渴望和他人产生联系。作为网络社会的"原住民"，"Z世代"是伴随着互联网的发展而出生、成长起来的一代。他们感受到了网络化生存的巨大力量和强大优势，也就无法忍受没有网络和（手机）电量的生活，随时连接、永远在线是包括年轻人在内的现代人的生活常态。

法国哲学家笛卡尔（René Descartes）说"我思故我在"，而当互联网连接了全世界之后，"我分享故我在"成为越来越多的现代人彰显存在价值和意义的首选——在线、点赞、评论、发信息、等回复、再反馈……无论是在微博、微信等社交媒体上公开分享，还是与通讯录中某个好友的"一对一"联系。在这种社会交往的过程中，一个人的感情、感想、感受被传递，而如果没有及时收到反馈，社交的需求未能有效满足，这个人就会产生社交焦虑。

通常而言，社交的焦虑感会根据对方在自己心目中的重要程度而有所不同，对于那些重要的人，这种感觉会随着时间的推移变得愈发强

---

① "Z世代"通常指 1995 年至 2009 年出生，与网络信息时代"无缝对接"的一代人。

烈。当缺少了互动，单方面的"分享"也就无法建立联系，无法产生安全感，焦虑成了人们社交中的一个构成部分。

数字技术的发展让社交变得比以前更容易，无论是消息传递类、讨论问答类，还是内容分享类，又或者是垂直社交类，各种琳琅满目的社交软件不断提升着社交媒体的传播力和影响力。而之后信息过载，走向"失控"，社交媒体上的集体狂欢正在慢慢冷却，用户行为从主动分享、互动到程式化的"每日一阅"，会打开的功能固定化、单一化[1]，一种倦怠的情绪开始在部分用户中蔓延。

社交媒体倦怠（Social Media Fatigue，简称 SMF），即用户在使用社交媒体的过程中，受到个人、平台和社会等多方面因素的影响而形成的疲乏、厌烦和厌倦的感觉。这种感觉导致用户使用社交媒体频率降低，使用时间减少，甚至退出社交媒体平台。[2] 产生社交媒体倦怠的原因很多。比如，QQ 或者微信上"成百上千"的好友列表看似拓宽了社交的广度，却与维系社交关系花费的时间不成比例；过量的信息已经超出了个人的承受范围，过多的精力被用于应对复杂的社交关系；过重的表演痕迹使社交媒体更像一个"秀场"而不是交流平台；再加上商业广告信息的泛滥和对个人隐私泄露的担忧，都在不同程度上造成了用户的社交媒体倦怠。

众所周知，互联网拥有令人难以置信的强大记忆能力，只要接入网络，计算机或者手机等终端上所有的数据都将被永久储存。所谓的"删除""抹擦"等操作，其实只是将文件、照片、访问记录等数据从我们个人的电脑和视线里抹去，但依然存在泄露的可能。而一旦出现这种情

---

① 洪杰文，段梦蓉. 朋友圈泛化下的社交媒体倦怠和网络社交自我 [J]. 现代传播（中国传媒大学学报），2020 (2)：76－81＋85.

② 李宏，李微. 社交媒体倦怠研究述评与展望 [J]. 情报科学，2017 (9)：172－176.

况，就很有可能会对用户本人造成伤害。从最近几年的新闻报道来看，拥有超 23 亿日活跃用户的 Facebook 屡屡发生隐私泄露事件：2018 年，约 680 万用户的私人照片被泄露①；2021 年 4 月，有涉及 106 个国家和地区约 5.33 亿用户个人数据（账户 ID、住址、出生日期、电子邮件甚至个人简历等）被公布在网上②。

值得注意的是，无论是社交软件还是互联网本身，它们都只是代表着科技发展的一个阶段，是一种供人们使用的技术，如何正确地使用才是关键。有研究指出，"不使用朋友圈的行为在无形中也阻碍弱关系拓展""关闭朋友圈后缺少和大家的公共议题"。人们不会放弃社交媒体，但会在社交媒体上进行更严格的自我审查和更克制的交往。③ 所以，当我们不可能完全逃离社交媒体的"束缚"时，真正能做到的就是充分利用工具，提高社交的质量。

三、重拾交谈：回归当面交流的现实社交

《重拾交谈》（*Reclaiming Conversation*）是被凯文·凯利（Kevin Kelly）称为技术领域"弗洛伊德"的美国著名学者雪莉·特克尔（Sherry Turkle）的代表作。她在书中呼吁生活在"被科技包围的世界"里的我们，"若要感同身受，要成长，要爱人与被爱，要获得衡量自己

---

① 中国新闻网. "脸书"涉泄露 680 万用户照片 或面临 16 亿美元罚款 [EB/OL]. (2018-12-16) [2024-09-12]. https://www.chinanews.com.cn/gj/2018/12-16/8703483.shtml.

② 澎湃新闻. 脸书被曝超 5 亿用户信息遭泄露，或涉及 106 个国家和地区 [EB/OL]. (2021-04-05) [2024-09-12]. https://www.thepaper.cn/newsDetail_forward_12057309.

③ 洪杰文，段梦蓉. 朋友圈泛化下的社交媒体倦怠和网络社交自我 [J]. 现代传播（中国传媒大学学报），2020（2）：76-81+85.

或他人的能力，要完全了解并融入周围的世界，我们必须交谈""面对面交流是我们所做的最具人性，也是最通人情的事"①。

特克尔教授的倡议，是对她曾经提出的"群体性孤独"（alone together）问题所给出的解决方案。她认为网络化生存导致了人们在亲密关系中的新型孤独：如今的我们缺乏安全感，却又渴望亲密关系，因此才求助科技，以寻找一种既可以让我们处于某种人际关系中，又可以自我保护的方法。我们发短信，我们和机器人交互。我感觉我们正在见证人和技术关系第三次变革的转折点。我们屈服于无生命的挂念，又害怕与人交往的风险和失望。我们更依赖于技术而非彼此。②

技术的发展和社交媒体的兴盛，看似让我们能够与全球同步、与世界连接，而这种所谓不间断的联系，客观上又使每一个人都陷入一种更深的孤独。这究竟是什么原因造成的？2020 年，美国网飞（Netflix）公司推出的纪录电影《监视资本主义：智能陷阱》（*The Social Dilemma*）对这一问题进行了全面的反思。它以社交媒体为切入点，通过对 Facebook 前业务拓展总监、"点赞"按钮设计师、图钉网（Piterest）前总裁、谷歌前设计伦理学家以及推特工程副总裁等多位互联网科技公司高层的采访，揭示出网络科技不仅会让人们更加依赖手机和社交媒体，会形成对个体的"信息茧房"、生活在自己的"气泡"中等负面作用，而且从更长远来看，也会对整个社会乃至人类文明带来不利的影响。

影片中有一个情节，是我们每个人都很熟悉的场景：一家人围坐在一起，但几乎没有任何交流，而是各自通过电脑和手机在寻求与外界的

① 雪莉·特克尔. 重拾交谈［M］. 王晋，等译. 北京：中信出版社，2017：1.
② 雪莉·特克尔. 群体性孤独［M］. 周逵，等译. 杭州：浙江人民出版社，2014，作者序：XII—XIII.

联系——查收邮件，查看自己的社交主页，在和另一端的他聊天……他们生怕错过网络上的一切信息，却唯独不和近在眼前的人交流。这是一幅典型的"后家庭主义时代"的家庭画像。其实在家庭之外，校园课堂里、公司会议室内乃至亲朋好友聚会时，这样"群体性孤独"的场景都一再上演。

事实上，即使将网络中所有零散的、碎片化的交流加在一起，也很难与一场真正的、面对面的交谈相比较。前者只是一种信息的传递，后者才能真正促进我们与他人建立更加紧密的联系。因为交谈的过程，让人们学会了倾听，培养了耐心；面对面使交谈的双方都能注意到彼此的语气、表情和一些细微之处，有助于提高我们的观察力，增强同理心和创造力。表面上看，社交是一种行为动作，可以通过传递、分享实物和信息来实现，但就本质而言，社交其实是一种关系，它满足了人类天然具有的"喜欢在一起"的需求。只有面对面的交谈才能促进人际交往过程中的情感连接，甚至决定着我们未来的人生方向。正如特克尔教授所言：

> 这是我们的紧要关头，也是我们采取行动的时候：承认吧，技术的发展带来了一些我们不曾预料的问题，这些问题也对我们产生了负面影响。但不要忘记，我们是有适应性的，我们有时间纠正这一切。还有，请记住我们是谁——过去的经历、深层的心理状态，还有复杂的人际关系都决定着我们究竟会成为怎样的人。我们需要交谈，直率的、大胆的面对面交谈。①

纵观人类的发展史，基于数字技术的社交媒体所带来的在线社交，

---

① 雪莉·特克尔. 重拾交谈 [M]. 王晋，等译. 北京：中信出版社，2017：407.

只是漫长的人际交往长河中的"沧海一粟"。我们不应沉迷于技术，让人变成一种机器，而应该充分利用现代科技，促进全人类的社会交往，共同探寻人生的意义。

思考

你最喜欢的社交应用软件是什么，为什么？你是不是常常手机不离手？你每天使用各种社交软件的时间大约有多长？你觉得现代化的社交媒体给你带来了什么交往便利，又有哪些弊端呢？

第七章
China and the world，home is the best：
家是心灵的归宿

婚姻到底是什么？每个人都有不同的答案。

——电影《婚姻故事》（*Marriage Story*）

恋爱和婚姻具有怎样微妙的联系？不同文化有不同的回答。什么是保证一个家庭幸福的重要因素？理解、平衡、妥协、信任、尊重……时代变迁，中外文化不断碰撞、对话，并汇流于爱情、婚姻、家庭之中，在变与不变之中，沉淀下人们对于爱与归属感的本质性思考。

第一节　恋爱：独立与浪漫的年轻一代

"众里寻他千百度，那人却在灯火阑珊处。"爱情在中国传统文化中，始终戴着一层浪漫而神秘的面纱。人们通过各种文学、艺术形式来表达对现实生活中爱情的想象与理解。在传统文化的影响下，中国人在表达爱情时较为隐晦。20世纪初西方的浪漫爱情观传入中国，"爱情"

这个词开始在中国流行。改革开放以后，中西跨文化对话日渐频繁，中国人的爱情观呈现出新的文化特征。进入 21 世纪，伴随互联网技术的突飞猛进，中国人处于变化中的爱情观拥有了更多元化的社交平台去表达与呈现，其缤纷的形态与传统文化影响下的爱情观似乎形成了某种程度上的张力关系。在这一节，我们将依循历时性线索，从中选择 3 个具有代表性的主题，从不同的维度介绍与理解中国人的爱情观所具有的特点。

一、缘分：中国传统爱情观的一个关键词

从古到今，在中国人的爱情观中，"缘分"都是一个重要的观念。看到一对热恋的男女，人们很可能会问："你们是怎么认识的？"而对方往往会说："是缘分让我们相遇的。"可见，即使发生了爱情，中国人也常常会将其归结为缘分，这是一种外在性的关系表达。

什么是缘分呢？这个词语的基本含义是"人与人之间发生联系的可能性""某种必然存在相遇的机会和可能"；缘分强调"前定性""必然性"，这与一般偶遇结下的关系又不同。[①] 也就是说，在中国传统文化语境中，爱情的发生是来自缘分的缔结，而这个缘分是具有前定性的。

唐代以来，这种"安排好的缘分"在文学中已经被传奇化。[②] 民间传说中有一个关于"月下老人"（图 7.1）的经典故事，衍生自唐朝文学家李复言所著的《续玄怪录·定婚店》："杜陵韦固，元和二年旅次宋

---

① 翟学伟. 爱情与姻缘：两种亲密关系的模式比较——关系向度上的理想型解释 [J]. 社会学研究，2017（2）：128-149，244.
② 翟学伟. 爱情与姻缘：两种亲密关系的模式比较——关系向度上的理想型解释 [J]. 社会学研究，2017（2）：128-149，244.

城，遇一老人倚布囊，坐于阶上，向月捡书。"据说，唐朝时，有一个叫韦固的书生路过宋城，夜晚遇一位老人在月光下翻检一本婚姻簿，其上有婚约之人都会被一根看不见的红线拴住。韦固问老人自己的未婚妻在什么地方，老人便带他去了一条叫"米市"的街道，指着一个盲女怀中的小女孩，告诉韦固他的未婚妻就是这个小女孩。此时，一个发疯的男人突然出现，用刀捅了少女的额头一刀，然后逃走了。14 年之后，韦固要娶刺史的女儿为妻，却发现她的眉心上总贴着一个花片，询问以后才知道她正是 14 年前他遇到的那个女孩。韦固这才明白，月下老人的话绝非玩笑，他们的婚姻真的是神明安排的。结婚以后，他们十分珍惜这段姻缘，恩爱有加。① 可以看出，在中国传统文化中，缘分主宰着婚姻：只要有缘，就能成就美满的婚姻。

图 7.1 月下老人：中国文化中的婚姻"媒人"

可以说，月下老人的故事是从爱情发生学的角度，述说了中国传统文化中对爱情与婚姻的解读。中国人婚姻中所谓的"千里姻缘一线牵"，便是出自对月下老人手中这根看不见的红线的借喻。月下老人的故事可

---

① 刘岩，杨梅竹. 中国成语故事 [M]. 贵阳：贵州大学出版社，2022：236-237.

以被视为中国文化认知的一种集中体现，其中对缘分的强调甚至发挥着一种民间信仰的影响力。在中国民间，这种信仰以通俗易懂的语言广泛流传，形成了诸多关于缘分与爱情、婚姻的经典谚语，如"有缘千里来相会，无缘对面不相逢""前世缘分，今日婚姻""五百年前姻缘天注定""一日夫妻百世姻缘""十年修得同船渡，百年修得共枕眠"等。可见，缘分是爱情发生的基本前提，有缘的两人才会最终走进婚姻殿堂。

"缘分"可以看作中国人对爱情为什么发生的一种解释机制。两个人相爱，中国式的回答常常是"他们有缘分"，而当两人以分手为结局时，中国式的回答通常是"他们没有缘分"或者"他们的缘分尽了"。值得注意的是，还有另外一种情况：两个人结下了缘，也就是前定性的相遇已经发生了，却没有"终成眷属"。对此，中国式的回答又可能是"他们有缘无分"。这是什么意思呢？这需要理解"缘分"中的"分"。"分"相对于命定的"缘"而言，更加具有主观能动性，强调人自身的作为或者谋划能力。因此，两个有缘的人最终没能走到一起，就可能是"分"还不够，即人事努力不够。这么来看，作为爱情与婚姻的解释机制，"缘分"还反映着中国文化中的"天人合一"思想。①

回到当代文化语境，"缘分"仍然对中国人婚恋观产生影响。不过，随着时代的变迁，在中外文化的交流融合过程中，当代中国人在婚恋过程中的自主选择与决策行为越来越显著与频繁，在持有"缘分"信念的同时，也接受了一些新的婚恋价值观，潜移默化地形成了具有新时代特征的婚恋观。

---

① 翟学伟. 爱情与姻缘：两种亲密关系的模式比较——关系向度上的理想型解释 [J]. 社会学研究，2017（2）：128－149，244.

思考

1. 根据"缘分"的文化内涵，说一说如何用英文翻译该词，并谈谈理由。

2. 立足中国社会语境，说一说如何向第一次来中国的外国人解释"缘分"的意义与用法？

二、变化中的爱情观：对外交流的影响

2002 年，一部名叫《缘分天注定》（*Serendipity*）的美国电影在中国上映。"Serendipity"一词具有"偶然性"的意思，故该电影在中国放映时，片方将其译作"缘分天注定"。这样的译法显然考虑了"缘分"在中国语境中的重要性，而这部电影所讲述的故事的确与"缘分"相关。在电影的前半段故事中，两个各有情感归宿的人"在一次偶遇中坠入爱河，但又把爱情的决定权交给了命运，因此错过了彼此最宝贵的十年光阴"。该电影中的故事情节似乎并没有那么"美国"——在美国这个强调"个人依赖"（self-reliance）及追求自由、重视个人绝对独立的国家，人们通常把决定权牢牢攥在自己手中，而不是寄托给命运。相反，电影中的男女却选择把下一次相遇交给缘分：女主角拿出 5 元钞票，让男主角写上他的联系方式，然后用这张钞票买了口香糖。女主角说，倘若有缘，这张钞票一定能再回到她的手里，到那时她会立刻与男主角联系。同时，她还把自己的联系方式留在了一本旧书上，并将书卖给了一个旧书摊，随后两人分手离去。

不过，在电影的后半段，故事出现了美式戏剧化的强烈"反转"：十年后，男主角在结婚前毅然决定寻找写着女主角电话的书，几经周

折，奇迹竟然发生了。男主角不顾外部环境的压力，依靠个人的坚持与努力找寻"真爱"的过程，回归到了典型的西方个人主义传统。在此语境中，因缘分而产生的爱情，是浪漫而激烈的；为了追求爱情，个人甚至会付出极大代价。这种浪漫爱情，西方的电影、话剧、戏剧、芭蕾舞剧、歌谣和诗歌都对其大加赞美，古希腊人称之为"神赐的疯狂"①。

《缘分天注定》成功地把"缘分""浪漫""激情"糅合在了一起，做了一份带有跨文化色彩的爱情大餐，赢得了很多中国观众的喜爱。事实上，伴随时代变迁，在全球化浪潮中，中国人的爱情观的确受到了美国文化、欧洲文化、日韩文化等不同类型外国文化的影响，而在原有的传统"缘分观"基础上，具有了更为多元丰富的跨文化融合特征。其中，西方文化中的爱情观也在潜移默化地、不同程度地影响着中国人对待爱情的态度。那么，西方的爱情观有什么特征呢？

文化人类学家许烺光先生在《美国人与中国人》（*Americans and Chinese*）一书中专门讨论了中西方爱情观。在讲到西方爱情观中的"罗曼蒂克"（romantic）时，许烺光先生进行了如下解释：

> 它（罗曼蒂克）由 11 世纪至 13 世纪在法国南部、意大利北部以及西班牙等地区常见的民谣歌手倡导并扩散开来，随后才植根于西方世界的。今天，罗曼蒂克的爱情无疑是最能激发美国男女的人生价值之一。强调机缘、对爱人的独占、令人心醉神秘的罗曼蒂克，与美国个人中心的生活态度正相一致，却与中国情境中心生活态度格格不入。②

---

① 海伦·费舍尔. 我们为何结婚，又为何不忠？［M］. 倪韬，等译. 北京：中信出版社，2020：31—32.

② 许烺光. 美国人与中国人［M］. 北京：北京联合出版公司，2017：35

有趣的是，与许烺光先生的观点不同，在美国生物人类学家、金赛研究所资深研究员海伦·费舍尔（Helen Fisher）看来，罗曼蒂克的爱情，也就是浪漫爱情，是人类爱情的普遍特征，并非特属于某一类文化。她在其代表性著作《我们为何结婚，又为何不忠？》中说道：

> 浪漫爱情的范围绝不局限于欧洲。《印度爱经》是一部关于爱情的梵文经典著作。……尽管长久以来，儒家思想所强调的孝悌之道浸淫中华文明，但是早在 7 世纪，便有故事讲述悲情男女的凄苦。他们被困在对父母的孝和对情人的爱之间，左右为难（Jankowiak，1992）。而在崇尚传统的日本，薄命情人在发现自己被许配给了别人时，有时会选择双双殉情。①

根据费舍尔的观点，中国人自古就有"浪漫基因"，只是在传统文化的影响下，受到了不同程度的约束；西方爱情观很可能会唤醒中国人骨子里的这种"浪漫基因"，使其逐步形成具有新特征的爱情观。

改革开放以来，中国打开了对外交流的大门，国外的流行文化，如影视剧、流行音乐、艺术等，对中国人的传统爱情观产生了一些影响。例如，《东京爱情故事》《老友记》《性与城市》等国外影视剧所传递的基于个人主义立场的爱情观、价值观影响了中国的年轻人，一幅变化中的爱情图景逐渐形成。

在改革开放的不断推进中，多元文化交流日益频繁。变化中的中国也孕育和见证了中国社会的个体化。这种个体化所蕴含的个人主义意识影响着中国人生活的各个层面，包括对爱情、欲望的表达与实践。中国

---

① 海伦·费舍尔. 我们为何结婚，又为何不忠？[M]. 倪韬，等译. 北京：中信出版社，2020：58.

人探索着对个体欲望的表达，对个人意志的张扬，对"浪漫爱情"与个体自由之间的张力。在多元文化交流特别是中西文化对话的过程中，个体的欲望被看见与合理化，而爱情是个体欲望光谱中最醒目的部分。在中国的大众文化中，关于爱情、婚姻的观念与表达愈加丰富、多元而复杂。

三、全球互联时代的爱情表达

在西方文化中，个人感受通常被放在首位，情感表达也是自由自在的。西方文化里，热恋中的男女常把"爱"挂在嘴边，"我爱你"三个字、亲吻与拥抱都是西方国家中情侣、夫妻保持稳定而持续的关系的重要方式，可对于受传统文化影响较大的部分中国人来说，这样的言行是很难做到的。对此，许烺光先生认为：

> 在汉语中，"爱"这个字完全是为了与西方语言相匹配而创造出来的，"爱人"一词也是这样。在与西方接触之前，中国就此的表达常采用"情人"或"意中人"，即内心钟情之人。在中国古典文学中，"恋"和"爱"两个字总是分开使用，指的是情感上的爱或依恋，这不是指男女之爱，而是忠君和孝道的自然发展。
>
> 中国情侣从不在公众场合表现亲热，更不像西方情侣那样随时随地表达爱的信号。①

时过境迁，中西方文化不断对话与汇流的过程中，中国人对爱情的表达也发生着巨大的变化。进入全球互联时代，在多元文化语境下，中

---

① 许烺光. 美国人与中国人 ［M］. 北京：北京联合出版公司，2017：34-38.

国人表达爱情的方式已经越来越直接。从内容到形式，无不体现出不同于传统的独特性与文化融合性；在爱情的表达中，个体化的意识或者说自我意识，越来越鲜明地以各种表达形式呈现与表征，形成了与中国传统爱情观的对比，甚至产生了一种明显的张力关系。

关注"中国最新锐的生活方式"的《新周刊》每年都会推出一期"爱情专辑"，以记录时代浪潮中中国人的情感变迁。譬如，2018年初，《新周刊》的专题报告把焦点放在了"云端的爱情"上，对互联网时代中国人的爱情表达进行了盘点。文章如是写道：

> 今天，我们的爱情，在微信、QQ、微博里；在贴吧、论坛、二次元App里；在电话、短信、Face Time里；在游戏、直播、相亲节目里；在唱K时点的歌、朋友圈晒的图、直播时打的赏里；在平日斗的表情包、喷的段子、刷的弹幕里……
>
> 云时代的每一个文字、表情、符号和图像，都流淌着我们的欲望和情感纠葛。太多的爱情慢不下来，太多的爱情谋求即时兑现，太多的爱情有了老旧、远近、深浅、浓淡、虚实、灵肉之分，太多的爱情只剩一朵玫瑰、一颗红心、一张红唇，一句"在吗""约吗""me too"。
>
> 每一年的最后10天，都是对情侣们的考验：平安夜——秀恩爱否？圣诞节——咋个秀呢？跨年夜——秀啥好呢？元旦节——这也能秀？还没得出结论，除夕夜和春节已迫在眉睫……大概是为了给情侣们多一条"撒狗粮"的解决方案，某社交平台还"助纣为虐"地将5月20日当天的普通一对一红包单个最高金额调整为520元。
>
> 2017年"5·20"当天，北京一对小情侣来了一场"弹幕求

婚"，当天领证。但在一众网友看来，这种在某首情歌或视频里发送"我喜欢×××""×××我爱你"的行为，是会遭到举报的，因为违背了"弹幕礼仪"，影响其他用户的观看体验。

"70 后"在女生宿舍楼下摆蜡烛弹吉他，"80 后"在大学的表白墙写心情，"90 后"则选择了这种高调、公开却需要一点点机缘的弹幕示爱方式——如果你们没有看同一首 MV、动漫或电影，那表白就沉寂在其他无数弹幕中成为沧海一粟。但也不重要了，因为不合适。而一旦隔空相遇，那幸福"密码"就会被秒速解开。①

在全球互联时代，多元文化的交流全方面影响着中国人的价值观，中国人"说爱"的历程，也是一个逐渐走向开放、互动、多元、复杂化的过程。需要说明的是，正如传播理论学者哈罗德·英尼斯（Harold Innis）所言，"媒介赋予了文化特殊的形态或肌理"②，互联网技术突飞猛进地发展，从媒介层面为生活观念、文化形态的改变提供了源源不断的推力。在大众传媒、社交媒体不同程度的裹挟之下，人们对爱情的表达越来越体现出一种"展演"的特质，而在这"展演"的背后，隐藏的是时代变迁浪潮中"变"与"不变"持续对话甚至相互冲突的复杂的文化心理。

---

① 资料摘录自《新周刊》的《2017 中国情爱报告》，详见 https://www.sohu.com/a/22264281999912195。

② 凯瑞.作为文化的传播："媒介与社会"论文集［M］.丁未，译.北京：中国人民大学出版社，2019：15—17.

第二节 婚姻：两性互动与夫妻关系

我们在上一节介绍了中国传统文化中的"缘分"观以及对外文化交流过程中中国人爱情观及其表达的变化。那么，在结下了缘分或者产生了爱情以后，两人是否就会顺理成章地进入婚姻并和谐相处下去呢？从文化交流的视角来看，中国人的婚姻观在传统文化与现代文化、中国文化与外国文化的交互影响下，具有什么样的特征、发生了怎样的变化？我们将在这一节对这些问题进行介绍与讨论。

一、中国式婚姻：姻缘与爱情

婚姻到底是不是爱情的坟墓？面对这个在不同文化间都存在的难题，著名社会学家与人类学家费孝通先生在《生育制度》中，从夫妇相处之道的角度展开了一段精辟的论述：

> 夫妇之间能否相处，在我看来，是决定于两方面：他们已往的历史里是否具有相互能了解的底子，和他们既已共同生活是否有相互融合的意愿。前者要靠社会的安排，后者则要靠两人的爱好。所以社会合理的安排和夫妇的恋爱是相成的。若是把恋爱视作两性无条件的吸引，把一切社会安排置之不顾的一往情深（这是一种艺术，而不是社会事业），婚姻也必然是这种恋爱的坟墓了。真的坟

墓里倒还安静，恋爱的坟墓里要求一个安静的生活也不可得的。①

即"社会合理的安排"与"恋爱"是夫妇和谐相处不可或缺的两个方面，对于一段婚姻是否幸福有着决定性的作用。在中国文化中，"婚配"正是"社会的安排"的一个重要体现。"父母之命，媒妁之言"自古有之，由此结下的姻缘，又叫"婚配"。那么，这个"婚配"是如何体现的呢？其实，在"婚配"的过程中，双方父母及媒人扮演着举足轻重的作用，这在中国的文献典籍中也能找到相关记载。

《诗经·国风·豳风·伐柯》：伐柯如何？匪斧不克，取妻如何？匪媒不得。

《孟子·滕文公下》：不待父母之命，媒妁之言，钻穴隙相窥，逾墙相从，则父母国人皆贱之。

《管子·形势解》：求父家而不用媒，则丑耻而人不信也。

《礼记·曲礼》：男女非有行媒不相知名。

《礼记·坊记》：男女无媒不交。

《史记·田敬仲完世家》：女不取媒因自嫁，非吾种也，污吾世。

在一段理想的中式传统婚姻中，人们用"般配""投缘""佳偶天成""郎才女貌""天生一对，地设一双"等词语来表达对夫妻双方的肯定与称赞。此外，夫妻关系又称配偶关系。可见，"配"在中式传统婚姻中的重要性。② 与"配"相关的另一个重要概念是"门当户对"，意

---

① 费孝通. 乡土中国 生育制度 乡土重建 [M]. 武汉：长江文艺出版社，2019：195.
② 翟学伟. 爱情与姻缘：两种亲密关系的模式比较——关系向度上的理想型解释 [J]. 社会学研究，2017（2）：128-149，244.

思是缔结姻缘的双方及其家庭经济、社会地位对等。事实上，婚姻作为一种普遍的文化现象与社会制度，在不同的文化之间也具有一些共性，而"门当户对"正是大多数不同社会或不同时代都有的一个特点①。择偶的标准在各个社会都不同程度地存在，婚姻中所持有的感情因素必不可少，经济要素也深藏于爱情的背后。② 由此，我们可以在不同的社会文化中看到一些共通性，但这些共通性的观念在具体的文化环境下又会产生不同的文化行为。直到现在，仍有一些父母致力为孩子选择门当户对的结婚对象。例如，在很多城市的公园里都存在大小形态不一的"相亲角"，年迈的父母举着各种"相亲简历"为子女寻找匹配的另一半。在中国人的传统观念中，婚姻不只是夫妻双方的事，还涉及双方父母。而在西方国家，父母则一般不参与子女与配偶的家庭生活。

父母在中式传统婚姻中扮演着举足轻重的角色，但这并不意味着中式传统婚姻里就没有或者少有爱情。其实，在中国，爱情在婚姻里的表现形态与西方不同。社会学家潘绥铭教授把爱情区分为两种理想类型：浪漫爱情和夫妻恩爱。在西方，浪漫爱情起源于 11 世纪的骑士之爱。将爱情作为一个与婚姻有关的主题，并演变成一种与婚姻之间所应有的必然联系，正是由骑士之爱发端的；爱情与婚姻的衔接需要以自由、平等、个人意愿及契约为前提条件。③ 西方的婚姻以爱情为基础，并且充分尊重夫妻双方的个人主义立场。作为一种"富有激情的亲密关系"，西方婚姻里的爱情需要时时保鲜，例如，在西方，夫妻外出时要尽可能一起行动。相比之下，中式传统婚姻中的爱情属于"夫妻恩爱"。恩爱

---

① W. 古德. 家庭 [M]. 魏章玲，译. 北京：社会科学文献出版社，1986：112.
② 徐安琪. 择偶标准：五十年变迁及其原因分析 [J]. 社会学研究，2000 (6)：18—30.
③ 恩格斯. 家庭、私有制和国家的起源 [M]. 中共中央马克思恩格斯列宁斯大林著作编译局，译. 北京：人民出版社，2003：89—90.

的实现以"有情人终成眷属"为标志，其集中的特征是"恩在前，爱在后，相互施恩报恩"。恩爱通常通过"同甘共苦""相濡以沫"来维系。在夫妻恩爱的婚姻中，"和和美美""圆圆满满"是夫妻理想的主体感受。① 由此可见，中式传统婚姻是一种"相对平静的亲密关系"，这种感情关系最终指向的是共同生活、白头偕老。

当然，在中国人的现实婚姻生活中看到的爱情并不完全是这种理论层面上的夫妻恩爱。现实中的夫妻之情往往是在浪漫爱情与夫妻恩爱之间流动的，这也是中国人的婚恋观受到多元文化多重影响的表现之一。尽管如此，"配"仍然是中国人心中重要的婚姻标准。例如，"教育水平是否匹配"成为高校毕业生寻找伴侣的一个重要参考标准。在社交媒体与相亲平台成为当代人建立婚恋关系重要渠道的当下，复杂的技术构造、传播形态、虚拟的社会空间构成"婚恋匹配的基础设施形态"，将过去私人性的择偶过程"程序化、知识化、外包化"，进而将"找对象"转变为"精准匹配"。② 总之，在社会文化变迁与技术急速发展的过程中，婚恋关系中的"匹配"观在保持着传统文化内核的同时衍生出新的样态，并影响着人们的婚恋行为。

思考

中国婚恋文化中的"门当户对"讲究的是婚恋关系的匹配性。在中国文化以外的文化中，是否以及多大程度上存在门当户对式的婚恋观呢？试举例说明"门当户对"在外国文化中的内涵与特征，并与中国式"门当户对"相比较，分析异同。

---

① 潘绥铭. 中国性革命纵论 [M]. 高雄：万有出版社，2006：277.
② 刘子曦，何姣姣. 网络为媒：数字时代婚恋匹配的基础设施形态及运作逻辑 [J]. 浙江学刊，2023（5）：157—166.

二、中国式婚姻在新时代的"变奏"

随着时代的发展，婚姻的内涵与外延都在不断丰富与拓展。在中国，不同特征的婚姻及其影响要素共同奏响了新时代的新乐章。

（一）婚姻与住房

生物人类学家海伦·费舍尔和她的团队常年关注与研究全球化时代各个社会人们的婚恋问题，经过持续性、大规模的社会调查之后，在科学数据分析的基础上指出："（在任何社会）大多数人都会选择结婚，并且是为爱结婚。"费舍尔在研究中发现，即便是在美国这样的个人主义社会，高度推崇"自我依赖"，大多数人仍然表示会结婚，而且不仅美国人如此。费舍尔团队由此做出了乐观的预测，譬如"我们正重拾这种古老的传统——追求轰轰烈烈的爱情""现代人还是会为爱情而结合"。①

正如我们在前面所讲，改革开放以后，西方的浪漫爱情观进一步深刻影响了中国民众，为爱而结合成为当代适婚男女走入婚姻殿堂的主要动力。中国社会也出现了另一个与婚姻有关的社会现象：从普遍婚姻慢慢过渡到基于社会经济地位而建立的婚姻。② 这里所说的"社会经济地位"，更多指向的是被大部分中国人视为刚性需求的住房。

"房"在中国传统社会的日常生活中具有重要的地位，对中国家庭

---

① 海伦·费舍尔. 我们为何结婚，又为何不忠？[M]. 倪韬，等译. 北京：中信出版社，2020：514.

② 於嘉，谢宇. 社会变迁与初婚影响因素的变化 [J]. 社会学研究，2013（4）：1—25 +242.

而言是生活的基础，这个意义在西方文化语境中是没有的。"它（房）具有连接家、家族和宗族的系谱性的含义，明确了家族成员之间的远近关系，强调生活团体的意义"；"'房'是厘清汉人家族制度的关键……分房的法则决定汉人一般家族事务的运作形态，而反映在功能性的日常生活活动中"①。基于住房在中国家庭文化中的重要性，房与婚姻形成了某种"锁定"关系，社会学家谢宇教授指出：

> 房价越贵，结婚就会越晚，为什么？因为你需要攒钱买房，所以房价高了，结婚年龄往往会增加。为什么房价会影响到婚姻呢？因为在过去人人都普遍结婚的时候，实际上大家没有自己的房子，很多都是父母的房子，也就是说，在过去的房子都是结婚以后才有的，大家结婚的时候普遍没有自己的房子。而现在的人越来越多地是在结婚之前就要拥有房子，这也是一种社会变迁。房子以前几乎不是一个结婚的先决条件，而现在拥有自己的房子变成一个先决条件。
>
> 我们的中国家庭追踪调查（CFPS）得出的一个很重要的发现：以前的结婚不依赖自己有房，而现在的婚姻以拥有房子为条件。2010—2016 年期间进入婚姻的夫妻，80％都是先有房再结婚。所以现在的年轻人压力会很大，特别是男生压力很大。②

① 沈奕斐. 谁在你家 中国"个体家庭"的选择 [M]. 上海：上海三联书店，2019：6—7.
② 该内容引自谢宇教授 2020 年 6 月 29 日接受南京大学约翰·霍普金斯大学中美文化研究中心邀请所作的演讲，演讲全文参见微信公众号"知识分子"文章：《当代中国家庭更追求个人自由，但仍以孩子为中心》，https://mp. weixin. qq. com/s/2FdRD78nMAYWiD29EBrSKA（2020 年 7 月 13 日）。

（二）婚姻分两步走：同居与试婚

1966 年 7 月，人类学者玛格丽特·米德（Margaret Mead）在《男性与女性：一个变化中的世界中的性别研究》（*Male and Female: A Study of the Sexes in a Changing World*）中提出了"婚姻分两步走"的方案。[①] 米德建议近期无生育计划的年轻人先进行一段"个体婚姻"；以后夫妻如果决定生育，则建议他们转入"父母婚姻"，确立长期的合法关系。两步婚姻的第一步在 20 世纪 70 年代出现了"同居"的版本。2012 年，58％的美国单身人士称自己与 1 至 5 名伴侣未婚同居；不过，64％的美国人认为这种生活方式是正式结婚的前奏。[②]

在全球文化交流的语境中，"同居"的模式也迁移到中国的文化土壤，并具备了中国的特色。研究结果显示，中国的年轻人已经有 30％同居，也就是说，大约 3 个人里面会有 1 个人选择先同居再结婚；此外，同居在高教育群体和从农村到城市的流动人口当中非常普遍。[③]

为什么同居在中国年轻人中越来越普遍呢？於嘉、谢宇在研究中指出：同居更像是婚姻的前奏或者是过渡，可以为年轻人争取更多的时间，帮助其打好经济基础，为婚姻生活做好准备。[④]

---

① Margaret MEAD. Male and Female: A Study of the Sexes in a Changing World [M]. New York: W. Morrow，1949：8—11.

② 海伦·费舍尔. 我们为何结婚，又为何不忠？[M]. 倪韬，等译. 北京：中信出版社，2020：482。

③ 於嘉，谢宇. 我国居民初婚前同居状况及影响因素分析 [J]. 人口研究，2017（2）：3—16.

④ 於嘉，谢宇. 我国居民初婚前同居状况及影响因素分析 [J]. 人口研究，2017（2）：3—16.

那么，同居会带来什么后果呢？谢宇认为：

> 一是因为同居，婚姻年龄推迟了。婚姻的很多功能，比如说可以节省生活成本、性生活等等，都可以通过同居来实现，而不需要结婚，基本上婚姻的功能同居都可以实现。[①]

由此，我们看到，当代中国人的婚姻模式正形成了一种对米德"婚姻分两步走"模式的东方回应。这种现象的出现，一方面可以看作中国社会中的个体化意识在婚恋行为中的表现，另一方面，仍然说明大多数的中国人还是将婚姻作为他们缘分与爱情的归宿，只是需要更多的准备时间。

（三）"丁克"抑或"晚婚晚育"？

"丁克"是"DINK"的音译，其全称是"Double Income No Kids"，意指"无子女双收入的家庭"。"丁克"概念于 20 世纪 80 年代流入中国，早期选择"丁克"的人已过中年。根据澎湃新闻的调查，人们选择"丁克"的主要原因如下[②]：

1. 希望保证个人或"二人"世界的自由，不想被孩子束缚。
2. 不想遵从社会主流观念。
3. 认为自己还不够成熟，对抚养孩子的责任有忧虑。
4. 对社会环境等外在因素有忧虑。
5. 经济压力大，或者事业心重，难以兼顾。

① 谢宇. 当代中国家庭更追求个人自由，但仍以孩子为中心［EB/OL］.（2020-07-13）［2024-09-12］. https://mp.weixin.qq.com/s/2FdRD78nMAYWiD29EBrSKA.
② 澎湃新闻. 选择丁克的人，过得怎么样？［EB/OL］.（2020-01-01）［2024-09-12］. https://www.thepaper.cn/newsDetail_forward_5250676.

6. 出于原生家庭等原因，缺少成为父母的信心。

澎湃新闻指出，也有不少人是被动选择"丁克"的，比如经历过与孩子有关的痛苦等。此外，一些人选择"丁克"只是不想遵从"社会时钟"，不太想生，不想下决定，结果就拖成了一种决定。①

近年来，"晚婚晚育"现象日益突出。2022 年 1 月 20 日，国家卫生健康委人口家庭司副司长杨金瑞在回答记者提问时指出："当前，'90后''00后'作为新的婚育主体，绝大部分成长和工作在城镇，受教育年限更长，面临的就业竞争压力更大，婚育推迟现象十分突出。"《中国统计年鉴 2023》显示，2022 年，我国结婚登记人数共计 683.5 万对，较 2021 年减少了 80.8 万对。第七次全国人口普查公报显示，2020 年我国平均初婚年龄为 28.67 岁，比 2010 年平均初婚年龄（24.89 岁）推迟了 3.78 岁。

据澎湃新闻分析，导致"晚婚晚育"的因素较多，其中大学扩招和人口结构问题是影响青年不婚、晚婚的客观因素。首先，随着大学扩招，我国本科及以上高等学历人数逐年攀高。年轻人在校受教育年限的延长，不可避免地会影响其步入婚姻的时间，进而使平均初婚年龄推迟。其次，适婚人群规模的收缩、性别结构失衡也在客观层面上导致了当前我国结婚人数的不断下降，且数据表明，在未来一段时间，这一趋势很可能仍将持续。此外，有专家认为，网络舆论氛围对青年婚恋观影响较大，有关婚恋的负面新闻被频频曝光，使年轻人不知不觉消减了对幸福婚姻的期望值和对异性的信任感。②

---

① 澎湃新闻. 选择丁克的人，过得怎么样？［EB/OL］.（2020－01－01）［2024－09－12］. https://www.thepaper.cn/newsDetail_forward_5250676.
② 澎湃新闻. 中青报关注：在婚恋问题上，年轻人为何表现得不积极了？［EB/OL］.（2024－05－30）［2024－09－12］. https://www.thepaper.cn/newsDetail_forward_27557818.

可见，在当代中国"过自己的生活"越来越成为中国年轻人生活的信条，西方社会中的个体化在中国同样成了一种熟悉的场景。[1] 在此情境中，独立自主的个体就完全有可能在面对婚姻本身的复杂性之际做出不同于传统的选择。对于当代青年而言，追求幸福的重要指标不再只是婚姻，同样重要的还包括个人价值与社会价值的实现。

第三节　家庭：和谐家庭的形成、维持与发展

俗话说："家和万事兴。"家是中国传统文化中一个很重要的组成部分，家庭和谐则万事兴旺。"家"在中国传统文化中所扮演的角色，不仅像人类其他文明一样，是人类繁衍的一种基本机制；更重要的是，"家"具有一种本体论地位，基于"家"而延展出以中国蔚为大观文明。作为中国文化传统的支柱性观念，"家"在民间信仰中接近宗教信仰，"家"是人的规范、道德等民事处理的主要机制。正如《礼记·大学》所言："古之欲明德于天下者，先治其国；欲治其国者，先齐其家；欲齐其家者，先修其身。"修身、齐家、治国、平天下等一系列条目构成了人们生存的意义世界，"修齐治平"在现代世界转化为"个体-家庭-国家-天下"的结构。[2]

家庭在中国人的生活中起着重要的作用。本节我们将解读中国文化语境下的家国观特征，分析中国家庭文化在夫妻关系、亲子关系上的独特性，并且探讨中国家庭未来的发展趋势，从而循序渐进地把握中国家

---

① 沈奕斐. 谁在你家：中国"个体家庭"的选择［M］. 上海：上海三联书店，2019：66.

② 孙向晨. 何以归家：现代性的救赎［J］. 学术月刊，2024（3）：20-36.

庭文化在全球互联时代中的变与不变。

一、中国文化中的家国观

从发生学的角度来看，"家"首先指向的是房屋，但重要的不是房屋，是人，有人才有家；有父、有母、有子女，才是一个家。父母所居之所被称为庭，所以家也被称为家庭。中国古人非常看重家，中国古代伦理规范大多是讲家庭伦理规范，由此可见家在中国古代文化观念中的地位。家在中国文化里是一个复杂的概念，是一个包含有多种感情色彩的概念。家既是人生活的场所，也是人成长的场所；既是人情感的寓所，也是人精神的寓所。①

在《"家的发现"与儒学中"家"的特殊性》一文中，洪元植教授等认为儒学对"家"在两个方面持有特殊的观点：一方面，儒学没有把"家"只局限于血缘关系，而是积极地将之与非血缘的"国"相联结；另一方面，没有把血缘关系仅止于父母和子女，而是积极向上、向下溯及。前者可以表述为家的"空间的扩大"，"国"被视为扩大的"家"，进而血缘的"孝"与非血缘的"忠"也联结起来。后者可以表述为家的"时间的扩大"，强调尽孝不止于父母，而是根据血缘溯及过世的祖上，通过"家"永远地记忆自身的血缘之根，这就是祭祀，是对过世祖上的礼仪化的记忆。从"空间的扩大"和"时间的扩大"来揭示儒家关于"家"的深意，即使家与国联成一体，成为"家国""国家"，又与祭祀联结，与中国人的宗教情怀联系起来。以家的眼光观国、观天下，就是

---

① 罗安宪. 儒家视域中的家国天下 [J]. 中国人民大学学报，2017 (3)：1.

"天下一家"观。①

由己而家，由家而国，是中国人的精神谱系。"修身、齐家、治国、平天下"的伟大在于它将个人、家庭与国家、天下紧密地联系在一起，而从一个更广大的角度去思考立家立国的根本。中国的历史与文化处处彰显着家国情怀，从《礼记》的"欲治其国者，先齐其家；欲齐其家者，先修其身"，到顾宪成的"风声雨声读书声声声入耳，家事国事天下事事事关心"；从霍去病的"匈奴未灭，何以家为"，到杜甫的"烽火连三月，家书抵万金"；从陆游的"死去元知万事空，但悲不见九州同"，到于谦的"一寸丹心图报国，两行清泪为思亲"……家国情怀深植于中国人心田。

《礼记·礼运》在对"人义"的解释中记载："何谓人义？父慈、子孝、兄良、弟悌、夫义、妇听、长惠、幼顺、君仁、臣忠，十者谓之人义。"可以看到，"人义"的十个方面，其中八个都涉及家庭。钱穆先生在《中国文化精神》一书中指出，中国有一个家庭大传统，每个家都有一两千年以上的历史，全部会合起来，那就是中华民族、中国人。中国文化传统，第一在我们每个中国人身上，第二在中国每一个家庭，第三是在我们的国家。② "天下一家"观是中国古代家国观的重要理念，是中国人对于家与国、国与国关系的基本观点，也是中国传统文化的重要内容。③ 家庭不仅在中国传统文化中占据核心地位，在中国现代化的过程中同样有重要地位，正如金耀基先生所指出的：我们以为中国文化传

① 洪元植，林海顺. "家的发见"与儒学中"家"的特殊性［J］. 中国人民大学学报，2017（3）：2-8.
② 钱穆. 中国文化精神［M］. 北京：九州出版社，2012：17-18.
③ 向世陵. 儒家视域中的"天下一家"观［J］. 中国人民大学学报，2017（3）：9-15.

统的落根之处在家，中国文化的复兴着力处亦在家。①

在当代中国社会，传统与现代文化、中西方文化的互动与交流，改变了中国人的婚恋观。与此同时，现代的、西方的文化因素，也潜移默化地方影响个体家庭观。在此过程中，中国文化通过家庭中的个体、通过每一个家庭的发展、演变，形成传统与现代兼容的家国文化。

二、中国家庭文化的独特性

下文中，我们从家庭成员的身份与关系来管窥中国家庭文化的一些独特性。其中，我们重点介绍与讨论的是夫妻关系、亲子关系。

（一）夫妻关系：从平衡到平等

在中国传统婚姻观念中，平衡是一个家庭较好的状态。丈夫通常为家庭支柱，妻子则多在背后支持丈夫，负责处理家中事务。20 世纪以来，在各种因素的影响下，中国人的婚恋观有所变化。婚恋观的改变使夫妻关系也发生变化，女性的家庭地位逐渐提高，人们更多地强调夫妻关系的自由与平等。中国人的婚姻生活方式也从传统的"夫唱妇随"朝着夫妻之间的互相支持、携手并进改变。

其实，不管是传统的"夫唱妇随"带来的夫妻关系平衡，还是当代中国家庭夫妻地位愈加平等而获取的平衡，两者共同带来的，都是更为和谐的家庭氛围；而和谐的家庭，是让孩子能在一个愉快而有能量的环境中成长的基础和前提。

---

① 沈奕斐. 谁在你家：中国"个体家庭"的选择 [M]. 上海：上海三联书店，2019：340.

（二）亲子关系：从传统到当代的变化与特征

按照费孝通先生的差序格局理论①，亲子关系作为一类亲属关系是人际关系波动的第一层，和谐的亲子关系对于子女日后人格的健康发展具有重要作用。同时，在中国传统文化中，中国人常将最和谐的亲子关系称为"天伦之乐"，强调家庭团聚的欢乐；另一方面，也有"养儿防老，积谷防饥"这样的民间谚语，其背后所代表的中国人基于亲子关系的家庭观念，是塑造传统中国家庭文化的一个不可忽视的因素。

但是，随着时代的不断发展与社会的进步，伴随从传统大家庭到现代核心家庭结构的转化，很多中国人逐渐意识到，并不能完全把子女看作父母的一种"生命延续"，或者将亲子关系"债务化"以期待"养儿防老"。"孩子是一个独立的个体"的观念潜移默化地影响着当代中国社会中越来越多中国人的亲子观念，而这一更新后的亲子观，与黎巴嫩裔美国诗人纪伯伦脍炙人口的名诗《你的孩子，其实不是你的》②形成了一种生动映照。这首诗歌犀利而诗意地点出了父母和孩子之间的关系：

> 你的孩子，其实不是你的孩子
>
> 他们是生命对于自身渴望而诞生的孩子
>
> 他们借助你来到这个世界，却非因你而来
>
> 他们在你身旁，却并不属于你
>
> 你可以给予他们的是你的爱，却不是你的想法
>
> 因为他们有自己的思想
>
> 你可以庇护的是他们的身体

---

① 费孝通. 乡土中国 [M]. 上海：上海人民出版社，2007：13－17.
② 纪伯伦. 纪伯伦全集·先知 [M]. 北京：商务印书馆，2023：5－6.

　　却不是他们的灵魂

　　因为他们的灵魂属于明天，属于你做梦也无法达到的明天

　　你可以拼尽全力

　　变得像他们一样

　　却不要让他们变得和你一样

　　因为生命不会后退

　　也不在过去停留

　　…………

　　德国心理学家海克·M. 布尔（Heike M. Buhl）曾论述，独立的孩子意味着将父母和自己看作相互独立但彼此联结的个体，他会认识到自己和父母是不一样的，主动区分哪些是自己的观点、意愿，哪些是父母的，允许父母的固执和反对，遇到不一致，会像面对朋友那样沟通，思考解决办法，甚至能够意识到，不同并不必然意味着亲子关系有问题。[①] 类似更强调"独立性""个体化"的亲子观点，潜移默化地影响着中国年轻父母对亲子关系的处理。

　　需要注意的是，在飞速发展的当代中国，新兴亲子关系及其所嵌入的家庭观念与中国传统文化并没有截然剥离，而是互相影响。正如复旦大学沈奕斐在研究中国家庭文化发展的著作《谁在你家：中国"个体家庭"的选择》中曾指出，在独特的中国语境下，"独生子女个体化中有两个似乎截然矛盾的地方：一方面，他们更为个体化，更加强调自我。但是另一方面，他们与父母的联系反倒更紧密了，独生子女父母全方位

---

　　① Peter Noack, Heike M. Buhl. Child-Parent Relationships in Frieder R. , Lang, Karen L. Fingerman, （eds. ）Growing Together：Personal Relationships across the Life Span ［M］. Cambridge University Press, 2004：55—57.

地介入孩子的生活，依赖孩子，而子女对父母的依赖也一点不逊色"①。这种相互依赖的关系表明传统亲子关系文化的影响依然持续存在，形成了中国"个体"家庭的特色，并且出现了"亲子关系主轴的倒置"，即"父母与孩子关系的重要性，与传统不同的是，这一次男性也加入这一竞争中。与其说亲子主轴在家庭中被夫妻主轴所取代，不如说亲子主轴的重点从上落到了下，亲子主轴出现了'倒置'，孩子成为家庭的中心"②。"父子关系""母子关系""成年子女与年迈父母的关系"等不同类型的亲子关系日渐成为社会舆论的热点议题。

综上所述，在大多数中国家庭中，"以子女为中心"仍是主流中国家庭的核心信念，这个根深蒂固的理念在人口老龄化问题日益突出的当下，依然持续发挥重要影响，并且参与形塑当代中国亲子关系新特征。当然，从独生子女家庭结构向多子女家庭结构转变的历程中，"以子女为中心"的观念在传统与当代家庭文化中还会衍生出更复杂的思想脉络，值得我们深刻思考与品味。

三、中国家庭的未来形态与社会功能

人类学家保罗·博安南（Paul Bohannan）曾说："家庭是人类社会适应性最强的一个单元，应社会的需求而改变。家庭不像暴风雨中的橡树和松树，一有风吹草动就分崩离析，而是像东方故事中的竹子，遇风

---

①　沈奕斐. 谁在你家：中国"个体家庭"的选择［M］. 上海：上海三联书店，2019：242.

②　沈奕斐. 谁在你家：中国"个体家庭"的选择［M］. 上海：上海三联书店，2019：334－335.

让步，风过又挺直了腰杆。"①

家庭在中国文化中发挥着重要作用。中国自古便有"集人成家，集家成国"的说法，这种"家国同构"的传统逻辑使家庭在中国不只是生产与再生产的经济单元，而且还是秩序单元、教化单元和福利单元，并负有社会化和保护其成员的责任。在相当长的历史时期中，中国的家庭制度经历了阶段性的变革，但仍保持着巨大的内在稳定性。②

从文化交流的角度来看，中国的家庭文化是一个动态发展的过程。中国传统家庭文化深受儒家思想的影响，而 20 世纪以来，受各种因素影响，以婚恋观为代表的家庭文化发生了较大改变。中国人的家庭生活发生了不同层面、不同维度的变化。首先，家庭规模小型化与结构简化，即只有一代人的家庭户和二代户是当代中国家庭户的主体，中国家庭结构正进一步趋于简化，家庭户内的代数趋减；其次，人口老龄化已成为现代社会的常态，在这一大背景下，中国家庭"老龄化"的现象也在不断加剧，主要表现为有老年人的家庭比重上升和家庭中老年人口比重增加；再次，非传统类型家庭涌现，中国家庭户类型多样化的趋势主要表现为非传统类型的家庭大量涌现，如"纯老家庭""空巢家庭""隔代家庭""跨文化联姻家庭""丁克家庭""大龄单身家庭""单亲家庭"等。③

中国发生的第二次人口转变是形成如今中国人家庭生活模式发展趋

① 海伦·费舍尔. 我们为何结婚，又为何不忠 [M]. 倪韬，等译. 北京：中信出版社，2020：458.

② 彭希哲，王雪辉. 家庭结构、个人禀赋与养老方式选择——基于队列视角的分析 [J]. 人口学刊，2021（1）：64—77.

③ 谢宇. 当代中国家庭更追求个人自由，但仍以孩子为中心 [EB/OL].（2020—07—13）[2023—12—12]. https://mp.weixin.qq.com/s/2FdRD78nMAYWiD29EBrSKA.

势的一个重要的原因。① 政府的相关生育政策、社会经济的发展、多元文化的交流等内外部因素共同推动了中国第二次人口转变。第二次人口转变的特征表现为经济发展到一定程度时，个人会更倾向于追求自由。② 第二次人口转变中，受影响的主要社会机制是家庭，大家的观念及想法普遍改变了，觉得家庭不应该是约束我们行为的决定性因素，个人应该拥有自由。这也是一个全世界普遍发生的现象。近年来出现的未婚先孕、同居等现象，使得"什么是家庭"成为一个被广泛讨论的问题，有关"家庭将会终结"还是"家庭是幸福的未来"的争论直到现在都在欧美等国不断上演。③ 在中国，人们关于上述问题也讨论不断。值得注意的是，伴随人们对新生命的期待，近年来各地政府纷纷改革生育登记制度。例如，四川省自 2023 年 2 月 15 日起实施《四川省生育登记服务管理办法》，对登记对象是否结婚、生育了几个孩子均不再限制，"凡生育子女的公民"均可办理。该办法一出台，便引发了国内热议。对此，专家认为，民众对生育登记制度改革的关注，一方面是由于人口负增长的出现，另外一方面是由于生育养育的压力较大，民众不同程度地形成了一种比较普遍的社会情绪；而提升民众生育意愿，归根结底，还是需要依靠社会经济政策的努力。④

　　在这一章，我们从爱情、婚姻、家庭三个方面，介绍与讨论了在中

---

① 於嘉，谢宇. 中国的第二次人口转变 [J]. 人口研究，2019 (5)：3—16.

② 於嘉，谢宇. 中国的第二次人口转变 [J]. 人口研究，2019 (5)：3—16.

③ 沈奕斐. 谁在你家：中国"个体家庭"的选择 [M]. 上海：上海三联书店，2019：375.

④ 澎湃新闻. 四川新办法背后的我国生育登记制度简史：从挂钩户口到回归本初 [EB/OL]. （2023—02—04）[2024—09—18]. http:// www. thepaper. cn/newsDetail _ forward _ 21798969.

外文化交流的过程中，中国人的婚恋观与家庭文化中的"变"与"不变"。伴随经济的飞速发展及社会文化的繁荣，中国人追求幸福的速度会不断加快，对立足个体与人际关系的价值观念（如独立、自由、平等）会更加重视。不过，因为传统文化中"家庭"概念的影响，在传统文化与现代文化的博弈中，在"个体化"的进程中，组建与拥有一个稳定与幸福的家庭仍然是大多数中国人所追求的人生目标之一。无数独特的个体文化构成千千万万户家庭，家庭文化又汇合成不断发展的、与世界互动对话的中国当代文化。在这一过程中，家庭的意义不言而喻。

思考

在多元文化碰撞交流的过程中，"家"的内涵与形态也处于动态衍变之中。请观看日本电影《小偷家族》与中国电影《又见奈良》，谈谈你对两部电影里"家"的理解。同时，请结合现实语境，从跨文化传播的视角出发，比较与讨论不同文化中"家"的意义是如何被刻画、呈现与传播的。

第八章
Cut your coat according to your cloth：
从"我需要"到"心头好"

人从出现在地球舞台上的第一天起，每天都要消费，不管在他开始生产以前和生产期间都是一样。

———马克思①

每一个人都是天然的消费者，又是价值的创造者。消费是人类的重要活动，具有社会、文化、符号等多重属性，是经济生活、文化生活与社会生活的联结和汇聚。提到"消费"，大多数人的第一印象就是"买买买"，然而，消费除了经济意义，还有十分重要的文化和社会意义。消费就像一面镜子，照出了经济、文化、社会生活中的很多"秘密"。

---

① 马克思. 1844年经济学哲学手稿［M］. 中共中央马克思恩格斯列宁斯大林著作编译局，译. 北京：人民出版社，2000：92.

第一节　日新月异：从勤俭节约到消费主义

一、中国消费文化

（一）传统消费文化

中国传统消费的核心问题其实就是奢俭问题。从古至今，抑奢崇俭的思想都影响着中国人的消费行为和消费方式。

中国很多传统思想中都有关于奢俭问题的思考。《尚书》中有"克勤于邦，克俭于家"。《周易》中有"天地节而四时成，节以制度，不伤财，不害民"。墨子也推崇节俭，反对奢侈："俭节则昌，淫佚则亡。"（《墨子·辞过》）孟子认为在日常生活中要做到"食之以时，用之以礼，财不可胜用也"（《孟子·尽心上》）。韩非子也强调"侈而堕者贫，而力而俭者富"（《韩非子·显学》）。上述文献有代表性地反映了古人的消费观，即消费都要以实用和节省为原则，反对奢侈。

对中国人思想影响最深远的儒家思想也有关于奢俭问题的讨论，儒家向来以奢侈淫乐为耻，以节俭适度为美，并以这个作为评价君子德行的标准之一。孔子提出"君子惠而不费"（《论语·尧曰》），意思是君子给别人带来好处的同时自己却又节俭不浪费，并把这种德行作为"五美"（五种美德）之首。孔子赞赏节约之士："贤哉，回也！一箪食，一瓢饮，在陋巷，人不堪其忧，回也不改其乐。贤哉，回也！"（《论语·雍也》）从他表扬弟子颜渊的话中可以看到，孔子十分欣赏具有节俭品格的人。同时孔子反对奢侈，认为"奢则不孙"（《论语·述而篇》）。

根据上面的这些论述，可以将中国传统消费观概括为：提倡节俭，反对奢侈。而这种消费观的影响存在于社会生活的方方面面，如婚、丧、嫁、娶等。

在传统消费观的影响下，人们产生了如下消费倾向：首先，更看重物质的效用；其次，喜欢储蓄，克勤克俭；再次，反对炫耀性消费。[①]

抑奢崇俭的思想代代相传，影响了很多中国人。所以在中国，很多人认为节俭是大德，奢侈是大恶，正如"俭，德之共也；侈，恶之大也"（《左传·庄公》）。勤俭节约也就成为大部分中国人的消费习惯。中华人民共和国成立之前至成立初期，社会生产力水平较为低下，物资较为匮乏。出生或成长于这一时期的民众，多养成了勤俭节约的习惯，即便是已经到了衣食无忧的状态，节约也是他们始终坚持的生活理念。所以，对于这部分人群来说，消费时非常重视价格，追求便宜的好物。

总之，中国传统消费文化史，就是一部抑奢崇俭史。反对奢侈，倡导节俭的消费观相传至今，已经成为中华民族的一种德行。这种节俭的消费观也是中国特色消费伦理观的一部分，它倡导适度、合理消费，力戒浪费式、炫耀式、愚昧式消费生活方式，在弘扬社会美德等方面发挥着重要作用，至今仍有重要价值。[②]

（二）当代消费文化

随着时间的推移、时代的发展，中国经济也发生着日新月异的变化，特别是在改革开放以后，中国经济持续高速增长，社会物质财富日

---

① 所谓"炫耀性消费"就是通过展示自己购买的商品得到他人赞赏，从而满足心理需求的一种消费行为。在中国，这种行为会被认为是爱慕虚荣，而虚荣是一个敏感且带贬义的词语。在中国传统思想中，人们反对这样的行为。

② 赵吉林. 中国消费文化变迁研究 [D]. 成都：西南财经大学博士学位论文，2009.

渐积累，生产率持续提高，居民生活质量不断提升，反映在消费层面便是从解决温饱到实现小康。20 世纪 70 年代末期，中国人追求"老四件"，要结婚就要购齐手表、自行车、缝纫机和收音机。由此可见，在经济的推动下，人们有了温饱之外的消费欲望。80 年代末期，随着改革开放的深入，人们追求"新三件"，即彩电、冰箱和洗衣机。再到 21 世纪，人们说的"三大件"，变成了住房、汽车和存款。从基本的消费到家电到小汽车，新一代中国人的消费踏着经济发展的脚步不断变化。

"80 后""90 后""00 后"成长在改革开放之后，享受着改革开放的成果，生活条件较之前有了很大改善。随着互联网的发展，中国和世界的联系也更加紧密，这使得以这几代人群为主导的中国当代消费文化呈现多元化的特点。

首先是消费内容多元化。消费内容从单一的物质消费转向了物质、精神、生态等多元化的消费。现在的消费内容涉及住房、交通、文化教育、医疗保健、娱乐健身等方面。人们愿意为更多的东西买单，其中包括知识，出现了知识付费。知识付费就是消费者为获得知识而支付金钱，它的发展与社会对高质量知识的需求爆发紧密相关。在终身化学习的时代，人们更追求个性化发展以提高自身综合素质，愿意为高质量的付费知识买单。2016 年被称为"知识付费元年"，此后知识付费行业规模不断扩大，效益增长迅速。知识付费内容繁多，主要有职业技能类、投资理财类和生活兴趣类。

其次是消费方式更加个性化。在市场经济的推动下，中国人的消费方式也从以储蓄为主的传统消费形式转换为多元消费形式。很多年轻人选择提前消费、借贷消费、电视购物、网上购物、海外代购、集体消费等。多种多样的消费方式让消费更加个性化，更加符合人们的收入水平、文化层次、价值取向。

最后是消费目的多元化。所消费的商品或服务的使用价值仍然是最主要的消费目的，但是由于消费内容和方式的多元化，消费的目的也不仅仅局限于使用价值。

综上，当代消费文化的多元化为当代中国消费带来了很多积极影响，让中国消费更加多彩。

二、西方消费文化

西方社会影响较为深远的消费文化是消费主义文化（Culture of Consumerism）。消费主义文化兴起于 20 世纪 20 至 30 年代，第二次世界大战以后在西方资本主义国家迅速发展，是当今西方资产阶级道德的重要组成部分。它以对物品的绝对占有和追求享乐主义为特征，把消费当作唯一目的，为消费而消费，背离了消费是满足人需要、促进人发展的手段的本质，是一种较为极端的文化现象，但也是西方资本主义国家从生产型社会向消费型社会转型时期的一种影响深远的经济与社会文化现象。消费主义的影响常常表现为超出自己经济实力的对物质的占有、消耗以及频繁的更新换代。①

拓展阅读

消费主义（Consumerism）是一种社会和文化现象，强调个人和社会的幸福和满足是通过消费商品和服务实现的。消费主义的核心特征是物质主义，即追求物质财富和物质享受。消费主义影响人们的社交行

---

① 孙健，孙翔，雒季. 从观念到践行：社会主义核心价值观如何深入大众 [M]. 兰州：甘肃人民美术出版社，2014：8-9.

为，人们通过购买昂贵的商品和服务来展示自己的社会地位和财富。现在消费主义强调便利和快捷。电子商务、移动支付、送货上门等都是现代消费主义的代表。

思考

消费主义是一种社会现象，一种文化形态，还是一种生活方式？你认为消费主义从哪些方面影响了当今的中国社会？

受到消费主义文化的影响，很多国家的年轻人在消费的过程中倾向于追求消费带来的快感，对于消费本身的物质意义并不十分在意，更多地追求消费的精神需求。

摩根士丹利在 2023 年 1 月的报告中指出，2022 年，韩国人在个人奢侈品上的总支出增长了 24%，达到了 168 亿美元，平均每人消费 325 美元，高于美国的人均 280 美元。韩国的奢侈品消费金额高和韩国人的消费心态有关。买了房的韩国人认为，房价的持续上涨让他们的财富不断积累，是时候可以买奢侈品了；买不起房的韩国人放弃买房子，试图通过购买奢侈品来让自己开心；还有一部分韩国人则认为，唯有奢侈品才能显示出"尊贵"的社会地位。同时"YOLO"（You only live once，即你只活一次）逐渐成为在韩国年轻一代中流行的价值观念。[①]

俄罗斯青年消费的整体水平也在不断提高。俄罗斯青年认为当下的生活是理所当然的。很多年轻人对自身能力充满自信，他们和平友善但又颇具野心。受到现代消费方式的指引，很多人根据富裕群体的生活标

---

① 澎湃新闻. 奢侈品全球最大买家：韩国 [EB/OL]. (2023-01-28) [2024-09-12]. https://m.thepaper.cn/newsDetail_forward_21691952.

准制订人生规划，强调高标准和新的物质消费方式，刺激了活跃的市场行为。此外，伴随着物质福利渐渐得到满足，精神和文化生活的需求越来越强烈，拥有较高的教育和文化水平的俄罗斯青年对于生活的质量有较高的要求。很多青年看重显示其自身地位的消费，偏好独一无二的、时尚的和声名在外的商品，愿意为此"一掷千金"，甚至以放弃购买家庭生活必需品为代价。①

阿拉伯青年对先进事物的接受程度并不逊色于发达国家。他们怀揣智能手机，手握方向盘，逛街购物，聚会，追求时尚。受文化影响，一袭长袍是他们出门时的装束，但是这丝毫不影响他们追赶时髦的欲望。很多年轻人把挣来的大部分钱花在了追求时尚上。

这些地区的人们受到西方消费主义文化的影响较大，主张享受人生，"先花再想"，消费较为随性，常通过超前消费满足自己的生活需求和欲望。

消费主义文化也影响着当代中国民众的消费习惯。近年来，各种贷款软件的出现、奢侈品的火爆都印证了消费主义文化对中国消费者的影响。

消费主义文化的自身利弊明显。消费主义文化的积极作用在于消费是人类生存的一大需求，社会在进步，经济在发展，人们的生活水平在提高，消费的需求自然也会增加。消费主义促进消费，让人们可以更好地满足自身的需求，提高生活质量。消费也能够拉动企业的成长和发展，稳定市场，增加就业机会等。然而，消费主义文化也带来了消极的影响。首先，消费主义文化影响社会风气。如果社会中大部分人都崇尚

---

① 李春玲，科兹诺娃，等.青年与社会变迁：中国和俄罗斯的比较研究 [M].北京：社会科学文献出版社，2014：128－142.

消费主义，过度追求消费，会改变人们原有的价值观，会让整个社会风气变得功利而浮躁。其次，消费主义的盛行会让其追随者大量消费，超出能力范围的消费行为是不健康的，会导致借贷、破产等问题，从而引起整个社会的不稳定。

第二节　水乳交融：中外消费"对对碰"

一、储蓄和超前消费

（一）储蓄大比拼

一个国家的国内生产总值（GDP）代表了这个国家总体经济实力的大小，而总储蓄是指可支配总收入用于最终消费后的余额。通过整理2021年世界GDP排名前十国家的总储蓄占GDP的比重（表8.1），可以看到GDP排名前十的国家的储蓄情况。从而说明这个国家的人们是否重视储蓄，也间接反映这个国家的消费观。

表 8.1　2021 年世界 GDP 排名前十的国家总储蓄比重

排名	国家	所在洲	年份	总储蓄占 GDP 比重
5	中国	亚洲	2021	44.89%
30	德国	欧洲	2021	30.65%
34	印度	亚洲	2021	30.21%
51	日本	亚洲	2021	28.11%
65	法国	欧洲	2021	24.37%
70	意大利	欧洲	2021	23.11%

排名	国家	所在洲	年份	总储蓄占 GDP 比重
71	加拿大	北美洲	2021	22.93％
102	美国	北美洲	2021	18.1％
107	巴西	南美洲	2021	17.45％
115	英国	欧洲	2021	15.95％

从表 8.1 可以看出，中国的总储蓄占 GDP 的比重相对较高，为 44.89％，在上榜的 154 个国家中排名第五。上述数据反映了中国民众对储蓄的偏爱。

中国人之所以偏爱储蓄，主要还是受传统消费观的影响。

如前所述，自古以来，勤俭节约都是中国人所推崇的美德。受此影响，大部分中国人都有储蓄的习惯。具体来看，中国传统文化认为节俭可以生财，大部分中国人倾向于把结余的钱存下来，增加自己的抗风险能力，以备不时之需。

我们以美国和巴西为例，分别看一下为什么一些国家的人们没有储蓄的习惯。

首先来看看美国。美国人喜欢消费，不储蓄是其由来已久的习惯。主要原因大概有以下几点：首先是经济方面，美国银行的储蓄收益很低，把钱放在银行几乎没有收益，如果存的钱不够多还需要给银行缴纳管理费。同时，美国的金融投资渠道较多，人们倾向于进行各种投资，获取收益。其次是社会保障方面，在美国，人们通过购买保险来解决养老、医疗、失业等问题，对大额储蓄的依赖性不高。最后是文化方面，受到消费主义文化的影响，美国人倾向于通过消费满足自己的物欲。

再来看巴西。巴西人很少有存款的习惯，2021 年巴西总储蓄占 GDP 的比重只有 17.45％，主要原因大概有两点：一是经济因素。巴西经历了长时间的通货膨胀，高通货膨胀率刺激人们追求消费行为，因为货币会快速贬值，只有及时消费才能更大地发挥其价值。二是文化因素。在巴西，家人朋友之间总是互相帮助，如果有多余的钱，一般会用于帮助那些遇到困难的家人朋友。

其实，各国民众的储蓄习惯通常和该国的经济、政治、文化密切相关。由于国情在不断变化，人们的储蓄习惯也不是一成不变的。以中国为例，中国人虽然历来看重储蓄，但是随着经济的发展和西方消费文化的影响，很多年轻人也逐渐改变了对储蓄的态度。

（二）超前消费：信用卡、"白条"和"花呗"

信用卡 1915 年起源于美国。最早发行信用卡的机构不是银行，而是美国的一些百货商店、饮食店等。顾客可以凭借自己的信用筹码在商店赊购商品，然后在约定的时间偿还。1946 年，美国的荻纳斯俱乐部和运通公司等开始发行用于旅游、娱乐的信用卡，这种信用卡也是一种商业赊销的信用凭证，按期付款，不能拖欠。1950 年，荻纳斯俱乐部在全国组织联营，各地参加联营的旅店、餐馆所发行的信用卡可以通用，结算款项通过银行办理，这样就大大扩展了信用卡使用的地区。[①]时至今日，信用卡已经在世界范围内流行，给顾客和商家都带来了很多便利。

由于国情不同，各个国家信用卡的使用情况也大不相同。Wind 数据显示，美国人均拥有 2.9 张信用卡，这是中国 2016 年第一季度人均持有信用卡数量（0.3 张）的十倍左右。[②] 信用卡可以帮助你在没有足

---

① 王国乡，郑垣. 中国企业金融实务全书 [M]. 北京：中国物价出版社，1994：151.
② 顾晓敏，梁力军，孙璐. 金融科技概论 [M]. 北京：中国金融出版社，2020：203.

够资金的情况下消费。美国有媒体曾经这样评价美国人的消费习惯："美国人一醒来就在购物了。"在美国，几乎每个人都有信用卡，他们早已习惯用明天的钱来满足当前的物质欲望，领到工资以后就去还自己的各种贷款和信用卡。中国的情况与美国不太相同，由于受到传统消费观念的影响，老一辈的中国人倾向于节约，不愿意负债。加之信用卡进入中国的时间也较晚，直到 1985 年，中国银行珠海市分行发行了境内第一张信用卡——"中银卡"，并且这张卡仅限在珠海地区使用。大部分出生在 20 世纪 80 年代以前的中国人对信用卡的接纳度不是特别高。

中国 2001 年加入世界贸易组织（WTO）以后，经济高速发展。"80 后""90 后""00 后"的生活环境较以前得到了极大改善。受到西方消费主义文化的影响，他们更愿意通过消费来满足自己的欲望。他们不再一味地节约，所以更快地接纳了信用卡的消费模式：先消费，后还款。所以，在中国，20～40 岁这个年龄段的人群所拥有的信用卡数量最多。他们不仅热衷于使用信用卡消费，还喜欢研究各种信用卡的优惠政策，"薅"信用卡的羊毛。

正是因为有了这样一群消费者，中国也出现了类似信用卡的新型支付模式——"白条"和"花呗"。白条是 2014 年 2 月在京东商城上线的，为用户在购物时提供"先消费，后付款""30 天免息，随心分期"服务。"花呗"是 2015 年 4 月正式启用的，主要用于在天猫等购物平台上购物，深受"80 后""90 后""00 后"消费者的喜爱。根据背景和收入，消费者每个月可以申请 1000～50000 元不等的消费额度，一个月以后还款，也可以申请分期还款，使用方法简单便捷。当然，这些便捷的借款方式也让部分年轻人出现了过度消费的行为。一些年轻人因此形成了错误的消费观念，让消费成了自己的负担，甚至发展为"消费病"。

二、中外"购物狂"

（一）购物节的狂欢与思考

所谓购物节，其实就是商家的一种促销手段，通过打折吸引顾客，增加销量，获取利润。西方最著名的购物节就是感恩节时的促销，被人们称作"黑色星期五"（简称"黑五"）。在过去的十年中，"黑五"好像成了一种全球性的促销活动，在美国、英国、法国、瑞典、波兰、丹麦、匈牙利、瑞士、奥地利、巴西、日本、南非、墨西哥、澳大利亚和阿根廷等许多国家都有开展。

每年的"黑五"都会产生惊人的销售数据。2021 年，英国的一份研究报告提到，消费者在"黑五"支出会达到 91.48 亿英镑，在"黑五"当天销售额达到顶峰，预计为 33.85 亿英镑，大概每分钟 338 万英镑。这个数据比 2020 年的销售额增长了 21.7%。① 2022 年 Adobe 公司的数据显示美国"黑五"的在线销售额同比增长了 2.3%，达到创纪录的 91.2 亿美元。Shopify 在 2022 年"黑五"销售中也创下了历史纪录，达到 33.6 亿美元，同比增长 17%。其中销售额最高的国家为美国、英国和加拿大。②

接下来我们来关注中国的购物节，这些购物节主要由电商平台发起，一个是 2008 年开始的"京东 618"购物节（简称"618"），一个是

---

① 卖方之家官网，再破纪录！2021 英国黑五销售额将达 91.48 亿英镑［EB/OL］.（2021-11-18）［2023-09-11］. http://www.kuajingyan.com/article/21056.
② 美国今年"黑五"购物季线上销售额创新高 最热产品有这些……［EB/OL］.（2022-11-27）［2023-09-11］. https://m.thepaper.cn/baijiahao_20923021.

2009 年开始由淘宝天猫商城主导的"双 11"购物节（简称"双 11"）。两个购物节都带动了线上线下商家的巨额销售。

我们以"双 11"为例，从 2009 年的 0.52 亿元，到 2014 年的 805 亿元，到 2019 年的 6000 亿元，再到 2022 年的 11500 亿元。全网电商的销售额快速增长，虽然近两年由于各种因素的影响，增速减缓，但是销售总额依然没有跌落。从销售总额的增速可以看到消费者越来越青睐在购物节促销时疯狂购物，而商家也在购物节想尽各种办法促销。

除了惊人的销售数据，我们也能看到人们对购物节的期待和"疯狂"。无论是西方的"黑五"还是中国的"618""双 11"，我们可以看到的是消费者都对购物节存在期待和渴望。当人们打算购买一些价格较高的商品时，都会想到稍微等一等，等到购物节促销的时候再购买，这是人之常情，没有人愿意用高价购买相同的产品。待到购物节来临之时，各种"疯狂"的促销便拉开帷幕。从很多关于"黑五"的报道可以看到，消费者们早早地等候在购物中心的大门外，一旦开门便蜂拥而进，停车场几乎没有空车位，很多商家门口排着长长的队伍，几乎所有的人都会拎着大包小包满载而归。在中国，"618"和"双 11"期间人们总会互相交流，拼网速拼手速，抢购自己喜欢的商品。

无论中西，购物节促销主要是利用了人们的消费心理。第一是从众心理。当身边的人都在购买时，人们为了和众人保持一致，也就加入了购买的行列。第二是厌恶损失。对一部分人来说，损失是难以忍受的。他们怕错过了商家的优惠，即使不是真正想要的商品也会购买。第三是饥饿营销。电商平台喜欢通过规定打折的时间和限制销售的数量，给人一种随时可能买不到的紧张感。实体店则喜欢规定同时在店内购物的人数，让顾客在店门口排长队等待购买，让人产生一种不买不划算的错觉。

尽管中国和西方有着不同的消费文化，但是人们对于消费的基本需求是相同的，面对商家的大力促销，不管哪种消费文化背景的消费者都会掉入商家的促销"陷阱"，进行消费。

拓展阅读

沉没成本是指在决策过程中已经发生且不可收回的成本。这些成本包括时间、金钱、精力等，无论决策者是否继续投入资源，都无法改变这些成本已经发生的事实。在经济学和商业决策制定过程中，沉没成本是一个重要的概念，它与可变成本形成对比，可变成本可以被改变，而沉没成本则不能被改变。例如，你花钱买了电影票，可是电影很难看，你为了电影票的花费坚持看完电影，或是离开电影院做别的事情都不能改变你已经购买电影票的事实，那么电影票的支出就是你的沉没成本。所以是否留下来继续看电影应该从自身的愿望出发而不是电影票的支出。

思考

想一想，在日常的消费中，你会过多地考虑沉没成本吗？假如你办了一张1000元的健身卡，可是你不再适合去健身房，你会坚持健身降低单次使用成本，还是选择放弃健身养好身体呢？

（二）奢侈品的追随者

消费是人类社会发展到一定程度的必然产物，现代社会人们时时刻刻都在进行各种消费，人类离不开消费。然而有些消费却不是每个人都需要的，奢侈品消费便是其中之一。"奢侈"一词的拉丁文是

"Luxus"，一开始指的是"极强的繁殖力"，后来指"浪费、无节制"。后来，这个拉丁词语被大部分欧洲语言吸收，衍生出了"奢侈品"（Luxury）一词。"奢侈品"的定义是："一种超出人们生存与发展需要范围的，具有独特、稀缺、珍奇等特点的消费品，又称为非生活必需品。"①

从奢侈品的定义可以看到，奢侈品不是生活必需品，不是每个人都需要消费的物品。不管奢侈品的内涵是什么，奢侈品大都有一个共同的特点，那就是价格较高。然而每一个奢侈品牌背后都有一群忠实的追随者。那么，是什么原因让人们心甘情愿进行奢侈品消费呢？

我们先来看一下中国的情况。随着中国经济的发展，奢侈品在中国本土市场的占有率不断升高，据世界奢侈品协会统计，截至 2009 年 12 月，中国奢侈品消费总额达 94 亿美元，全球占有率 27.5％，成为仅次于日本的世界第二大奢侈品消费国。②《麦肯锡 2017 年奢侈品报告》显示，2017 年中国人的奢侈品消费总金额竟高达 700 亿美元，占全球奢侈品消费总额的三分之一。③ 2021 年，中国人奢侈品消费增幅达 18％，总额为 1465 亿美元，占全球奢侈品市场的 46％，接近一半。④ 可以发现，中国消费者在国际奢侈品市场具有"超强购买力"。

我们再看一下以法国为代表的西方国家的奢侈品消费情况。法国拥有大量的奢侈品牌，也被全球消费者誉为"奢侈品圣地"。20 世纪 80

---

①　栾振芳. 经济常识从入门到精通［M］. 成都：四川人民出版社，2021：40.

②　王军. 转型期的富人阶层［J］. 瞭望，2010（9）：1.

③　国人到底为什么迷恋奢侈品？看了才知道，原来不只是虚荣心作祟！［EB/OL］.（2018−09−07）［2023−09−11］. https://baijiahao. baidu. com/s?id=16109134765000344469&wfr=spider&for=pc.

④　马斯克失王冠，世界首富换人，新首富由"中国制造"［EB/OL］.（2023−03−27）［2023−09−11］. https://www. 163. com/dy/article/I0R9FR7L0552NMAF. html.

年代，奢侈品消费在法国达到鼎盛时期，一度成为法国的经济支柱。然而随着时间的推移，奢侈品在法国的销售越发疲软，销售额不断"缩水"。法国人不再购买 5000 欧元一瓶的顶级红酒，或是价格高昂的各种皮包。追求休闲、自由时间和个性定制成为他们的"奢侈品"。例如，一次个性化定制的旅行、购买一个古老的台灯、听一场特别的音乐会、在酒店享受超五星级服务等。

分析中国和法国的奢侈品消费情况可以发现，两国的奢侈品消费存在一些共性：当人们解决温饱以后总是会追求更高的消费，用消费满足自己的愿望，体现自我价值。

第三节　走向世界：中国品牌的世界传播与互动

一、文创产品火"出圈"

2020 年北京奥运会吉祥物"冰墩墩"火爆"出圈"，供不应求，线上商城发售后 3 秒就被抢光了。顾客在冬奥特许商店排着数百米的长队等待购买"冰墩墩"。这是中国文创产品的又一次爆火。其实在此之前，故宫博物院已经推出一代又一代的文创产品。2017 年故宫文创的销售额达 15 亿元，超过 1500 多家 A 股上市公司。① 截至 2018 年 12 月底，

---

① 盘和林. 600 岁故宫成"超级网红"，文创产品需回归文化本质 [J]. 课堂内外：创新作文（高中版），2019（8）：1.

故宫文创达 11936 种。① 无论是从文化传播还是销售盈利来看，故宫文创都是十分成功的。

近几年，中国的文创产品遍地开花、蓬勃发展，涉及经济社会各领域各行业，呈现多向交互融合态势。仅 2020 年，全国博物馆文创产品开发种类就达 12.4 万种。文创口红、雪糕、朝珠耳机、考古盲盒、萌宠玩偶的"出圈"，使文物"活"了起来，让文物文化以看得见、摸得着、用得到的方式走近百姓、融入生活，拉动了消费，带动了经济。迈步新征程，经济高速增长，物质条件显著改善、公民素质和精神文化需求不断提升，驶入快车道的文创产品必将迎来爆发式发展。②

中国文创产品在当下的经济情况下正在蓬勃发展，深受国民喜爱。不仅如此，很多中国的文创产品正在走出国门，走向世界。2021 年中国文化产品进出口额达到 1558.1 亿美元、增长 43.4%。其中，网络文学、网络视听等领域的产品出口高速发展，动漫游戏等数字文化产品在海外市场不断走俏，一系列精品文化内容成为中国文化"出海"先锋。③ 例如，线上"数字敦煌"项目将不可移动的敦煌石窟变成了可移动数字资源。随后，"数字敦煌"资源库英文版上线开放，踏"云"走向世界。敦煌研究院文物数字化研究所所长俞天秀表示，截至 2022 年 8 月，"数字敦煌"访问用户已涉及 70 多个国家，访问量超过 1680 万次。④《中国文博文创消费调研报告》显示，文创产品在中国的主要消

---

① 故宫文创这些年有多火 [EB/OL]. (2019-05-28) [2023-09-11]. https://baijiahao.baidu.com/s?id=1634727319515991177&wfr=spider&for=pc.

② 薛林. 激发文创产品消费活力 [N]. 经济日报，2022-11-14.

③ 越来越多的中国文化产品走出国门 [EB/OL]. (2022-09-26) [2023-09-11]. https://m.gmw.cn/baijia/2022-09-26/1303154453.html.

④ 越来越多的中国文化产品走出国门 [EB/OL]. (2022-09-26) [2023-09-11]. https://m.gmw.cn/baijia/2022-09-26/1303154453.html.

费者是 1990 年以后出生的，占比超过 53％，其中"95 后"占比
达 30％。①

可见，在中国，"Z 世代"是文创消费的主力军。他们的消费观念
和崇尚节俭的传统消费观并不完全相同。在选购文创产品时，他们不会
一味地追求低价，而是综合考虑其品质、设计、趣味和历史感等。实际
上，他们可能愿意支付更多，去购买他们认为更美、更有趣和更有品位
的文创产品。在这些商品中他们又特别青睐于美食、饰品和文具等。一
些传统的文创产品已经很难吸引这些年轻人的眼球。

那么什么是文创产品呢？文创产品又叫"文化创意产品"，是指依
靠创意人的智慧、技能和天赋，借助于现代科技手段对文化资源、文化
用品进行创造与提升，从而产出的具有高附加值的产品。很多普通平常
的小商品，如冰箱贴、勺子、玩偶等，只要被赋予了一定的文化内涵，
便能够激发消费者的购买欲望。

大英博物馆（The British Museum）作为文创产品开发的先行者，
将藏品中的镇馆之宝——如盖尔-安德森猫、刘易斯棋子、罗塞塔石碑
等——设计成形式多样的文创产品。文创产品不仅能传播文化，也带来
了非常可观的收入。2018 年 7 月，大英博物馆在天猫开设了自己的旗
舰店，仅仅开店十天，就已经累积了 6 万粉丝，作为首批售卖商品的小
黄鸭还被迅速抢空。② 故宫博物院的文创产品也走向了世界。根据京东
商城的数据，2021 年，故宫文创出品的随性咖啡杯、小夜灯等商品深

---

① 游戏化思维开启博物馆文创迭代［EB/OL］．（2021－11－02）［2023－09－11］.
https://baijiahao.baidu.com/s?id=1715280470285769007&wfr=spider&for=pc.

② 大英博物馆在天猫开店［EB/OL］．（2018－07－28）［2023－09－11］. https://www.
sohu.com/a/243853075_119778.

受海外消费者的喜爱，这类商品的销量同比增长了近 8 倍。①

文创产品吸引着世界范围内的众多消费者。尽管这些消费者有着不一样的消费文化和消费习惯，但是文创产品却成为他们所共同青睐的消费品类。他们对于文创产品的要求都是兼具美感、功能性和文化内涵，喜欢和欣赏文创产品背后承载的丰富文化。

二、进口商品和中国制造

1. 进口商品驱动消费升级

2001 年中国加入 WTO，在过去的 20 年间，中国的出口增加了870％，进口增加了 740％。货物贸易量从全球第六跃升为第一，服务贸易也从全球第十一位跃至第二位。和世界贸易的深入互动使中国经济更加市场化、更加开放。近年来，中国进口市场持续扩大，越来越多的进口商品借助联通国内外市场的供应链体系进入中国市场，满足了消费者更多样、更高品质的消费需求，与国产商品形成互补，相互促进，进一步激活了国内消费市场的活力和潜力。②

从近几年的消费情况来看，进口商品大受青睐，整体消费呈现以下几个特点③：

第一，进口消费品类更加多元，涉及美妆护肤、钟表眼镜、母婴、

---

① "黑五"来了，京东全球售海外热销故宫文创、童书和螺蛳粉 [EB/OL]. （2021－11－26）［2023－09－11］. https://baijiahao. baidu. com/s? id＝17174774469191194478wfr＝spider&for＝pc.

② 柴祯祯. 经济日报携手京东发布数据——进口商品驱动消费升级 [N]. 经济日报，2022－11－12 （9）.

③ 数据显示：进口商品大受青睐 女性消费占比持续提升 [EB/OL]. （2022－11－07）［2023－09－11］. https://baijiahao. baidu. com/s? id＝1748827114219506666wfr＝spider&for＝pc.

手机通讯、家具、食品饮料、电脑办公等。从消费结构来看，根据京东销售数据，2022 年 1～9 月，手机通讯、电脑办公、母婴、美妆护肤和家用电器占比最高，其中，手机通讯类占消费者进口品牌商品成交额的三成以上。

第二，年轻人是进口消费品的主力军。从消费市场来看，"80 后""90 后"占据了主流消费地位。26 岁至 35 岁用户人群占比达到近五成。2021 年 46 岁至 55 岁年龄段人群对于进口品牌商品的消费热情也在快速提升。与 2019 年相比，2021 年 46 岁至 55 岁年龄段人群的进口品牌商品成交额增长了 283%。①

第三，下沉市场进口消费崛起。随着电商平台基础设施建设、供应链效率等的逐步完善及提升，近年来低线市场的进口品牌商品成交额占比逐年提升。近年来，县域农村市场对进口品牌商品的消费热度不断上涨。根据京东销售数据，与 2019 年相比，2021 年县域农村市场进口品牌商品成交额增长了 174%。

第四，女性消费占比持续提升。从整体的消费额来看，进口消费以男性为主，白领和学生占比更高。总的来看，进口消费人群以高学历、高收入群体为主。但是近年来，由于女性接受教育程度普遍提高，收入也有所提升，女性消费者的进口品牌商品成交额占比逐年提升。

第五，许多消费者从"游全球"转向"买全球"，让热门旅游国家的进口消费大幅度增长，而具有代表性和国家特色的国家馆商品更是受到了消费者的青睐。根据京东销售数据，2022 年上半年京东平台上开设的国家馆达到了 65 个，店铺数量同比增长 400%，与之相关的库存

---

① 刘禹松. 进口商品线上市场持续增长 为买全球加油 [N]. 中国贸易报，2022－08－02.

单位（SKU）数量同比增长 378%。①

进口消费品不仅让中国消费者有了更多的选择，也让大家认识到，进口消费品不一定优于国产商品。近年来，珠宝首饰、运动户外、玩具乐器等品类的进口商品市场占比下降，消费者逐渐倾向于国产品牌。在中国这个巨大的消费市场中，进口商品和国产商品扮演着各自的角色，相互促进，满足着消费者的需求。随着越来越多的进口消费品进入中国，中国消费者的消费潜力也被进一步释放，在国际消费市场中扮演着积极和重要的角色，同时也为进口品牌提供了更大的发展空间。

2. 中国制造的华丽变身

中国制造（Made in China）是世界上认知度较高的标签之一。从服装到电子产品，从小配件到工艺品，几乎都有中国制造的身影。很多人都有这样的体验，不远万里出国旅行，购买的商品常常都印着"Made in China"。

中国制造虽然遍布全球，推动世界经济的发展，但很多外国消费者对中国制造都抱有偏见，将中国制造与中低端商品画等号。随着经济的发展，中国综合国力进一步增强，越来越多的中国品牌走出国门，走向世界，用自身的优质产品和服务打破中国制造在外国消费者心中的偏见。

英国知名咨询公司 Brand Finance 发布的"2018 年全球品牌 500强"报告显示，中国上榜品牌连年攀升，10 年来价值上涨近 9 倍，在全球品牌 500 强价值占比从 3% 提高至 15%。有 22 个中国品牌在 500

---

① 刘禹松. 进口商品线上市场持续增长 为买全球加油［N］. 中国贸易报，2022－08－02（3）

强榜单中居于前 100 位，成为世界知名品牌。[①] 2020 年 8 月，《财富》世界 500 强排行榜中，中国公司数量达到 124 家，中国成为上榜数量最多的国家，实现了历史性跨越。[②]

如今，中国制造已经成为很多外国人生活生产的必需品，一些中国品牌在国外受到了消费者的肯定和追捧。现在的中国制造蕴含科技和文化，很多消费者也因此改变了对中国制造的传统认识，认为今天的中国制造发达先进，充满了优秀的设计和精湛的技术。即便是在极为看重品质的德国市场，中国制造也能占据一席之地。

拓展阅读

国务院新闻办公室于 2024 年 1 月 12 日举行新闻发布会。海关总署副署长王令浚在发布会上表示，据海关统计，2023 年我国进出口总值 41.76 万亿元人民币，同比增长 0.2%。其中，出口 23.77 万亿元，增长 0.6%；进口 17.99 万亿元，下降 0.3%。具体分析，主要有以下六个方面的特点：

一是外贸运行总体平稳，四季度向好态势明显。

二是经营主体活力充足，民营企业主力作用增强。2023 年，我国有进出口记录的外贸经营主体首次突破 60 万家。

三是贸易伙伴多元共进，"一带一路"占比提升。2023 年，我国对共建"一带一路"国家进出口 19.47 万亿元，增长 2.8%，占进出口总值的 46.6%，提升 1.2 个百分点。

① "中国品牌"全球排名"节节高" "中国制造"升级显成效 [EB/OL]. (2018-02-12) [2023-09-11]. https://www.gov.cn/xinwen/2018-02/12/content_5266041.htm.

② 中国大陆"世界 500 强企业"数量首次超过美国 [EB/OL]. (2020-08-11) [2023-09-11]. https://baijiahao.baidu.com/s?id=1674715832381329957&wfr=spider&for=pc.

四是产品竞争优势稳固，出口动能丰富活跃。电动载人汽车、锂离子蓄电池和太阳能蓄电池被称为出口"新三样"，合计出口 1.06 万亿元。

五是国内需求持续恢复，大宗、民生商品进口有序扩大。

六是高水平开放稳步推进，新平台新业态发展势头良好。2023 年，我国自由贸易试验区数量已扩大至 22 个，合计进出口 7.67 万亿元，增长 2.7%，占进出口总值的 18.4%。[1]

中国制造的成功和中国企业的乘风破浪分不开。中国企业奋发图强，勇往直前，经过十几年的努力，终于在国际市场中找到了自己的位置，赢得了世界各国消费者的关注。今天的中国制造已经不是简单的加工生产，而是在精湛的工艺背后赋予了更多的文化内涵。中国制造走向世界的同时也带着中国文化走向了世界。或许很多人都没有机会来到中国，但是他们会看到中国产品中蕴含的包容、友善、和平和积极，感受到中国制造的魅力。

思考

什么样的文创产品最能打动你？在国外购物时，如果看见"Made in China"，会促使你消费还是放弃消费呢？想一想为什么会做出这样的选择。

---

① 规模稳中有增 质量优中有升：2023 年我国进出口总值 41.76 万亿元人民币 同比增长 0.2% [EB/OL]．（2024—01—12）[2024—09—11]．https://www.ccdi.gov.cn/yaowenn/202401/t20240112_321852_m.html．

第九章

To be or not to be：

应似飞鸿踏雪泥

人，无论是人类或个人，一旦降临于斯世，便被抛出如本能一样恒常既定的状态，堕入动荡不定、开放无拘的境遇之中。其间仅有一点是确定不移的：过去以及未来的尽头——死亡。①

——艾瑞克·弗洛姆（Erich Fromm）

莎士比亚借哈姆雷特之口说出了人生中最重要的一个问题：生，还是死。柏拉图也说过："哲学是死亡的练习。"

庄子论道时曾说"无虑生死"是悟道的必要条件。明代大儒王阳明说："人于生死念头，本从生身命根上带来，故不易去。若于此处见得破，透得过，此心全体方是流行无碍，方是尽性至命之学。"②

人类从诞生开始受到的最大威胁和挑战就是生和死。生死除了是一种自然的生理现象，同时也体现了精神和文化，它涉及人生的全部问

---

① 弗洛姆. 爱的艺术 [M]. 陈维纲，等译. 成都：四川人民出版社，1986：9.

② 罗超，罗源. 走向快乐、自由、诗意的人生——中西传统生死观比较及其启示 [J]. 学术论坛. 2011 (6)：1—5.

题。人对于生死的态度和观点，是生命和人格的高度统一，同时也决定了个人对整个生命的追求以及他赋予生活的意义。

中西方哲学对生死问题都有丰富的解答，让我们置身于中西传统文化的视野之下，认识生死，面对生死，超越生死。

第一节 感悟生死：生中之死 死中之生

一、重生讳死：中国传统生死观

1. "未知生，焉知死"

中国古代思想家对生死早有论述，以老庄为代表的道家，强调生死是一个自然的过程，认为人需要用同样的态度去面对生和死。墨家的生死观集中表现在"明鬼"和"节葬"，强调敬鬼而致福，敬鬼而致利，同时讲求人死后不必厚葬，无论贵贱，死后只需"棺三寸，足以朽骨；衣三领，足以朽肉"。法家的生死观认为，君主的生命最重要，普通人要为君主卖命。

在众多的思想学派中，以孔子为代表的儒家经久不衰。虽经历了几千年的变化发展，儒家思想的精神实质并没有发生根本性的变化。儒家思想已经成为中华民族的道德意识、精神生活和传统习惯的主要准则。儒家死亡文化亦是如此，长久深远地影响着一代又一代的中国人。

关于生死的问题，孔子有句名言："未知生，焉知死?"（《论语·先进》）这句话的意思是：人在活着的时候，只应该关心生，不必想到死，只应求知生，不必求知死。孔子告诉人们，应该注重的是生不是死。要把自己的全部精力都投入眼前现实的生命之上，投入对生命的现实社会价值的追求之中，至于以后的死亡问题不必去考虑。

由此可见，孔子的生死观是回避死亡的，主张人的一生不考虑死亡，只有对生的追求。其实，孔子讲的是"人生观"不是"生死观"。《论语》中记载："曾子有疾，召门弟子曰：启予足，启予手。诗云：战战兢兢，如临深渊，如履薄冰。而今而后，吾知免夫！小子！"可见孔子及其弟子都有"生时应努力，惟死才休息"的思想。

孔子为什么回避谈论死亡呢？

孔子的这种哲学信念，与其说是因为他恐惧死亡因而采取逃避死亡的策略，毋宁说是对现实的生命生存的功利性考虑，使孔子取消了在他看来会给现实的生存带来消极影响的死亡思考。如果让人分心去思考死亡，就可能会让人陷入对死亡的悲苦、绝望的体验之中，而这些将会给人对生命的社会价值的追求以及对感性生活之乐的欣赏带来致命的影响。《说苑》中的一段记载，我们多少可以从中理解搁置、回避死亡问题的旨意。

子贡问孔子：死人有知无知也？孔子曰：吾欲言死者有知也，恐孝子顺孙妨生以送死也；欲言无知，恐不肖子孙弃不葬也，赐欲知死人有知将（还是）无知也，死徐自知之，犹未晚也。①

这段话虽然是从伦理学入手，但大致也反映了孔子对思考死亡的消极后果的忧虑：它可能导致对人们现实生存的愉悦以及社会价值秩序的破坏。②

① 舒大刚.走近孔子［M］.济南：济南出版社，2020：140.
② 何显明.中国人的死亡心态［M］.上海：上海文化出版社，1993：27-28.

在孔子看来，生存的时候如果花费精力去思考死亡，对于现实生活都是有害无益的。人活着的时候就应该珍惜生命，实现人生的最大价值，享受人生。

孔子生死观在一定意义上可以说是对古代中国人的生存风格的概述和总结，它本身在很大程度上就体现了传统的民族精神。在孔子之后的几千年，直到现代社会，"未知生，焉知死"的生死观仍然在大部分中国人心中起着重要作用，他们认为活着便是最大的目的，避免思考死亡，忌讳谈论死亡。

2. 中国人的死亡心态

受到孔子所代表的儒家思想的影响，古往今来，中国人也大都有重生讳死的想法。鲁迅《立论》中有这样一段描述："某人生一子，设宴庆贺。一客人恭贺说，此孩子大必发财，主人欢心，请为上宾。一客言此孩必升官，复请为上宾。另一客人说此孩今后要死亡，主人大怒，一棒子将他打出去。"这是对大多中国人面对死亡问题时的形象描写。

关于中国人面对死亡的态度，何显明在《中国人的死亡心态》一书中有深刻论述：

> 中国人生命智慧的最根本性的特征莫过于对死亡的有意识的回避，也就是敬死亡而远之，把死亡作为一种不必理会的人生归属搁置一边，让人的整个身心都投注到现实的生存中去。在中国人的人生观中没有死亡的位置。事实上，这种人生恰恰正是以摒弃对死的主观意识为前提和根本特征的。生存的第一要义就是要尽一切可能回避死亡，避免将死亡引入生命的主题意识中来思索、体验、感悟，避免沉溺于回味死亡给人生带来的悲剧影响。其次是，万不得已涉及死亡时，也必须谨慎从事，不可过多地展开死亡的恐怖性和

神秘性，而是应当用温柔、艳丽的面纱将它掩饰起来。死，于是成为现实生活中最根本的禁忌。①

毕志国在《死亡哲学》的前言中说道："正是由于我们对死亡问题的忽视，产生着自身的迷信和许多对待死亡的令人不解的东西，也引来了一些莫名其妙的毫无道理的恐惧、不安和轻生的消极情绪，使一些人面对自己的死亡，或束手无策，或听天由命。"② 中国人对待死亡的态度也决定了中国人对待生的态度，对待疾病的态度。后文我们再具体讨论。

自古以来对死亡问题的回避，让大多数中国人至今也尽量避免谈到死亡，连"死"这个字也最好不要提到，常说"逝世""作古""羽化""仙逝"等，甚至一些发音和"死"相近的词语也被认为不吉利，如"四"。

看重生忌讳死，这就是中国传统的生死观。因为忌讳谈论死亡，所以这种观念的重心在于对生的要求。长期以来，大部分中国人认为最好的面对死亡的方法就是暂时回避，认为人活着的过程中不必思考死亡，也不要谈论死亡，等到死亡到来之时再去面对它，这样便可以把死亡带来的不安及恐惧降到最低。

二、"向死而生"：直面死亡的西方生死文化

生死问题就是一个哲学问题，死亡一直是西方哲学家热衷于讨论的话题，在西方有专门的"死亡哲学"（Philosophy of Death）。柏拉图说

---

① 何显明. 中国人的死亡心态 [M]. 上海：上海文化出版社，1993：6—7.
② 毕志国. 死亡哲学 [M]. 哈尔滨：黑龙江人民出版社，1989：2.

过"哲学是死亡的练习"(《裴多篇》)。从古希腊开始，西方哲学家们便开始了对死亡问题的思考。到中世纪，再到资本主义社会，西方哲学家从来没有停止过对死亡的思考和论述。从古希腊到中世纪，死亡哲学也在发生变化，中世纪时期的死亡哲学增加了更多的宗教神学。这个时期的基本逻辑是"若不能死，就不能生"，强调了死亡的必然性和重要性。

据段德智所讲，西方死亡哲学大致可以分为四个时期[①]：

第一个时期是"死亡的诧异"(古希腊罗马)，这是西方死亡哲学发展的起始阶段。这个时候西方人用最自然的态度审视死亡、面对死亡，讨论死亡的本性，即死亡是否有终极性，灵魂是否有毁灭性，人生是否有限，等等。这一时期出现了米利都学派、爱利亚学派等。

第二个时期是"死亡的渴望"(中世纪)。这个时期的西方人已经不用自然的眼光来看待死亡，而是加入了宗教的眼光，认为死亡是人类实现"永生"的必经之路，所以把人死之后对天堂生活的渴望转换成了对死亡的渴望。这一阶段的基本特征是"厌恶生存，热恋死亡"。这一时期基督教在西欧逐渐占据垄断地位，其教义思想对西方文化影响深远，即"在基督耶稣中复活"。基督教告诉他的信徒此岸世界是现实的世界，彼岸世界是正义的世界，人应该更重视彼岸世界。

第三个时期是"死亡的漠视"(近代)。这个时期的西方人又从神的眼光重新回到了人的眼光来看待生死，表现为"热恋生存，厌恶死亡"，断言"自由人的智慧不是默思死而是默思生"(斯宾诺莎)。很多这个时期的哲学家认为死亡和人类毫不相关，只是自然时间，所以用漠视的态度面对死亡。这一时期的代表人物有笛卡尔、斯宾诺莎、莱布尼茨、卢梭、康德、黑格尔、费尔巴哈等。

---

① 段德智. 西方死亡哲学［M］. 北京：北京大学出版社，2006.

第四个时期是"死亡的直面"（现当代）。这一时期的西方人改变了漠视死亡的态度，提出要直面死亡，代表人物有叔本华、尼采、伯格森、弗洛伊德、罗素、海德格尔等。其中德国哲学家海德格尔在其名著《存在与时间》中详细地讨论了死的概念，也明确地提出了人无法避免死亡，每一个生命都是"向死而生"的。海德格尔在书中解释了"向死而生"，提出了死和亡是两个不同的概念。死是一个过程，从出生便开始这个过程，人生中的分分秒秒都在走向死亡，从这个意义来讲，人的存在就是一个走向死的过程。亡是指亡故，是生理上的真正消失，是死这个过程的结束。死和亡的差别就是海德格尔死亡本体论的关键。

纵观整个西方死亡哲学的发展，它也是西方人死亡意识不断飞跃进化的过程，从量变发展到质变。从中世纪到近代再到现代就像一个圆圈。中世纪的死亡哲学强调死亡的意义，近代死亡哲学则反其道而行之，强调生存的意义和价值，漠视和回避死亡，否定了中世纪的死亡哲学。现代的死亡哲学又批判中世纪对于死亡漠视的态度，重新强调死亡的意义，这无疑又是对近代死亡哲学的一个否定。

无论西方死亡哲学如何发展或具有怎样的特征，有一点是明确的，用死的视角来观察生，一开始就追问死亡的本性。如古希腊哲学家赫拉克利特说："死亡就是我们醒时所看见的一起。"毕达哥拉斯说："死亡是灵魂暂时的解脱。"德谟克利特说："死亡是自然之身的解体。"柏拉图说："死亡是灵魂从身体的开释。"弗洛伊德说："要想继续活下去，就先做好死的准备。""对死亡本性的哲学思考意味着在精神上对生死现象的超越，意味着对死亡本质的理解和探讨，对死亡现象进行概念式的把握。"

西方死亡哲学的思想决定了西方人的传统生死观，即从灵魂不朽的角度来超越生死，注重灵与肉的分离。苏格拉底以死亡不可知论为基础，提出了避生趋死的主张，他甚至认为真正的哲学家就是要追求死，摆脱身体羁绊，以一个纯而又纯的灵魂来掌握真理。苏格拉底把"精神"与肉体绝对对立，使哲学追求一种摆脱感性世界束缚的纯粹思想的解脱或自由，为西方生死观奠定了基本方向。[①]

西方传统生死观大胆地谈论死亡，面对死亡，明确地认识到死亡是每个人无法避免的，认为人只有思考清楚了死，才可以更好地活。人生就是一场倒计时的旅行，每一个人都是"向死而生"。

拓展阅读

死的价值，完全能够由生的价值来完成和实现，正如泰戈尔的诗"生如夏花之绚烂，死如秋叶之静美。"

人生像是一棵在生长着的树木，瓜熟蒂落的时光，就非到另一个世界去不可了，所以死是"在快乐的一天的尽头去睡觉"。

死了能被人记住，不容易，死了能被人怀念，更不容易。

死，作为一种必然的生理归宿，使很多人望而生畏，没有多少人乐意把自己的名字和这个动词连在一起；然而作为一种话题，死，却总是受人欢迎的。

············

思考

关于死亡，不同的人有不同的看法。你如何看待死亡？

---

① 罗超，罗源. 走向快乐、自由、诗意的人生——中西传统生死观比较及其启示 [J]. 学术论坛. 2011（6）：1-5.

第二节　死神之吻：生命尽头的思考

一、善始善终？

中国人常说"善始善终"，意思是事情有好的开头也有圆满的结尾。对于人生而言怎样算是"善终"呢？有一部美国电影《遗愿清单》（*The Bucket List*），好像为人们提供了一种选择。这部电影讲了这样一个故事：老富翁爱德华近年来在公立医院的私有化改造事业中获利颇丰，他为了节省成本，规定每间病房必须有两张病床。不幸的是，不久后他被检查出罹患癌症，迫于舆论的压力爱德华只能住进了双人病房，从而认识了身患癌症的病友卡特。卡特是汽车修理技师，家庭幸福。因为同病相怜又朝夕相处，两人成了朋友。有一天他们突然觉得人生的最后几个月浪费在病床上很可惜，于是拿出一张黄纸共同写下了遗愿清单，并希望可以一起完成。于是他们按照清单一起去跳伞、文身、开赛车、去法国高级餐厅吃饭、去坦桑尼亚看动物大迁徙、看金字塔、看泰姬陵、看喜马拉雅山、去香港、笑到流泪，之后卡特便去世了。爱德华在卡特的葬礼上回忆，三个月前他们还是陌生人，而跟卡特一起度过的几个月是他生命中最棒的一段时光。后来爱德华完成了自己最后的心愿——"亲吻世界上最美的女孩"——自己的外孙女，也离开了人世。这部电影的结局给人一种温暖的力量，告诉人们：亲情、友情再重要，也不能构成人生的全部，最重要的是一个人可以在生命到达终点时有完整的一生。

在中国，人们也在不断尝试不断学习中探索"善终"的方式。越来越多的人选择放弃过度治疗，在生命即将走向尽头的时候好好地和世界告别。一位名叫王越的女孩不幸得了胃癌，在和疾病抗争 4 年之后，35 岁的她要和世界告别了。在王越生命的最后一年中，她放弃了无谓的治疗，选择按照自己的方式走完人生。2016 年 1 月，在王越的坚持下，她为自己操办了一场"葬礼"，葬礼上王悦精心打扮，穿上了久违的礼服裙，画了精致的妆，带着笑容和前来参加自己葬礼的亲人朋友告别。她希望在她离开以后，家人朋友可以记住她灿烂的微笑。

最近几年，"安宁疗护"这个词语越来越频繁地进入大家的视线。我们来看这篇题为《临终关怀等于放弃治疗？安宁疗护让生命好好谢幕》的新闻稿：

> 上海市静安寺街道社区卫生服务中心的安宁疗护 4 号病房里，87 岁的谢奶奶一边听着收音机中传来的越剧演唱，一边向前来探望的志愿者展示自己昨日新涂上的肉粉色指甲油。
>
> 在隔壁的 20 号病床上，103 岁的陈奶奶正由一名护工喂食，她的饭菜是经过细致加工后的流食，其中还添加了陈奶奶特别喜爱的蒜味。
>
> 与其他病房不同，安宁疗护病区显得格外静谧。这里收治的大多是处于生命末期的病人，病床旁只有简单的呼叫按钮和输液杆，看不到心电监护、呼吸机。这些病人的住院时间大多不超过三个月。
>
> 作为全国唯一一个被整体纳入安宁疗护试点工作的地区，上海市自 2012 年发布"社区卫生服务中心舒缓疗护（临终关怀）科基本标准"后，开设了 18 家首批社区卫生服务中心安宁疗护试点单位。到 2023 年，上海市现已实现全市 246 家社区卫生服务中心全

覆盖。

安宁疗护服务范围从社区卫生服务中心，逐渐拓展到各类医疗机构、养老机构和百姓家庭中，服务形式也更加多元化。除此之外，服务对象从晚期癌症患者拓展到疾病终末期患者。

静安寺街道社区卫生服务中心是上海市首批推进"安宁疗护"项目的18家单位之一。目前，病区里，一半病人患有恶性晚期肿瘤，三分之一的病人患有老年慢性病，还有两三个脑梗、骨折的老年康复病人，他们之中80%以上都是终末期疾病患者。①

无论中西，死亡是人类不能选择的终点，面对死亡人们大都会感到害怕和紧张，最重要的是让逝者安息、生者无悔。

二、器官捐献你我他

"春蚕到死丝方尽，蜡炬成灰泪始干。"器官捐献为很多人带来了继续生存的希望，同时也让很多失去亲人的人感觉到生命的延续和另一种价值。器官捐献的现状在不同地区也有一些差别。

1. 西方器官捐献现状

西方国家器官捐献起步较早，20世纪90年代，西班牙成为世界上捐献器官比例最高的国家，2016年，其百万人口的年器官捐献率达到43.4%，法国名列第二，德国、荷兰、奥地利组成的欧洲器官移植集团位居第三，第四是英国。欧盟的平均水平为每百万居民器官捐献者为18.4人。按照西班牙器官捐献法的规定，所有西班牙公民都被视为器

---

① 临终关怀等于放弃治疗？安宁疗护让生命好好谢幕［EB/OL］.（2024-02-01）［2024-03-24］. https://m. thepaper. cn/baijiahao _ 26229297.

官捐献者，除非公民本人在生前表明拒绝捐献。人口总数不到 7000 万的英国，已经有至少 1700 万人登记同意死后将自己的器官捐献出来，约占总人口的 1/4，其中多数人尤其是驾车者同意在致命车祸等意外发生后，捐献自己所有的器官，也有少部分人希望能在死后给自己留下一双眼睛。美国是世界上最早开展器官移植及移植数量最多的国家，1968 年出台了《联邦遗体捐献法》。1984 年美国国会通过了《国家器官移植法》，并成立专业机构负责器官的捐献与分配。[①] 2010 年美国每百万居民器官捐献者为 25 人。捐献者死亡之后大约有一半家庭的家属同意进行器官或者遗体的捐献。

欧美很多国家，到医院就诊、商场购物或者是续办驾照时都会在申请表上看到一栏"是否愿意捐献身体某某器官"，比如"同意捐献除眼睛以外的所有器官"等，申请者可以在相应的一栏上打钩。从此加入国家器官捐献登记系统。

器官捐赠在西方比较普及的原因有很多，如起步较早、配套政策较为完善等，当然这也受到了西方生死观的影响。除了传统生死观念的影响，家庭观念也是影响器官捐献的重要因素。在西方，生命是一个独立的个体，应该受到足够的尊重。所以在西方很多国家，捐献器官是个人的事情，如果本人同意捐献，家属是没有权利提出反对意见的。

2. 中国器官捐献现状

中国人面对器官捐献的态度和年龄密切相关，老一辈受传统观念影响，对器官捐献的接受度相对较低，有着更多的顾虑和担心。因此中国的器官捐献起步相对较晚，在过去的几十年中，器官需求的缺口较大。

---

① 张瑞涛，吴江峰，骆社丹，等. 国外器官捐献概况及对我国器官捐献的启示 [J]. 教育教学论坛. 2014（10）：71—73.

2010 年中国每百万人口捐献率为 0.03％。2010 年 3 月，中国红十字会总会和卫生部（改名为卫健委）启动了公民逝世后器官捐献试点工作，倡导人们在生命结束之时，能够自愿无偿地捐献可用的器官，用另一种方式延续生命。这一工作取得了显著成绩，成为中国人体器官来源的主要渠道。2016 年，中国实现逝世后捐献器官 11296 个，比前年猛增近一半；登记器官捐献志愿者超 10 万人，比前年增加三倍多。截至 2016 年 12 月 31 日，遗体和器官捐献志愿登记人数达到 169860 人，全国累计实现逝世后器官捐献 9996 例，捐献器官 27613 个，中国每百万人口捐献率上升至 2.98％。

随着文化的交流和碰撞，"90 后""00 后"对于器官捐献的看法已经和自己的祖辈和父辈不太相同，越来越多的年轻人登记成为器官捐献的志愿者。他们不再把器官捐献看成衡量孝与不孝的标准，而是站在生命的角度来思考器官捐献对于人类的价值和意义，中国在器官捐献与移植方面取得了显著进展。2023 年，中国共完成器官捐献 10778 例，其中遗体器官捐献 6454 例，较 2022 年上升 14.7％；完成器官移植手术 23905 例，较 2022 年上升 18.1％。这一数据标志着器官捐献和移植数量均实现了"量质双升"，创历史新高。此外，中国的器官捐献数量在世界上排名第二，仅次于美国，这显示了中国在器官捐献和移植领域的发展速度和进步。

中国关于器官捐献有自己的官网"中国人体器官捐献管理中心"，在这里可以很容易进行登记。截至 2024 年 9 月 20 日，官网上关于器官捐献的志愿登记人数为 6879879 人，实现捐献例数为 54583 例，捐献器官人数为 168350 人。[①]

---

① 上述数据来自中国人体器官捐献中心官方网站。

三、告别的方式

无论我们如何看待生死，亲人的离开都会让我们感到不舍。所以中西方都有自己送别亲人的传统方式，也就是各自的葬礼文化。由于中西方文化的差异，中西葬礼在色调、用品、仪式上均不相同。

1. 中西葬礼的色调不同

中西方的葬礼的色调有鲜明的对比。中国传统的婚礼和葬礼被称为红白喜事，婚礼的主色调是红色，葬礼的主色调是白色。因为白色和死人丧事联系紧密，所以以前在中国白色也时常被认为是不吉利的。

西方的葬礼常以黑色为主调。圣经中黑色代表的是幽灵、痛苦、邪恶、地狱等，象征着黑暗、死亡和不幸。在西方的作品中也有很多关于黑色和死亡的描写。例如，美国著名诗人埃米利·狄金森在她的诗歌中也将走向死亡的马车描写为黑色。现代的西方葬礼中，人们总是身着黑色服饰，以显庄重、正式。

2. 中西葬礼的用品不同

中国传统葬礼常见的用品有寿衣、棺材、冥币、陪葬品等。逝者头戴寿帽，身穿寿服，脚蹬寿鞋。寿衣多用锦缎缝制，上面绘制吉祥的图案。棺材是木头做的，就像逝者死后的床。冥币又叫作纸钱，就是用纸做的钱，用来在阴间使用。陪葬品的种类有很多，有金银铜玉等各种珍贵材质，最常用的是纸质陪葬品，努力为逝者构建和现实生活一样的状态。

西方的葬礼由于受到基督教的影响，整个葬礼的用品和宗教活动有关，主要有圣水、蜡烛和十字架，分别代表涤净尘世所留污迹，与光明同在。以及逝者的身份。

3. 中西葬礼的仪式不同

中国传统葬礼的仪式早在儒家的"三礼"中就有大量的记载，《周礼》中的《春官·宗伯》详细说明了丧葬礼仪的管理办法，《仪礼》中有四篇专门描述丧葬礼仪，《礼记》中描写丧葬礼仪的内容篇幅约占全书的三分之一。中国传统的丧仪分为临终，组织治丧班子、报丧和小殓三个大的部分，其中仅临终一个部分就包括备寿衣、临终守孝等。整个丧仪比较烦琐，而哭丧是其中一个非常重要的环节。

《礼记》记载："齐衰之哭，若往而反；大功之哭，三曲不哀。"这个"三曲"便是一发声而三抑扬，以哭为歌，以歌为哭，即为哭丧。那么要如何哭丧呢？《礼记·问丧》记载道："在床曰尸，在棺曰柩。动尸举柩，哭踊无数。恻怛之心，痛疾之意，悲哀志懑气盛，故袒而踊之，所以动体、安心、下气也。妇人不宜袒，故发胸、击心、爵踊，殷殷田田，如坏墙然，悲哀痛疾之至也。故曰：辟踊哭泣，哀以送之。"《礼记·间传》有言："斩衰之哭，若往而不反。"从这些描述可以看到礼记中对于如何哭、怎样哭、哭到什么地步都做了详细的描述，总的来说就是哭得昏天黑地，死去活来。

可见哭丧之礼由来已久，是中国传统丧葬礼俗的一大特色。哭丧仪式贯穿整个丧葬仪式，常常不止一次。最重要的一次哭丧仪式在出殡的时候。出殡的路上必须有响彻云霄的哭声为伴，否则会被视为不孝，尤其是家中的男丁要用"唱哭"的方式为逝者送行。如果哪位死者没有在哭声中被送走或是哭声太小都会成为乡里乡亲的笑柄，其子孙后代也会被视为不肖子孙，大逆不道。所以整个丧葬过程大家都要比哭，哭得越厉害越伤心，越能显示出孝，反之则是不孝。可是试想一下，如果丧家从头至尾都只有自己在哭，那么可能不到半日，就已经哭得声音嘶哑，再哭已经没有声音了，所以便有了职业的"哭丧人"。现在在中国有的农村，特别是北方农村，依然有着一群职业的"哭丧人"，他们或是个人，或是团队，哪家人若遇"白事"便会出钱请这些"哭丧人"来哭丧。

和中国传统葬礼相比，中国现代葬礼相对简单和低调，注重实用性和人文关怀，仪式流程简化，注重逝者生前的意愿和家属的情感需求。服饰方面通常是穿着日常服饰，注重舒适和实用。葬礼中摈弃了一些烦琐的仪式，更加理性，强调对逝者的尊重和对生命的敬畏。现代葬礼的环保理念也不断提升，如使用环保的殡葬材料，选择海葬、树葬等更环保的方式等。总的来看，中国现代葬礼和传统葬礼在规模形式、服饰装饰、环保理念等很多方面都存在明显差异。

西方葬礼的仪式受基督教的影响，可以归结为"亡者弥撒"，以展现基督教的原罪和复活的概念。西方的葬礼庄重安静，大家希望逝者可以安静地被神召回乐园安息。亲友即使十分哀痛和不舍，也只能默默流泪。在西方文化里，人死亡的时候，肉体终将消失，灵魂可以与上帝接近，大声地哭泣会影响逝者被救赎。所以，在西方葬礼上，人们总是为逝者默默地祷告，希望逝者的灵魂能够被上帝救赎，从而通往天堂。整个西方葬礼安静、庄严、肃穆，因为西方人认为死亡不是终结而是获得永生，是通往天堂旅程的开始。

中国现代葬礼和西方葬礼有很多相似之处，总的来看，都体现出对逝者的尊重和缅怀，都有遵循自己文化的葬礼仪式，都有亲友的参与和陪伴，都体现了环保和节约的趋势。文化没有高低优劣，不管出于何种文化背景，人类总是在寻找能够让自己最舒服的文化，葬礼也总是遵循各自文化中最能让生者释怀的方式与逝者告别。

拓展阅读

加纳，南非的一个国家，被称为"世界葬礼之都"。这里有着独特的葬礼文化，葬礼也是一个人一生中重要的仪式之一。

加纳年平均气温 25 度，人死后要冰冻起来，"放"上个把月，甚至一年之久，在这过程中加纳人就开始葬礼筹备工作。其实加纳人的葬礼更像一个大型的家庭聚会。葬礼的花销通常比较昂贵，大约在 1.5 万～2 万美元，需要准备摄影师、摄像师、调酒师、保安、化妆师、乐队等。葬礼当天，家人会给死者净身换上新衣，再请殡仪师为死者化妆，将死者打扮得体面漂亮并放置在精心装饰的床上，等待外人来瞻仰。外人瞻仰遗容时，死者亲属要请乐队伴奏，敲起非洲鼓，跳起部族舞蹈，唱起部族歌曲，为死者灵魂祈祷和歌唱，彻夜狂欢。

思考

在不同地区，文化不同，葬礼自然不同。你还了解哪些形式的葬礼呢？不同形式的葬礼有没有相通之处？

第三节　生死相依：和谐相望生死间

一、在死亡教育中不断认识死亡

1. 西方的死亡教育

什么是死亡教育？美国的一些学者给出了自己的定义。本斯利

（Bensley）认为：死亡教育是一个探讨生死关系的教学历程。这个历程包含了文化、宗教对死亡及濒死的看法与态度，希望通过对死亡课题的探讨，使学习者更加珍惜生命、欣赏生命，并将这种态度反映在日常生活中。弗鲁林（Fruehling）认为：死亡教育从不同层面，如心理学、精神、经济、法律等，增进人们对死亡的认识。死亡教育也是预防教学，以减少各式各样因死亡而引发的问题，并进一步增进人们对生命的欣赏。① 从学者们对死亡教育的定义不难发现，认识死，思考死，是为了能够更好地活。

死亡教育起源于美国，最早可以追溯到 1928 年，富尔顿·罗伯特（Robert Fulton）第一次在明尼苏达州的大学开设了真正的死亡教育课程。1973 年美国开设死亡课程的学校超过 600 所。1976 年，超过 1500 所中小学开设死亡教育的课程。死亡教育的课程在学校也极受欢迎，仅次于性教育课程，排名第二。

死亡教育在美国经历了近一个世纪的发展，已经比较成熟。它的重要性和必要性毋庸置疑。通过死亡教育，人类认识到死亡的必然，生命的有限，从而可以更好地规划自己的人生；了解一些专门的词汇，可以更好地和将要离去的亲人沟通；可以正确面对死亡，减少一些夸张的文学影视作品带给我们的对死亡的恐惧，从而健康、正常地谈论死亡；也可以帮助人们公开自己的死亡准备，比如立遗嘱，以及死后葬礼的形式、遗体的处理、器官捐献等，还可以讨论重病时是否愿意用医学手段延长寿命等。

除了美国，很多国家都有死亡教育。英国于 20 世纪 60 年代掀起了一场死亡觉醒运动，死亡教育也被纳入课程大纲。瑞士从小学阶段便开

---

① 周士英. 美国死亡教育研究综述［J］. 外国中小学教育. 2008（4）：44—47，34.

设讲授死亡的课程，课程中老师除了会为孩子讲解什么是死亡，还会带领孩子近距离接触逝者，让孩子知道人最后都会死，死后是什么样子，从而珍惜自己的生命。20 世纪 70 年代，日本也开始了死亡教育，并于1983 年将死亡教育融入其高校教育体系。

2. 中国的死亡教育

大概在 20 世纪 90 年代，死亡教育开始被中国学者关注。随着时代的发展，死亡教育在中国也逐渐受到大众关注和重视，尽管起步相对较晚，但近年来取得了较大的发展。如今中国死亡教育的现状主要体现在以下三个方面：

第一，社会认知度提高。随着社会的进步和人们思想观念的变化，越来越多的人开始关注死亡教育，一些社会事件和公共讨论也推动了死亡教育的普及。比如，很多家长会借助清明节和孩子讨论"死亡"这个话题，媒体也会借助一些社会事件给大众进行死亡教育。市面上出现了更多讨论生死的绘本和专著，很多年轻的家长不再回避和孩子谈论死亡，而是引导孩子正确认识生死。

第二，高校开设死亡教育类课程。近年来，北京大学、山东大学、广州大学等高校相继开设了死亡教育相关的课程。这些课程不仅涉及理论知识，还包括写遗书、立遗嘱、参观殡仪馆等实践活动。其中山东大学的慕课"死亡文化与生死教育"是国家级一流本科课程，2015 年首次在网上开课，2018 年首次在 MOOC 开课，截至 2022 年 10 月，智慧树官网显示已经开课 13 次。

第三，社会机构的参与。除了高校对死亡教育的关注，越来越多的社会机构也开始关注并参与死亡教育。例如，医院、养老院等会定期举办死亡教育的讲座或者活动，帮助人们正确面对死亡。在成都还有相关的公益组织，他们定期举行活动，在环境优雅的咖啡馆里，和人们一起讨论生死，参加讨论的不仅有医生，还有病人，不仅有老人，还有小孩，大家畅所欲言，在轻松愉快的氛围中谈论自己对死亡的看法。有生就有死，死亡教育可以帮助人们减轻对死亡的恐惧和焦虑。正确认识了死亡，人们会更加珍惜生命和积极生活。死亡教育让人们意识到生命的有限和宝贵，从而更加尊重生命。死亡教育还有助于推动社会的和谐和进步，普及死亡教育，可以减少由死亡问题引发的社会矛盾和冲突。

二、中西合璧的终极关怀

许嘉璐曾经说："任何一个国家的文化，特别是宗教、都讲'终极关怀'……所谓终极关怀，就是你最后走向哪里。西方的宗教都是寄托于天堂，印度教寄托于来世，佛教寄托于自身的解脱，悟出人生的道理、宇宙的道理……中华文化的终极关怀是什么？是不断地修身，永无止境地提高自己的道德，同时让优良传统道德一代一代地传下去。"中西方文化各异，看待生死的态度也截然不同，但是归根结底，人是一个时间中的存在者，每一个生命在时间里展开和完成，也在时间里流逝和终结。死亡是人在此世跳不出的生存大限。正如蒂里希说的："人最终关怀的，是自己的存在和意义。'生，还是死'这个问题，在这个意义上是一个终极的、无条件的、整体的和无限的关怀的问题。"

拓展阅读

终极关怀（Ultimate Concern）是当代神学家蒂利希创制的神学术语，指人所最终关切的问题，即自身的存在及意义。蒂利希主张，"这是一个终极的、无条件的、整体的和无限的关切的问题。人无限关切着那无限。他属于那无限，同它分离了，同时又在向往着它。……人无条件地关怀着那么一种东西，它超越了人的一切内外条件，限定着人存在的条件。人终极地关怀着那么一种东西，它超越了一切初级的必然和偶然，决定着人终极的命运"。

从哲学的角度来说，终极关怀源于人之存在的有限性，以及人对生命存在的无限性的企盼。它代表了人类超越有限、追求无限以达到永恒的一种精神渴望。对生命本源和死亡价值的探索构成了人生的终极性思考，这是人类独具的哲学智慧，旨在寻求人类精神生活的最高寄托，以化解生存和死亡之间的尖锐对立。

张岱年先生曾经指出，古今中外的终极关怀有三种类型[①]：

第一类是皈依上帝的终极关怀。宗教信仰大多属于这个类别。信仰的本质是人类实现自我超越。宗教能够帮助人类实现自我超越达成信仰，从而实现终极关怀。宗教可以借助人类的思想，引导人类从有限到无限，从此岸到彼岸。

基督教信奉上帝，认为上帝是永恒的，上帝的神性永不改变。以上帝为世界的最高主宰，上帝创造了一切，是无所不能的主。上帝是绝对完美的终极存在，是世界的创造者和拯救者。人不仅是必死的，也是有罪的，只有上帝才可以拯救人类。人如果相信上帝，那么可以免罪，身体复活，并得永生。

佛教尊崇佛主，认为人生是"无常"的，充满痛苦的，只有信奉佛主，努力修行，才能彻底摆脱生死苦恼，进入"涅槃"的境界。佛教主张三世轮回、因果报应。所谓"因此有彼，无此无彼，此生彼生，此灭

---

① 张岱年. 中国哲学关于终极关怀的思考 [J]. 社会科学战线，1993（1）：95—97.

彼灭"，对于群众的宣传是"惧以阿鼻之苦，欣以兜率之乐"。

　　无论是基督教还是佛教，都告诉人们有一个无所不能的神，只要遵从神的旨意，相信神，有生之年便能赎罪，死后也能不下地狱，升入天堂。以此达到终极关怀的目的。在中国，当我们在失去亲人朋友的时候，也常常听见这样的安慰："天堂没有病痛和烦恼。"其实很多中国人并不是基督徒或佛教徒，也不相信神，但是却乐意相信天堂和极乐世界的美好，希望自己或亲人死后都可以享受静怡和美好。可以很大程度地减少失去亲人的痛苦，以及对死亡的恐惧。这便是宗教终极关怀的力量。

　　第二类是返本归元的终极关怀，元即原始、开始。中国以老庄为代表的道家学说便是这一类。老子提出道的学说，以道为天地万物的本源，认为人生的准则就是"从道"，"孔德之容，惟道是从"。（《老子》二十一章），认为一切最终要返本归元。所谓生命，就是气聚而成的东西，虽然有的短命，有的长寿，却无本质区别，人的一生都很短暂。老子清楚地认识到人和天地万物一样，无论生命的长短，死是不可避免的自然过程。老子将道置于宗教之上，从而否定了宗教信仰的权威，以抽象的道代替具有形象的神，以道作为人类精神的最高寄托。

　　庄子发挥了老子的思想，也以道为世界的唯一本原，"得道""闻道"是最高的精神境界。正如庄子说道："人生天地之间，若白驹之过隙，忽然而已。注然勃然，莫不出焉，油然漻然，莫不入焉。已化而生，又化而死，生物衰之，人类辈之。"他认为道在天地之前，在鬼神之先，永远存在，不会死亡。然而由道产生的万物则各有所待，有生必有死。人也是万物中的一种，当然也要死，这是无人能阻拦，也无法改变的。正如："死生，命也。其有夜旦之常，天也。"老子和庄子都明确了一个道理，人必然会死。所以当庄子的妻子去世以后，庄子会平静地击缶而歌，而不是号啕大哭。

第三类是发扬人生之道的终极关怀。儒家理论属于这个范畴。儒家思想是整个中国传统思想的根本，对中国人的影响最深，儒家发扬为人之道为终极关怀，以"安身立命"为终极目标。

儒家提出了"仁义礼智信"的为人之道，"仁"是排在第一位的，而"孝悌"又是为"仁"之本，儒家思想认为"孝"是一切道德体系、文明秩序的根基。孔子和弟子讨论"三年之丧"问题的时候指出："子生三年，然后免于父母之怀。夫三年之丧，天下之通丧也。予也有三年之爱于其父母乎？"因为父母生子有怀抱的"三年之爱"，所以当父母离世的时候子女也应该有"三年之丧"作为回报。虽然现代社会"三年之丧"已经不常见，可是仍有不少子女在父母死后大办葬礼，重金买地，千里烧香，以慰藉自己的心灵。甚至有的子女在父母生前并不孝顺，可是死后的"孝顺"却分毫不差，害怕被他人指责不孝，其本质也是受到了儒家思想的影响。"三年之丧"强调一种感恩之情，让失去父母的伤感和难过有释放和疏导的渠道。所以"孝道"在中国扮演着重要的终极关怀的角色。

人作为自然存在物，寿命是极其有限的，必然面临死亡。但和其他物种不一样的是，只有人类才有高级思维，才会深入地去思考生死存亡的价值，也只有人类才会寻找人生种种实践性的终极价值的意义根据，力求克服生存与死亡的尖锐冲突。终极关怀能化解生存与死亡、有限与无限的紧张对立，能克服人对于生死的困惑与焦虑。所以无论何种文化都讲求终极关怀，终极关怀是人类超越生死的基本途径，也是人类超越性的生死价值追求。①

---

① 邢广伟. 试论《论语》中"德"的思想 [D]. 北京：华北电力大学，2014.

　　无论生在何方，长于何处，都不妨碍我们思考生死。中西方的生死文化虽不相同，却都可以帮助我们理解生命的意义。我们对死亡越了解，对生命的态度就越积极，进而对生命越珍视。文化没有高低优劣，只是不同的土壤孕育的不同的鲜花，各自芬芳。了解和学习不一样的文化可以帮助我们更好地认识世界，也认识自己。

思考

　　调查十位来自不同国家的人，询问他们关于死亡的问题，例如：用一个词语来形容自己想到死亡的心情，是否接受过"死亡教育"等。通过比对调查结果，思考不同文化背景下人们对待死亡的态度有何异同。

图书在版编目（CIP）数据

四海乘风：中国文化的世界传播与互动 / 侯宏虹主编 . -- 成都：四川大学出版社，2024. 12. --（明远通识文库）. -- ISBN 978-7-5690-7459-8

Ⅰ. G125

中国国家版本馆 CIP 数据核字第 2024WJ5207 号

书　　名：四海乘风：中国文化的世界传播与互动
　　　　　Sihai-Chengfeng：Zhongguo Wenhua de Shijie Chuanbo yu Hudong
主　　编：侯宏虹
丛 书 名：明远通识文库

出 版 人：侯宏虹
总 策 划：张宏辉
丛书策划：侯宏虹　王　军
选题策划：刘一畅
责任编辑：刘一畅
责任校对：庄　溢
装帧设计：墨创文化
责任印制：李金兰

出版发行：四川大学出版社有限责任公司
　　　　　地址：成都市一环路南一段 24 号（610065）
　　　　　电话：（028）85408311（发行部）、85400276（总编室）
　　　　　电子邮箱：scupress@vip.163.com
　　　　　网址：https://press.scu.edu.cn
印前制作：四川胜翔数码印务设计有限公司
印刷装订：四川省平轩印务有限公司

成品尺寸：165 mm×240 mm
印　　张：18.5
插　　页：4
字　　数：246 千字

版　　次：2024 年 12 月 第 1 版
印　　次：2024 年 12 月 第 1 次印刷
定　　价：68.00 元

扫码获取数字资源

四川大学出版社
微信公众号